專業操盤手必修的15堂課

賺夠了就跑

馬丁．舒華茲 等著　鄧詩珩 譯

PIT BULL

Lessons from Wall Street's Champion Day Trader

by Martin "Buzzy" Schwartz

目次

｜推薦序。朱成志｜

不做操盤手，仍可做投資人

在十八年的證券經歷中，我曾經面試過許多想要進入這一行的年輕人，先筆試以其所學預估未來一年國內外經濟景氣或金融環境的變化，為了避免過度天馬行空，再要求：「假若你擁有一千萬的資金、不限任何金融商品，會如何進行投資組合的規畫呢？」

加上口試，就約略能掌握該應徵者的性格走向。大多數從事證券研究分析的人，未來有三種不同的領域可以發展：

一、產業分析師：平時工作是拜訪公司、參加法說會、各種經濟及財務資料數據整理，寫出專業的分析報告，文筆應有一定水準。

二、證券投資顧問：把所獲得的各種資訊，經過理性的分析，適當地向許多不同型態的投資人報告，通常口才理應不差，與投資人（客戶）的互動密切！

三、操盤手及基金經理人：其性格走向需要具備「強烈的賭性」與「敢愛敢恨的決斷力」，文筆及口才都不重要，但以輸贏論英雄。

雖有這三種不同屬性，真正的高手也可以融合為一體，或兼具兩種特色，因為本質是一樣的。

由本書可以觀察到作者舒華茲的性格取向，非常適合成為一個操盤手。原本是擔任產業證券分析師的舒華茲，因為賭性超強，三十三歲決定轉變為操盤手，他的投資遍及各種金融商品，甚至賭馬、賭足球，一九六七年大學畢業就去歐洲賭場來一趟賭博之旅，有點像麥特．戴蒙（Matt Damon）演的電影《賭王之王》（*Rounders*），但他決定把賭場改成專長強項的指數、期貨及選擇權等領域。也因為舒華茲的性格好賭以及愛鬥又敏感的特質，加上狂熱的投入，力爭一九八三年投資競賽「最佳操盤人」，他積極經營自己，才有這本書問世，讓人看到傳奇的成功過程！

在閱讀本書時，讀者可以透過作者的眼睛接觸到美國許多一流的證券專家、技術派波浪大師，或者是套利操盤手等各種生態；不過書中最諷刺的是，作者舒華茲最後卻好像患了「股票癌」一樣，需要看「心理治療師」，甚至在看病時，還衝到洗手間打電話下單，得意地告訴醫生又賺了三萬元！他是天生的操盤手，也的確病得不輕！

誠如我多年來每一次對於應徵者的呼籲：「人生並不是以當操盤手為證券市場的唯一成功途徑，投資是條條大路通羅馬。」如果你夠細心的話，會發現舒華茲在蘇富比拍賣會買藝術品及畫作，也許賺得更多。重點是，所有的投資商品都有共通的基本規律，例如：要有良好的基本面、配合物以稀為貴的籌碼面、與人性搏鬥的心理面，或能繪製成圖形的技術面……這都很重要。

最後，我提出自己四個與舒華茲全然不同的投資哲學與大家分享：

1 選擇最好的時機，搭配最好的潛力股。
2 鎖定大波段成長股，不作短打及期指。
3 以Bottom up投資策略規畫投資組合。
4 尋找能卡位全球ＩＴ產業供應鏈的公司。

投資界的巴菲特是「股神」，他與舒華茲的性格不同，重視價值投資基本分析！不以內線操作為主的巴菲特，是一位生活單純、空閒下來與朋友打打橋牌的老先生，他猶如圓轉如意的武當張三豐；而穿著亞曼尼西裝、BALLY鱷魚皮鞋，囂張走進芝加哥商品交易所，心想「我是此地主宰」的舒華茲，則好像是金庸筆下四處找人比劍的獨孤求敗。誰會贏呢？

在「華山論劍」的世間股林高手眾多，有一句話：「長江後浪推前浪，後浪死在沙灘上！」除非您也如作者「賺夠了就跑」，在急流中因為身體健康亮紅燈的頓悟而退休，否則美好的仗，永遠打不完！更何況，我篤信「投資是可以一生耕耘的事業」，又何必急於立刻「結帳」，不做操盤手，仍可以做投資人！

本文作者為萬寶投顧董事長。

| 推薦序。高子鈞 |

彼可取而代之

在交易的領域中，看準行情買進或賣出的單邊交易，通常是操盤者入門的第一個策略。雖然在交易的範疇裡也包括了套利、價差等其他較為複雜卻較低風險的策略，但無論哪一種交易策略，交易者都應先具備的基本條件就是要能克服人性的弱點，而這方面特質的學習，可以藉由多涉獵市場上知名操盤人撰寫的心路歷程得到很大的助益。

國外有許多與交易有關的書籍，但在譯成中文時卻很少淺顯易懂，主要原因在於翻譯者沒有交易的實務經驗，因此無法深刻體會原作者之精髓，在遣詞用字上也常與實務上使用的名詞有所不同。因此，若這類作品能由有多年實務交易經驗者翻譯，將能讓讀者受益良多。

《賺夠了就跑》這本書，我在幾年前就曾仔細閱讀過，該書譯者鄧詩珩本身就是一位市場上有名的交易者，因此能將原作者在交易過程的想法與做法，以及承受的壓力充分表露無遺。對於一個剛踏入交易領域的人，或是希望在交易領域中有所突破的人，都能有打通任督二脈的效果。

很多人以為，要成為市場上成功的操盤手，第一件事就是要找到一個每次都對的神奇指標。事實上並不是這樣。第一件事，應該是先學習前人的經驗，將人性的弱點完全克服，而《賺夠了就跑》這本書，就是能提供讀者這方面經驗的寶典。

我極力推薦所有有志於擊敗市場的交易者應先熟讀這本書，充分學習書中作者想表達的精神後再開發交易策略，將會有事半功倍的效果。

秦始皇南巡，儀仗萬千，威風凛凛。少年時的項羽，面對橫掃六國、四方臣服的秦始皇，不是被懾服，而是遙指秦始皇說：「彼可取而代之。」所有希望擊敗市場的交易者在看過本書之後，能否在充分學習前人的優點、屏棄人性的弱點後，也有此等氣概能大聲喊出「彼可取而代之」！

本文作者為期貨高手、知名專欄作家。

推薦序。張松允

操作心法，萬變不離其宗

在股票及期貨市場來回打轉了十多年，很多人都問我，一個成功的操作家究竟應該具有什麼樣的特質？其實說穿了很簡單，就是必須具有正確的操盤觀念，堅持「紀律」，並且搭配最嚴格的資金控管，每一次出擊，都要把自己當作是帶兵打仗的主帥一般，不只是想著打勝仗而已，還要能在眾兵圍城的困境中逆轉戰局。

第一次看到這本書的書名《賺夠了就跑》，讓我直呼絕妙好名！雖然我過去並不熟稔作者舒華茲的故事，可是當我不斷深入書中，細讀他點點滴滴所累積的操作哲學，一窺其操作世界之後，心中一陣與我心有戚戚焉的感動油然而生，果然英雄所見略同！投資操作的技巧或許也是千變萬化，可是在操作的世界裡，最重要的心法，卻是萬變不離其宗。

亞當．斯密（Adam Smith）在《金錢遊戲》（*The Money Game*）中曾形容：「市場就像是一個漂亮的女人——無限迷人、無限複雜、總是不停改變，也總是那麼神祕。」正所謂窈窕淑女君子好逑，想贏得佳人芳心，的確需要一些耐心與努力，想要累積財富，當然也必須擁有正確的投資策略與心法，經過一次又一次的磨練之後，才能享受成功的果實。

「賺夠了就跑」，乍聽之下好像鼓勵大家「短線交易」？其實不然，它的箇中真諦是要投資人不要過分貪婪，掌握獲利契機罷了。君子愛財，取之有道，進入股票或期貨市場，最重要的就是為了累積財富。大家捫心自問，投資的最終目的究竟是為了什麼？我想九九％的人都是想要大贏一場，抱走現金，可是在追求財富的過程中，人類潛在的欲望與貪婪往往會不斷被誘發出來，買了股票、期貨或選擇權，總想要它漲個一倍、二倍甚至十倍。欲望的無限蔓延，造成投資人愈追愈高，身陷危機而不自知，看著股價或指數上上下下，從賺錢變虧錢，最後淪為紙上富貴一場。

投資操作在某種程度上與在賭城拉斯維加斯擲骰子有異曲同工之妙，同時也是整個投資操作哲學的小縮影。的確，也許沒有人能持續地在拉斯維加斯贏錢，但一個成功的操盤手，必須能在賭桌上磨練並遵守操作紀律，在一定的時間裡贏錢，而且還要能控制虧損，賺夠了就跑，如此才能每一回都樂在其中，累積自己的個人財富。

舒華茲和我一樣，認為做好資金控管、設好停損、承認錯誤，是整個投資操作的最高指導原則。因為天有不測風雲，人有旦夕禍福，市場無時無刻都充滿著無法預知的變數，如何面對不可預知的不確定性因子，往往是決定優勝劣敗的重要關鍵。正因如此，「資金控管」就顯得非常重要。

很多投資人為什麼容易陣亡，大都是因為希望能一夜致富，而忽略了資金控管的重要性，一旦市場出現重大利空的時候，因為已經沒有餘力，就只能眼睜睜看著部位一再虧損，更別說要反敗為勝。可是若能充分做好資金控管，手上還有子彈，即使有天大的利空發生，還能有餘力趁機進場布局，反敗為勝。在股市最令人愉悅的事，莫過高檔有股可賣、低檔有錢可買。

海軍陸戰隊出身的舒華茲，也將其在軍隊時所受的嚴格訓練，融入操盤心法當中。在遭遇敵人攻擊的時候，絕對不要只是站著不動，要不就前進，要不就後退；同樣的，投資操作也是如此，結束一連串虧損的最好方法就是馬上停損，並且把自尊心完全排除。如果操作錯誤、不執行停損的話，多數投資人的下場就會像鱷魚的囊中物，唯有斷尾求生才有一線生機。所以想賺錢，先要學會停損，這就是投資市場中所謂「鱷魚法則」（Alligator Principle）的精髓。

成功絕對不是偶然的，舒華茲在成為成功的專業交易員之前，曾經有長達十年的時間在市場中載浮載沉，我自己本身也有多次極為驚險的投資經驗，面對投資市場的驚濤駭浪，要如何化險為夷，化危機為轉機？除了閱讀這些成功的故事外，各位不妨將這些成功者的投資經驗轉化為自己的操作策略，再透過一次又一次的市場試煉，建立適合自己的投資策略與心法，如此一定能掌握成功契機，創造屬於自己的億元人生。

本文作者為知名期貨高手。

譯者序。鄧詩珩

有為者亦若是

我和作者有著一些相似的背景。我們都是學院派出身，擔任過研究分析的工作，最後再踏進專業操盤手的領域。我們都曾經以基本面做為操作基礎，但最後也都回歸技術面，成為反應迅速的「技術派」操盤手。以專業操盤手的眼光來看，本書真是道盡了我們生活中的一點一滴。

專業操盤手的生活，是充滿壓力和痛苦的，但是其中所能夠產生的財務回報卻也最大，尤其以衍生性金融商品為主的操盤手更是如此。而更重要的是，你的心理狀況和判斷力也因為賺錢（快樂）和賠錢（痛苦）而上下起伏。有趣的是，過於樂觀或過於悲觀的心理狀況，對於你的判斷力都有極負面的影響。唯有理性的投機客，才能控制風險、賺多賠少，否則便流於濫賭，下場只有虧損累累、黯然出場了。

因此，專業操盤手的第一要務，就是要了解自己，控制自己的情緒，訓練堅強的意志。坊間關於基本或技術分析的書籍汗牛充棟，但深入探討操作心態的書籍屈指可數。而本書，就是需要訓練操作心態者案頭不可少的精神食糧。

許多操盤手，從專業交易員到散戶投資人，都在尋找能夠讓他們一步登天的「武功祕笈」。而若要以此為喻，本書可算是「心法」，而非「劍譜」。事實上，對於基本分析和技術分析學有專精的人不在少數，但是能夠成為像作者這種「冠軍操盤人」的卻寥寥無幾。這證明成功的金融操作，絕不僅是機械性的技術指標，或者對財務報表深入研究就足以達成。操盤手的觀念和心態才是左右勝敗的關鍵。

本書以輕鬆的語法，藉著作者自己的故事，將操盤手所面臨的問題完全揭露，使讀者由非教條式的法門，得以一窺超級操盤人成功的奧祕。作者舒華茲，跟彼得．林區及華倫．巴菲特這些偉大的基金操盤人最大的不同之處，除了舒華茲是一名以技術分析為主的操盤手之外，他以操作自有資金起家的傳奇故事更是發人深省。舒華茲從一名小小的證券分析師，以不到十萬美元的資金，成為每年可以賺進六、七百萬美元的操盤手，為像我這樣的操盤手立下了不朽的典範。如果您也有心想要跨入這個領域，達到舒華茲那種境界的話，本書無疑是您必讀的指南。

毫無疑問的，舒華茲是一名技術派的高手，但是他也同樣將基本分析做為一項決策參考的依據，只不過最後的決策底線仍然是以技術而為主。如果你是一名以基本面為主的操盤手，本書或許可以成為你觀摩技術派操盤手心法的文獻。如果您是一名技術派操盤手，那麼本書的內容將可以幫助你重新了解在技術指標之外，操作心態對一名成功操盤手是多麼重要的一件事。如果你是一名業餘投資人或是普羅大眾，本書對於專業操盤手生涯的生動介紹，可以使你更了解這個在過去對你來說可能相當陌生的神祕世界。如果你是一名專業操盤手，本書深具臨場感的第一人稱語法，將使你深入了解超級操盤人的成功祕訣，在你尋求不斷自我成長的路程中，發揮醍醐灌頂之效。

在翻譯本書的過程中，令我產生深深的感觸，除了在作者輕鬆的語調中深解其中義趣，並以數年以來的實戰經驗印證學習之外，更產生「有為者亦若是」的強烈想法。在金融操作的領域中投入了這些年，我從成功者身上學到不少，但從失敗者身上學到更多。本書中值得我和諸位共同分享和體會的觀念實在太多，留待各位細讀之後自當分曉，小弟在此不敢贅言。

我的操作標的多年來包括外匯、股權、債券和利率衍生性商品交易。翻譯這本書之後，我深深體會到，不論是什麼樣的金融商品，交易的心法和本質是不變的。深入揣摩成功者的正確心態和做法，是邁向自我提升的最佳途徑。每次隨手拿起本書翻讀，我總有新一層的體會。希望各位讀者也能有相同體驗，在金融操作的領域中一路順風。

賺夠了就跑

| 第1章 |

師父引進門

踏上華爾街交易大廳現場

「三元買進十張，三元買進十張，三元買進十張。」這句話好像咒語般，在我心裡一遍又一遍重述。如果梅沙石油股價到了$62\frac{5}{8}$的話，我準備要在市場上以每張三百元的價格，買進十張十月到期、履約價為65元的買權。這將是我在美國證券交易所（American Stock Exchange, AMEX）場內的第一筆交易。我心裡怕得要命，擔心搞砸了。

穿上藍色制服，我是正式會員了……

那是一九七九年八月十三日星期一的早晨。三一大道（Trinity Place）上擠滿了穿著西裝、準備上班的人。紐約的金融市場正要開始另一個嶄新的一天。我站在門牌號碼八十六號的入口前，深深吸了一口氣，拿出我的徽章，第一次走進了那扇寫著「會員專用」的門。警衛看了一下我的徽章，上面寫著「馬丁．舒華茲公司，945號」，對我點了點頭、道了聲早安，就讓我進去了。

我走下階梯到衣帽間，會員都在櫃檯前面排隊，拿著他們的運動夾克向櫃檯換成美國證券交易所的藍色制服。由於這是我第一天報到，還沒有自己的藍色制服，只好向服務員喬伊・迪（Joey Dee）自我介紹，告知我的會員號碼，才領了一件。我穿上制服、別起徽章，確定自己帶了筆。其他人都換上皺紋橡膠底鞋，把原來穿的皮鞋放在靠牆的方型小櫃子中。我找不到座位，決定等一會兒再換鞋。有沒有皺紋橡膠底鞋可穿，是我此刻最不擔心的事。

我走上樓到大廳等待開盤。美國證券交易所的會員大廳，比起哈佛或耶魯大學的學生俱樂部大大不同。廳裡充滿了香菸（而不是菸斗）散發的濃濃煙霧；家具用的是假皮，而非高貴的真皮；會員大部分是愛爾蘭人、義大利人和猶太人，而不是盎格魯撒克遜系的白人新教徒（WASPs），就算有，也都不像是讀過什麼好學校的人。這些傢伙都是金融界的二流人物，場外證券市場（Curb Exchange，譯註：指的是由一群非法交易者，於一八九〇到一九二一年間在紐約證交所外形成的非正式市場）交易者的衣缽傳人。

我泡了一小杯茶，走進交易場內。早晨的陽光從遠處一面牆上無數的窗戶中流瀉進來。這真是一個占地寬廣的房間，大約有一座足球場的四分之三，足足有五層樓高，設計得好像一座室內的跳蚤市場。場中的幾名作價員（Specialist），一個暱稱是「小雞」（Chickie），另外兩個是法蘭尼・桑坦吉羅（Frannie Santangelo）和唐尼（Donnie），通通坐在馬蹄形交易圈內的高腳凳上，翻看手中的客戶交易指令。在交易場中有許多不同的交易圈，以供各種股票以及不同到期日、履約價的選擇權交易使用。一般操盤手或經紀商也在四處遊走，手裡拿著筆和紙，準備要在開盤後進場買賣。

在交易場三面牆的上方，一層層階梯式的小隔間裡坐著各個經紀商的場內代表，他們檢查著自己的電話，並指揮場內的跑單員。在比較接近交易場那一區裡，有不少參觀者正等著登記進入訪客區。場中有一些巨大的羅馬式石柱，上面刻著一隻牛和一隻熊，相互對立。而在高處，有一個順著牆面而造、大型的走馬燈報價螢幕，閃爍著股票價格，上方則播放道瓊提供的即時市場新聞。雖然還沒有開盤，但場內所有人的眼睛都開始四處張望，找尋市場報價或任何能讓自己占到一點優勢的資訊。

你要嘛成交，要嘛滾一邊去！

十點一到，開盤的鐘聲讓每一個人都動了起來，好似賽馬群衝出起跑線般，而我現在也身在其中了。

我目不轉睛地看著遠處梅沙選擇權的交易圈旁，有一小群交易員吵鬧地圍著作價員「小雞」。所謂作價員，就是在股票或選擇權交易所中，負責維持市場交易活絡順暢的人；「小雞」則是負責梅沙選擇權作價員的綽號。

「小雞！」一個拿著客戶委託單的美林證券經紀商，從擁擠的人群中叫著他，「現在十月到期、65元的梅沙買權價錢多少？」

「3元對3¼元，50以上！」他的回答著實讓我好好地思考了一下。他這句話的意思是，他可以在單價三元買進五十單位以上的十月、65元的梅沙買權，且可以在單價3.25元賣出五十單位以上同樣的買權。由於每一張買權代表一百股，所以我可以用每張3.25元買進五十單位以上的梅沙買權。

這種美式的買權，讓我可以從現在開始、一直到十月第三個星期五這段期間，隨時以每股65元的價格，買進梅沙普通股一百股。如果股價一路上揚，我的買權就更有價值。

但是我覺得3.25元太貴了，我想等價格掉到三元時再買，所以我腦子裡一直回響著「三元買十張！三元買十張！」。

「3⅛元買十張！」美林證券那個傢伙喊著。

「賣了！」一個交易員賣了十張，給叫進的美林證券交易員。如果他沒這麼做，身為作價員的小雞也可以直接賣給叫進者，或是把自己的買價提高到3⅛元。我真希望我能趕快搞清楚狀況，聽懂他們在說什麼。

我看了一下牆上的報價螢幕，梅沙在紐約證券交易所以62⅞開盤。我試著向前擠，希望能在交易員中搶到好一點的位子。我盡力向前緩慢移動。小雞的耳朵上，掛了連接電話的耳機，聽著梅沙股票在紐約證交所的股價狀況。

價格跳了一下，他上方的螢幕報價變成了62⅝元。

人群熱鬧起來，梅沙的股價開始動了。「三元買進十張，三元買進十張，三元買進十張。」我繼續喃喃自語著。

清了清喉嚨，我說：「嘿，小雞。你在三元要賣出多少張十月到期、履約價65元的梅沙選擇權？」

「三元賣出三十張，新來的。」

「三元買進二十張！」一個站在我身旁的人高喊。

「三元賣出二十張！」小雞說。

「現在你三元還有幾張？」我說。

「三元十張。」

「呃……我……呃……」

「你要幹嘛，新來的？你要成交還是滾一邊去？」

這就是了，成交或滾蛋。

在美國證券交易所買下一個會員席位，是我在十二個月前所訂下的計畫中一個重要的里程碑。這個計畫是我和奧黛莉．波洛可夫（Audrey Polokoff）結婚後決定的。和我認識的其他女人不同，奧黛莉相信我有潛力，但是她也很清楚，我在過去二十年一事無成。「你已經三十四歲了，而且一直都希望自己出來闖闖，」她告訴我：「努力去闖吧，你擁有好學歷，大不了破產，再回來做現在證券分析師的工作就是了。」

市場正在波動。交易場的人擠得更緊了，嘈雜的聲浪開始升高。小雞的電話掛在耳朵上，隨時準備改變買價。如果我的資訊正確，他正要把價格抬高，而我就快要喪失這次交易機會了。

「三元買進十張！」我尖聲大叫。

「成交！三元賣出十張。」

成交了。我拿出小筆記本寫下「藍字是買進，紅字是賣出」。我小聲地自言自語：「可千萬別搞砸了。」

我把交易指令寫在紙上，然後交給結算公司的職員，他的職責就是拿著我的成交紀錄進行後續處理。成交單一份由我自己保留，另一份則交給我的結算公司貝爾·史騰（Bear Stearns）。結算公司每天會經由交易所的會計系統確認成交紀錄，並依據紀錄提供操盤手損益報表。

我在單上簽下會員編號945。現在，這份成交單成為正式檔案，我的第一筆交易總算順利成交了。我放下心中大石，開始等著梅沙的股價上漲。

現在不過上午十點三十分，但我身上那件嶄新的藍色制服，兩邊腋下卻泛著一圈汗水。我覺得筋疲力盡，後背下方有痠痛的感覺，腳也開始刺痛。我的皮鞋好像鉛塊那麼重，真想找個地方坐下，但是交易場裡根本沒有可以坐的地方。這對在交易所買到所謂「席位」的人來說，還真是矛盾。你得到的並不是一個「席位」，只是在場內晃來晃去的權利，而且老鳥都知道，你只能穿著舒適的皺紋橡膠底鞋在場內走動。

梅沙的成交量放得很大。小雞在場中不斷叫進叫出，價格也上下大幅波動。我聽得到聲音，但並不懂他們到底在說些什麼。我抬頭看了一下跑馬燈的報價。

價格一跳，$62\frac{3}{8}$。

梅沙朝著與我預期相反的方向前進。奧黛莉的話在我腦海中不斷閃過：「大不了破產，再做回以前的工作就是了。」

但我真的不想重執舊業。過去九年來，我都在飛機上度日，一個城市接著一個城市飛，與各地的基金經理人見面，提供我在股票方面的看法，希望他們能給我所屬的經紀公司一點生意，不停地拿熱臉貼冷屁股。這就是證券分析師的工作。

我們在證券經紀商的研究部門工作，得花大量時間四處拜訪各地的公司、與經理人見面、挖掘財務報表中的線索、找尋熱門股票讓公司推薦給客戶……。這些事，我已經厭倦透頂。當你二十五歲，能在國內到處旅行，並拿著公司的信用卡消費是一件很酷而且值得炫耀的事，但是當你接近三十五歲，這一切就變得非常乏味而無聊。

你的朋友都已經忙於自己的生活，父母也開始懷疑你是不是有什麼毛病。他們幫你付了那麼多年學費，現在開始會問你：「為什麼還不結婚？你什麼時候才要長大、開始自己的人生？」

價格一跳，$62\frac{1}{4}$。啊！他媽的。

我擔任證券分析師的那幾年，一直有買股票，但每一次都以賠錢收場。我很聰明，又擁有很好的學歷，一直算是在人生勝利組，怎麼就沒辦法在股票操作中賺到錢？我真的想不透。我的家人也同樣想不透。難道舒華茲家族的歷史又要重演了嗎？難道我真的搞砸了，餘生將和我父親一樣充滿挫折？

價格一跳，62⅛。價格繼續向下。

失敗，總比什麼都不做好

父親是家中四個孩子中的老大。祖父母是隨著家族從東歐逃難到美國的移民。在一九〇〇年代早期，祖父在康乃狄克州紐海文市（New Haven）當裁縫師，他一針一線辛勤工作、努力儲蓄，但從來沒存下多少錢。

家中真正有主導權的人，其實是祖母蘿絲。她擁有一間糖果店，並決定讓我父親進大學就讀，希望他在日後能夠成為一名專業人士。身為長子，我父親受到最深的期盼——能把家族帶到更好的境地，把美國夢帶給家中每一分子。

父親的確盡過最大的努力，卻沒有達成家人的期盼。畢業於雪城大學（Syracuse University）的他，拿到畢業證書的那一年是一九二九年，所謂的美國夢已經變成了美國噩夢——他遇上經濟大蕭條。直到一九三八年和我母親結婚之前，他和其他數以百萬計的美國人一樣，都過著沒有長期正職的日子。

然後二次世界大戰爆發，由於年紀已大再加上有了兩個孩子，我父親並沒有被徵召入伍。直到一九二五年，他才終於做了一項重大的轉變——他拿了所有的積蓄，將房子拿去二胎抵押貸款，在紐海文郊區的威利大道上買下一間傳統式的雜貨店。

那時我才七歲，但就連我都知道，這不是什麼明智之舉。我父親拒絕去面對一個事實——他的雜貨店和全國第一超市相距不到一個街口。為什麼他會認為小雜貨店能與新英格蘭區最大型的連鎖超市競爭？這是我們所有人都想不透的一件事。當我年紀漸長，也曾經問過我母親怎麼能容許他做這麼愚蠢的事。她只告訴我：「他那麼灰心喪志，我得給他一個機會嘗嘗失敗的滋味。就算是失敗，也比什麼都不做要好。」

價格一跳，61⅞。

好歹我父親經歷的是史上罕見的大蕭條，而我卻一點藉口也沒有。我擁有安默斯特學院（Amherst College）學士和哥倫比亞大學商學研究所碩士的學歷；我參加過海軍陸戰隊；我有足夠的經驗；我也擁有奧黛莉。我擁有了一切。現在這裡是他媽的怎麼回事？為什麼梅沙的股價還在繼續下跌？到底什麼時候才會開始上漲？

價格一跳，61⅝。真是該死！

我該怎麼辦？該停損出場？還是買進更多？該是打個電話給佐爾納的時候了。我就是聽了他的建議，才進場買進梅沙買權的。

鮑伯・佐爾納（Bob Zoellner）是我的良師，也是我所認識最優秀的操盤手。我和佐爾納第一次見面是一九七三年，我跳槽到愛德華與韓利公司（Edwards and Hanly）這家小型、專做散戶生意的經紀公司工作時。當時我才剛剛在商品期貨市場輸得灰頭土臉，但馬上就看出佐爾納是一個非常、非常偉大的操盤手。一九七四年，當愛德華與韓利公司在經紀業務上虧損甚鉅時，單單靠著他放空股票就為公司的自營帳戶賺進數百萬美元，獨力讓公司生存下來。

所謂放空，就是賣出並不屬於你的股票，但日後你必須由市場中買回。如果買回價格較低的話，你就賺錢了。在這方面，沒有人比佐爾納更高竿。我拿起電話，接線生問我要接什麼號碼。腦中一片空白的我，向接線生嘟噥了幾個號碼，電話那端鈴響了。

「佐爾納，你好嗎？你對市場有什麼看法？是啊，我也這麼想。只是有一點緊張而已。我看價格的走法好像有點疲軟。對了，我剛買了一些梅沙的買權，你怎麼看？」

「我也買進了很多梅沙，馬丁。這檔股票看起來很不錯，公司總裁也有心繼續推動組織重整。我覺得這檔股票有很好的潛在價值，只不過市場似乎還沒有看出這一點而已，我強烈地認為這檔股票馬上就要漲了。」

「真的嗎？你真的這麼想嗎？謝謝你。你對這檔股票真的很有信心吧？對了，哦，我不知道自己該加碼買進，還是該做些什麼。」

「這檔股票看起來很好，馬丁。」

「老天！我希望你是對的。我待會兒再和你談，多謝了，真的很感激。」

能和佐爾納談談話是很好的。我又找回了一些勇氣，然後再度走回圍在梅沙選擇權交易圈的人群裡。

價格一跳，$61\frac{1}{2}$。

「小雞！小雞！嗯……」我幾乎沒有辦法把話清楚地說出口。「現在十月到期、履約價65的梅沙買權價位如何？」

「新來的小子，現在的買盤是$2\frac{1}{2}$元，賣盤在$2\frac{5}{8}$元。」

「$2\frac{9}{16}$元買進二十張，小雞！$2\frac{9}{16}$元！」我提高我的買價又叫進了二十張選擇權，每張選擇權讓我有權買進一百股梅沙的股票，所以每張買權價值二五六．二五美元，二十張選擇權的總值則是五一二五美元。

「成交！$2\frac{9}{16}$賣出二十張。」

我的十月份梅沙選擇權，現在是以$\frac{1}{16}$做為最小跳動單位了。在美國證券交易所裡，當一檔選擇權的價格掉到三元以下時，最小的價格跳動單位就會從$\frac{1}{8}$降為$\frac{1}{16}$。

價格一跳，$61\frac{1}{4}$。

天啊！我簡直看不下去了！

我現在已經買進了三十張十月到期、履約價65元的梅沙買權。天啊！我從來沒想到這會變成一件讓人如此難受的事，我得離開交易場才行，待在場裡唯一的目的，是讓我的資金得以充分運用，我一直看好梅沙石油股會讓我發財。我原先的計畫是想先跑個短線，再拿賺到的錢去投入金額更大、獲利更佳的交易機會。可是現在，市場走勢完全和我作對，我連一毛錢都沒有賺到。我開始思考要如何在沒有薪水的狀況下過日子。我得離開交易場，出去喘口氣、冷靜一下。

優秀的人，不一定會有好下場

我步履沉重地走上階梯，推開門，走到陽光普照的戶外，身上仍然穿著藍色制服。我徒步穿過街道，漫無目的地逛到三一教堂旁的公墓裡。我在教堂的角落發現一張長凳，坐了下來。當時天氣很熱。這片墓地是酒鬼、流浪漢，以及各式各樣失敗者聚集之地。這裡是他們唯一可以閒晃而不會被驅趕的地方，因為這裡的「居民」不會抗議。

我發現，自己正好坐在亞歷山大．漢彌爾頓（Alexander Hamilton）的墓前。白色墓碑上寫著：「亞歷山大．漢彌爾頓，死於一八〇四年七月十二日，得年四十七歲。」而我呢？現年三十四歲。七月十二日，正是漢彌爾頓和艾倫．伯爾（Aaron Burr，美國前副總統）決鬥被射殺的那天。漢彌爾頓寫了一篇批評伯爾貪污腐敗的文章，且聲稱伯爾不適任紐約州州長的職務，於是伯爾就殺了他。漢彌爾頓是美國第一任財政部長，有美國金融之父的美譽，但卻在一七九五年因為個人財務問題被迫辭職。我記得在安默斯特學院修美國通史課程時讀過他的文章，還曾驚訝如此優秀的人為何落得淒涼的下場。現在我開始了解，優秀的人的確不一定會有好下場了。我站起來，拍拍身上制服，慢慢往回走，穿過三一大道，回到交易場看看梅沙現在的價位。

價格一跳，60⅝。

我快步走到小雞面前。「十月份、65元的梅沙買權現在價位如何？」小雞對我露齒一笑。「新來的小子，現在買盤在2¼，賣盤在2⅜。」

我的老天！我的梅沙股價像石頭一樣往下墜。我在三塊錢買進了十張（總值三千美元），然後又在2⁹⁄₁₆美元時買進二十張（總值五一二五元）。而現在它們的買盤價只有2¼元（總值六七五〇美元）。光就未實現損益來看，我已經虧損了一三七五美元，在幾個小時內，我已經輸掉了一七％的資金。我再也無法承受。我得好好想一想，回家去冷靜一下。

第二天，十四日星期二，奧黛莉幫助我平靜下來。她說，我是她所認識的人當中最聰明的一個，既然我已經擬定了計畫，那麼就該按照計畫行事，耐心等待。我已經深入研究了技術圖，並計算了所有的技術指標，而且梅沙目前看起來仍然很好，真的很好。就像佐爾納說的，只不過市場還沒有看出它的好處罷了。

當我走到三一大道時，太陽正閃閃發光，寫著「會員專用」門後的警衛居然叫出我的名字。當喬伊．迪把我的藍色制服遞給我時，我那枚上面寫著「馬丁．舒華茲公司，945號」字樣的徽章已經別在上面了。我記起要換上皺紋橡膠底鞋，向貝爾．史騰的職員拿我的日報表。我泡了杯茶，放進一片檸檬來保護我的嗓子，然後走進交易場裡。我以輕鬆的腳步在場內四處走動，這都要感謝那雙皺紋橡膠底鞋。我檢查了一下報價螢幕和道瓊即時新聞。開盤鐘聲響起。梅沙以60½的價位開出。好吧，不要慌。這一定就是底部了，奧黛莉說得對，我得要有耐心。

我向朋友海斯．諾爾（Hayes Noel）揮手打招呼。諾爾是南方人，一個從納許維爾（Nashville）來的金髮男孩，操著濃濃的鄉音，很有幽默感。諾爾擁有大學學歷，一九七〇年就在場內工作了。我在買下交易所會員席位前，就是他先帶我到交易場參觀，看看這裡如何運作。

我和傑瑞．莫爾敦（Jerry Muldoon）點了點頭，他也是一位老前輩。莫爾敦曾經在一九七三年和七四年間因為市場交易太清淡，在交易之餘用卡車載運蔬菜到各處販賣，兼差賺外快。在他的左邊是唐尼．吉（Donnie Gee），他是操作德士古石油公司（Texaco Inc.）股票選擇權的作價員。在他的身後是亞倫．亞伯邦（Allen Applebaum）和艾迪．史騰（Eddie Stern），這兩個人是交易所裡穿著最講究的人。亞伯邦身材瘦長，總是穿著漿過的襯衫。史騰的父親在紐約證交所也擁有會員席位，他總是穿著自己的西裝而不穿藍色制服。

我該怎麼辦？

價格一跳，$60\frac{3}{8}$。

天哪！「小雞！小雞！十月份、履約價65元的梅沙買權現在多少錢？」

「新來的小子，你還在？」

「是啊，告訴我現在價位如何？」

「買盤在$2\frac{1}{8}$元，賣盤在$2\frac{1}{4}$元。」

可惡！「買、賣盤的量各是多少？」

「五十對三十。」這表示小雞願意在$2\frac{1}{8}$元買進五十張，或是在$2\frac{1}{4}$元賣出三十張。

再跌，我就砍掉它！

我該怎麼辦？怎麼辦？什麼都不做？再加碼買進？再打電話給佐爾納吧。

「佐爾納，你怎麼看？我帳面已經虧損一七五〇美元，我覺得自己好像快死掉了。你確定你是對的嗎？」

「馬丁，聽著。我在過去做了無數筆的交易，曾經贏過很多次，也輸過很多次，我確信這次一定會賺錢。你緊抱著就好，這檔股票的價值被低估了，一定會漲回來。」

「謝了，佐爾納。我知道可以相信你。我知道你很行。」我快步走回小雞身邊。

「現在十月份、65元的買權價位如何？小雞。」

「和剛剛一樣。$2\frac{1}{8}$買進，$2\frac{1}{4}$賣出。五十對三十。」

「$2\frac{3}{16}$買進二十張，小雞！」

「成交！新來的小子。賣給你啦！」

我在$2\frac{3}{16}$又買進了二十張選擇權，總值四三七五美元，而現在我總共買進了五十張買權了。

那天晚上我整夜不能成眠，輾轉反側，一再思考著我的部位。梅沙的股價當天收在60元。我的選擇權價格因此跌到二元以下。那句古老的諺語「斷尾求生」一直在我的腦海中縈繞。我還能抱著輸錢的買權撐多久？我該把自己長久以來研究的結果放棄嗎？

在過去的十二個月裡，我都待在赫頓（E.F. Hutton）公司的辦公室裡，鎖著門狂熱地做著自己的研究工作，同時試著操作。因為我必須在轉到交易所前，靠操作自己的資金賺更多錢，以累積足夠的資本。更重要的是，我要向自己證明我的確可以成功地靠實際操作獲利。

有一些分析師認為自己能夠賺大錢，因為他們的虛擬模型，或說是他們的紙上交易模型，顯示自己可以從中獲取利潤，但他們只是用「空包彈」和市場搏鬥，根本不會受到任何傷害。除非真的置身火線，否則將永遠不會知道自己是不是真的如此神勇。我像祖母蘿絲一樣具有身先士卒的個性，訂了至少十二種以上的期刊，和諾爾一起研究交易場內的運作情況，向大舅子麥克和沙利借了五萬美元。我想通了，交易場就是我想待的地方。

我跳下床走到書桌旁，重新回顧我的計畫。我到底哪裡做錯了？我花了一年半的時間來計畫這筆交易，設計了一整串的交易規則，而現在我已經嚴重違反了其中兩項。

我的第一條規則是：絕不冒無法承受的風險，而我現在已經把一半以上的營運資金投入這筆交易。但是沒有辦法，我的資金和資訊只夠投入兩種標的物的操作，而對我來說，把一半的資金投入梅沙這檔股票，是最好的一場賭局。

第二條規則是：試著讓每天的操作都能獲利。但現在我已經連續兩天虧損，卻無計可施。我的第三條規則是「斷尾求生」，這也是此刻最讓我為難的。我什麼時候該動手停損？什麼時候該承認我做錯了而認賠殺出？即使是最好的操盤手，即使是佐爾納，都會有面臨虧損的時候。他們都利用分散投資組合來規避操作風險，可是我並沒有那麼多錢建立一個分散的投資組合——梅沙是我唯一的投資組合。

最後，早晨一線曙光從臥室的窗戶投射進來，我下定決心：如果梅沙今天開盤再開低的話，我就砍掉它。

漲了漲了……我愛死股票市場了！

八月十五日，星期三的早晨，我走進三一大道八十六號，穿過「會員專用」大門，換上藍色制服，套上皺紋橡膠底鞋，拿著顯示我已經有二三〇〇美元帳面虧損的貝爾．史騰公司損益報表，準備一杯泡著檸檬片的茶，走進交易場大廳，看著報價螢幕和道瓊即時新聞，等著開盤鐘聲響起。

梅沙開盤價格是$60\frac{3}{4}$，上漲了$\frac{5}{8}$元。

這就對啦！寶貝，我可是一直都守著你呢！我跑到小雞身旁，一群人正在他身旁推擠著，想搶占有利的位置。四周的噪音不斷升高。

價格一跳，61。

周圍噪音更大聲，人群也愈聚愈多了。人們開始大聲喊叫著：「現在價格多少？」「賣出價怎樣？」

價格一跳，$61\frac{1}{2}$。

佐爾納，我愛你。我就知道你是對的。

「有多少張？」「量有多少？」「買價如何？有多少買盤？」「賣盤有多少？」「到底有多少

張？」

時間慢慢過去，我簡直興奮得吃不下午餐。我真是愛死這個市場了。

「3元對$3\frac{1}{4}$元，$3\frac{1}{4}$元叫出五十張！」「買啦！我買啦！」有人大叫著。

「$3\frac{1}{4}$元叫進五十張！$3\frac{1}{4}$元再叫進五十張！」「賣出！」「賣出！」

梅沙的現股價格已經跳到每股$63\frac{3}{8}$元了。而十月份到期、履約價65元的梅沙買權價格也再度上揚。「$3\frac{5}{8}$元，$3\frac{7}{8}$元，成交！」「$3\frac{7}{8}$之7元對4元！」周圍的噪音升到了最高點。

「3元叫出一百張十月份到期、履約價65元的梅沙股買權！」「4元成交兩百張！」這檔選擇權的價格正快速移動。現股的價格朝我們預期的方向前進。所有陰霾一掃而空。

我不斷查核手中的部位。在3元買進十張、$2\frac{9}{16}$元買進二十張，然後又在$2\frac{3}{16}$買進了二十張。我現在該賣出嗎？該獲利了結嗎？還是再加碼買進？我該打電話給佐爾納嗎？去他的！該是讓我聽一聽收銀機聲響的時候了。

我緩慢移動到人群的前面。「小雞！給我梅沙的價格！」

「十月到期、65元的買權，$4\frac{1}{8}$元對$4\frac{1}{4}$元，十張以上都可以。」他的口水噴到我的外套上。

我清了清喉嚨，想向他喊賣出，可是一個滿面通紅、全身肥肉的傢伙越過我的肩膀大喊：「賣出！賣出！賣出十張$4\frac{1}{8}$元！」他身上那股波本威士忌的味道直沖著我的鼻子。媽的！這肥仔搶了我的價格。

「現在價格是多少？」小雞正在講電話。

「現在價格是多少？小雞！」

「4元對4¼元，二十張以上都行，新來的小伙子。」

「賣出！四元賣出二十張！」我尖叫著。

價格一跳，梅沙的股價漲到64⅛元了。

有人在我的背後用手肘頂我。「4¼叫進三十張。」是美林證券的那個傢伙。

「賣出！」我邊轉向他邊大聲喊叫，口水噴在他的臉上。我的交易都成交了，手中的買權也清光了。

當我從人群中慢慢走出來時，汗水從鼻子上滴了下來。交易場中的職員接過我手中的成交單，並加以確認。我拿出筆，在成交單上寫下編號945。

現在，是計算獲利的時候了。

我在4元賣出了二十張，在4¼元賣出了三十張。第一筆得到八千美元的權利金，第二筆則收到了一二七五〇美元的權利金，總計收到二〇七五〇美元的權利金。

我原先的買進成本是一二五〇〇美元（$3,000+$5,125+$4,375），所以我的獲利是八二五〇美元。天啊，在我的感覺，這就像賺到一百萬美元那般甜美！

我會一直待在這裡，下次總有機會整到你

我終於找到成功之路了。我沒搞砸，我不必再回頭當證券分析師，不用再拿熱臉去貼別人的冷屁股了。我再也不用到那片墓地，坐在漢彌爾頓的墓碑旁。更重要的是，我不會步上父親的後塵。我擁有了自由，我已經能夠和那些贏家們並駕齊驅了。

我昂首闊步走到迪吉多電腦（Digital Equipment）選擇權的交易圈，那裡的作價員是桑坦吉羅。他是城裡最難搞的一個渾球，曾經打過韓戰，總喜歡在交易場的另一頭抽著駱駝牌香菸，真是一個難搞的人。

「新手，你想幹嘛？」

「桑坦吉羅，我想進場玩玩。十月份到期、履約價85元的迪吉多買權你怎麼報？」

「$1\frac{5}{8}$元買進，$1\frac{3}{4}$元賣出。對你的話嘛，新兵，我可以在$1\frac{3}{4}$元賣你十張。」

「我出價$1\frac{11}{16}$元買進十張。」

「門兒都沒有，菜鳥。如果你要像個娘們似的做交易，就給我滾遠點。門兒都沒有！」這個難搞的渾球連$\frac{1}{16}$元都不肯讓我還價。

「好吧，桑坦吉羅。我就用$1\frac{3}{4}$元向你買進十張十月份到期、履約價85元的迪吉多買權。」我在心裡想，你現在占了我$\frac{1}{16}$元的便宜，桑坦吉羅，這等於62.50美元。我了解你想讓我知道誰才是這裡的老闆，你這個狗屎比薩店的爛老闆！今天你整到了我，但是你給我小心點，我會一直待在這

裡，下次總有機會整到你。

第1堂課 冷靜！千萬別得意忘形

「這是最後一次機會，這是最棒的一次機會，來吧，寶貝，這很容易辦到。哦，馬鈴薯泥，馬鈴薯泥，你也辦得到。馬鈴薯泥，馬鈴薯泥，耶！耶！耶！……」

時間是下午三點五十九分。諾爾和我踮起腳尖，在交易場內邊跳舞，邊唱著迪迪・夏普（Dee Dee Sharp）這首一九六二年的暢銷歌。就像日後我的小兒子所說的：「這真是忙得團團轉的一天。」

我們沒理會散落滿地的成交傳票，在地板上滑來滑去地玩樂。我們情緒高昂。我在那天創造了一萬美元的帳面獲利，而當時離收盤只剩下一分鐘了。我才剛剛操作了幾個月，心裡正為能夠在短期間內就創造這麼好的績效而高興不已，我的部位價格走勢都對我有利，以至於我沒察覺到應該把這一萬美元的帳面獲利換成現金。

第二天開盤後市場就一路下滑，由於我在前一天收盤前只顧著跳舞慶祝而忘了軋平部位，所以我最後出場時把那一萬美元的帳面獲利全吐還給市場了。從那時起，我總是在真正聽到收銀機的鈴聲響起前，全力克制想要跳舞慶祝的衝動。

當你覺得心情像正在做馬鈴薯泥那般興奮過度時，就是一種發自內心的警訊。它正在告訴自己：你已經失去了看事情的客觀性，已經太過情緒化，而且會因此付出代價。另一件同樣愚蠢的事，就是你會真的以為自己的舞跳得很好。事實上……你跳得很爛！

｜第2章｜

我不想困在中產階級牢籠裡

那就乖乖訂一套人生計畫吧

「奧黛莉，我們錯過出口了啦！我們現在還在八十四號公路往西的方向，等一下就會直直開到紐堡（Newburgh）去了。你到底會不會看地圖啊？」

「怪我？誰叫你開那麼快！」

「就一件事，我只要你做小小的一件事，你都辦不好。你怎麼會錯過往六八四號公路的交流道呢？」

「你開太快了啦，我根本來不及看路標。而且我哪知你要轉六八四號公路？」

「因為你昨天研究過地圖啊！這就是計畫，奧黛莉，你一定要預先計畫！」

「地圖給你，你自己去計畫個夠吧！」

當地圖攤在租來的克萊斯勒轎車的方向盤前時，我急忙低頭查看。當我開始感到慌亂時，總是不由自主地再度陷入自己那個「陸戰隊人格」中，還會要求奧黛莉表現得像一個優秀軍人的妻子。

但這通常是錯的，今天也不例外。奧黛莉可一點也不想接受我大吼大叫、對她下命令，其實我也不能怪她。那時是一九七八年的七月，當天的氣溫升高到華氏一百度左右，我們熱得要命，也累得不得了，而現在又錯過了交流道的出口，我們正飛車開向一個位於哈德遜河畔，距離紐約市北方五十哩，又破舊又落後的老城鎮。

勇敢讓自己的人生，轉個大彎……

我們剛和瑞奇．白德利（Rick Bertelli）及他太太蘇珊共度一個週日下午。白德利夫婦是我們以前在西罕普敦（Westhampton）海邊避暑小屋俱樂部的夥伴，去年冬天結婚後，在康乃狄克州的坦柏利（Danbury）買了一幢四房、漂亮的殖民時代風格的房子，並邀請我們北上參觀新房。

我看到那幢房子時，既替他們高興也有點嫉妒。蘇珊是電腦工程師，而白德利是聯合碳化物公司（Union Carbide）的業務員，現在擁有自己的房產、享受稅賦減免，然後坐看新房子不斷增值。反觀我們，奧黛莉是美國紙業協會（American Paper Institute）紙張回收部門的主管，我則是赫頓公司當紅的證券分析師，一年收入加起來至少十萬美元，比他們多得多，但我們卻買不起一幢像這樣的房子。

我問：「你們怎麼買得起這麼漂亮的房子呢？」我們四個人坐在二樓喝著冰紅茶，房間窗戶完全打開，卻感覺不到空氣的流動。我已經汗流浹背，很顯然，白德利和蘇珊的理財祕訣之一，就是不開空調，省下一點小錢。

「計畫，」蘇珊說：「你們一定得做計畫。」

「計畫？」我說：「我每天起床、上班，回家後希望還有足夠的精力做愛，然後上床睡覺，這就是我的計畫。」

「這正是我們的問題，請你們再多說一些。」奧黛莉說。

於是他們就說啦，滔滔不絕地講，而奧黛莉和我也仔細聽。聽得愈多，我就愈覺得自己這下真得坐下來，好好訂出一套計畫才行。雖然我擁有碩士學歷與多年工作經驗，但還沒有嘗過成功的滋味。訂計畫、安排明確的時間表，至少可以讓我好好想一想自己該做什麼。

但我討厭設定任何目標的想法，想到這裡，我已經感覺自己的胃打結了。設定目標，代表承諾；承諾，代表義務；而義務，則等於房貸、二胎房貸、汽車貸款、汽車保險、人壽保險、健康保險、房屋產險，以及使用空調的電費帳單。而最令我害怕的，是父親給我的記憶，他陷在一連串沒前途的工作中，住在還有貸款的房子裡，面對一大疊的帳單，擔心錢要從哪裡來。

我最害怕的，就是像這樣困在中產階級的牢籠裡，下場變得和我父親一樣。我不能讓這種事發生在我身上。我用袖子擦了擦額頭上的汗，老天，白德利的房子真快熱出人命了。

自由，我一定要擁有自由，但隨著那天下午的時光逝去，我開始覺得自由或許並不是那麼重要了。我是一個三十三歲、無路可走的證券分析師，剛結束一趟商務旅行，從德州飛回來。我向法人客戶推薦熱門股票，我的行程從休士頓的早餐會報開始，隨後進行了四場會談，然後又趕到機場飛往聖安東尼奧參加晚餐會報，最後才在一場暴風雨黑夜的飛行後，腳步蹣跚地住進達拉斯的旅館，那時已經凌晨一點了。第二天我在睡眠不足的狀況下，繼續另一個類似的行程。現在已經糟到每次出差時，奧黛莉都得把我從前門推出去，才能迫使我繼續這樣的生活。離開白德利家時，我想或許這對夫妻說得對，我需要的是一個計畫，一個成功的藍圖。

「這是用來付過路費的錢。」奧黛莉邊說邊把兩個二十五分的硬幣塞到我手裡。我們正塞在收費站前的車陣裡，等著通過哈德遜河到紐堡。路面被曬得浮起熱氣，車上的空調也開到最強，但我還是一身汗。前方的十八輪大卡車噴出一陣濃濃廢氣，後面那部車子沒來由地亂按喇叭。我到底在這裡幹什麼？我不想卡在這個車陣裡，我也不想到紐堡去。我一定要讓我的人生轉個向。

「抓緊了，奧黛莉！」我用力把方向盤打到最左邊，橫切過收費站前的空地，直直開上對面的車道。奧黛莉大聲尖叫，輪胎在地面上嘎嘎作響，四周一片喇叭聲響。管他的，我在乎什麼？終於，我開上了正確的方向。

回到家後，我拿出一疊紙和一枝筆，坐在飯廳的桌子旁。「這就是了，奧黛莉，」我說：「拉張椅子過來，我們來設定一些目標，該是我揚名立萬的時候了。」

失敗了，頂多是回歸現狀而已，怕什麼？

奧黛莉是唯一可以幫我設定目標的人，也是唯一真正了解我的人。在遇見奧黛莉之前，我和女人的關係不但短暫，而且總讓我覺得難以應付。我完全無法和異性健康、正常地交往。有一度，我已認定女人對我來說真的是太複雜了，覺得自己比較適合過單身生活。

直到我遇見了奧黛莉。她是個美麗、充滿自信的成熟女人，重點是她愛我。她告訴我，我是她認識的人當中最聰明的一個。這話發自內心，我簡直不敢相信她會這麼說。一九七六年夏天，我遇見的奧黛莉，正是我等了好久的另一半。

一九七七年夏天，奧黛莉談到了結婚的事——這是我們之間很合理的結果。問題是，我剛跟她交往時，正陷於長期的負債中，而且操作股票一直在虧錢。一年後，我雖然解決了債務，還賺了五千美元，但哪來的條件結婚？

八月，奧黛莉提起訂婚戒指，我感到腸胃痙攣，渾身不舒服；九月，她要跟我討論結婚日期，我已經腸胃無力到得吃嬰兒食品了。到了十月，她終於對我發出最後通牒：「馬丁，我的公寓租約明年三月就要到期了，不管是不是會和你住，我都要搬家。所以請你馬上做決定。」當時她正準備前往雪城——她們整個家族都要去，而且他們期待奧黛莉會戴著一顆大鑽戒，在我的陪伴下出現在教堂。我沒錢買大鑽戒，就沒辦法加入他們家族。

我決定，認真面對腸胃痙攣的毛病。

我去找雷蒙．哈克曼（Raymond Hockman）醫生做乙狀結腸鏡檢查。「哇！來看看你大腸裡的硬塊！」醫生邊說邊把鏡頭轉過來，讓我看仔細。

「這就是毛病所在，」他用筆指著螢幕對我說：「那硬塊是造成你腸胃嚴重壓迫感的東西，約有一分錢硬幣那麼大。我們得馬上把它處理掉才行。」

小心翼翼把褲子穿回去時，我問哈克曼醫師，是否可以借用他的電話和營業員聯絡。去年辛苦存下來的五千美元，被我全數拿去買進一個一月份到期、履約價七十八元的辛德仕（Syntex）股票買權。營業員告訴我，辛德仕股價勁揚，而我的五千美元已經變成一萬五千美元了。「賣掉！」我對著電話大喊。該是我賺錢，是我醫治大腸，是我買一顆大鑽戒給奧黛莉，更是我該長大的時候了！

於是隔年三月，當奧黛莉的房屋租約到期時，她成了舒華茲太太。結婚四個月後的此刻，她告訴我，我將會成為明日之星。

「你已經三十三歲，一直都希望自己出來闖闖，所以儘管放手去闖吧！你擁有很好的學歷，這是誰都奪不走的。最糟的狀況就是你最後破產，然後再回去當證券分析師罷了。去當一個操盤手吧，這是你的第一個目標。來，把它寫下來。」

我拿起鉛筆。奧黛莉說得對，我一直都知道自己想成為操盤手。沒有任何其他的工作更適合我的個性，而且也沒有任何一件事比交易更能使我樂在其中。我的數學很好，對於數字反應也快，我喜歡賭博，而且熱愛市場。「**成為一名操盤手**」，我用又大又粗的字體把它寫下來，這看起來很棒。

「這就是我的第一個目標。我要怎麼做才能達成這個目標呢？」

Step-by-step 成為一位專業操盤手

「馬丁，計畫，你一定得要有個計畫。記得白德利他們是怎麼說的嗎？現在你已經有了目標，你一定要想一個計畫來達成它。」

我坐下來想。「好吧！我必須做的第一件事，就是發展出一套符合自己風格的操作方法。」

「把它寫下來！」奧黛莉說。

在「成為一名操盤手」的下面，我寫下：

1發展一套符合自己風格的操作方法

「好，」奧黛莉說：「如何發展？」

「最近一期的《巴倫週刊》（*Barron's*）在哪裡？」

接下來的兩個鐘頭裡，我們都在談論我的計畫。我們剪下一些市場分析報告，以及索取試閱技術圖形出版品的印花。當計算需要多少營運資本，才足夠支持我獨力操作部位時，我們決定至少需要十萬美元。我不覺得能用更少的資金達成目標。所以我寫下：

2累積十萬美元的營運資金

「這要花多久的時間？」奧黛莉說：「記住，你一定要設定達成目標的時間表。」

「一年。」

「一年？你在一年內怎麼有辦法弄到十萬元？你已經操作了九年的股票，卻從來沒有賺過這麼多錢，你得實際點。」

「嘿！我是你所認識最聰明的人，不是嗎？如果我要成為操盤手，就必須證明自己能從操盤賺到錢。不是靠投資、不是靠借貸、不是靠寫市場行情分析報告，而是靠操盤。」我在紙上加上：「一年之內」。

3 找佐爾納當我的指導人

我們繼續談到，我需要一個指導人。每一個頂尖操盤手，都有一位指導人。他應該是一個更年長、更有智慧，且願意教導後輩的人。麥克・馬可斯（Michael Marcus）的指導人是艾德・史柯達（Ed Seykota），保羅・都鐸・鐘斯（Paul Tudor Jones）的指導人是艾禮・杜利斯（Eli Tullis）。佐爾納！對了，就是佐爾納。他是我在市場中所認識最棒的操盤手。

4 在某個交易所取得會員席位

還有，要成為操盤手，我需要擁有某個交易所的會員席位。有了會員席位，我的操作成本才能大幅下降。一來，會員交易時不用付很高的佣金，再者，他們有3M——也就是「創造市場保證金」（market-marker-margins）的好處，因此比一般市場參與者占有更多的優勢。當我以一般交易者的身分用每股三美元的價格買進一張（一百股）股票買權時，必須付出全額三百美元，但是交易所會員只要付一半的金額，也就是一五〇美元就可以了。這使得交易所的會員享有較高的財務槓桿，可以用兩倍以上的速度賺（賠）錢。此外，交易所也替會員保了條件優厚的健康險。

5 在未來一年中利用公司的時間做自己的事

我打了個呵欠。時間已經很晚了。「我們先把東西收起來吧，明天早上還得上班呢！」

「馬丁，談到工作，你要如何維持工作，同時又靠操作賺進十萬美元？我們沒辦法光靠我的薪水過日子。」

「別擔心！公司一點也不知情，但是我要在這一年中好好休息，替自己打算打算。我待在這家公司有八年半了，對企業和產業動態簡直瞭若指掌。公司想盡辦法壓榨我，但是大部分人得花一個星期的工作，我只要一天就能完成了。」

「如果這也是計畫的一部分，那就把它寫下來吧！」

我把鉛筆丟下。「夠了。這就是我的計畫了！」

市場就像正妹——迷人，但也複雜

第二天，我關上辦公室的門，要祕書把所有電話擋掉，然後開始擬定操作方法。

發展一套適合自己個性的操作方法，是我計畫中最重要的一部分。如果沒有一套方法，我就沒有獲利的優勢。一直以來，我都是注重基本面的人，我留意通貨膨脹率、利率、公司成長率、本益比、股利收益率、毛利率、市場占有率、政府的政策，以及其他一切會影響股價的長期因素。但從此刻起，我要把自己轉型成為技術分析者——一個市場時機的掌握者、一個操盤手、一個注意市場價格變動所發出的買賣訊號的人。這就是投資者和操盤手基本上最大的不同，操盤手會把市場看作一個有生命、會呼吸的個體，而非僅是許多個別股票的集合而已。

正如同亞當・斯密（Adam Smith）在《金錢遊戲》（*The Money Game*）中所說的：「市場就像是一個漂亮的女人——無限迷人、無限複雜、總是不停改變，也總是那麼神祕。」這句話一直在我的腦中，揮之不去。在認識奧黛莉之前，我一直是個情場敗將，所以不難了解為什麼我在市場裡也是常敗將軍。但現在我有了奧黛莉，可以馬上弄清楚其他漂亮女人在搞什麼花樣。

我開始閱讀各式各樣有關市場分析的刊物：理查・羅素（Richard Russell）的《道氏理論通訊》（*Dow Theory Letter*）、《巴倫週刊》、《商業週刊》、史坦普趨勢線圖（S&P Trendline Charts）、曼斯費爾德技術圖（Mansfield Charting）以及CMI技術圖集（CMI Charting）。其中我最喜歡的是《收割者》（*The Reaper*）通訊，這是一本由亞歷桑納州的一個老好人麥克麥斯特（R. E. MacMaster）所出版的商品期貨市場報導。我是一個喜歡綜合考量事情的人，所以把各種不同的理論混合、加以截長補短，是很合乎我個性的做法。

我同樣喜歡花時間找尋可以解開市場之謎的數學模型。在我閱讀的各種刊物中，泰瑞・隆德利（Terry Laundry）的「神奇T理論」（Magic T Theory）最能讓我心領神會，所以我打電話給他，說明自己對他的研究如何著迷。隆德利是一個與眾不同的天才，住在麻州的南塔特克島（Nantucket Island）。他也是一名陸戰隊員，畢業於麻省理工學院，之後他就利用深厚的工程學識來分析市場。隆德利相信市場上漲和下跌的時間一樣長，而且在開始上漲前一定會有某種前兆，或是一個資金累積的階段，當市場準備就緒，能量也蓄積完畢之後，就會開始揚升。

T這個字母在字型上左右兩邊的長度都是相等的，所以隆德利稱自己的理論為「神奇T理論」。我一看到這個理論，就了解它將會成為我的新操作方法中重要的一環。這牽涉到我對人類的認知：左右對稱、達爾文主義、進化、事物的自然規律。所以我完全接受這個理論。

我每天工作十四個鐘頭，一週工作七天。在週末時我研究趨勢線，並擬定下週操作策略。每天晚上我都會回顧自己的技術圖、重新計算移動平均數值、推算出轉捩點，並設定我的進場和出場價位。有了神奇T指標，我彷彿發現宇宙的規律，以及每十二個鐘頭交替的漲潮和退潮。

神奇T指標已經和我合為一體，市場以最原始的方式上下起伏，而我就像一隻生活在沙裡的軟體動物一樣，根據本能直覺地和市場一起上下漂流。就這樣，我找到了我的操作方法。

看懂價格跳動中的玄機

我一直都知道誰會是我的指導人。我開始一天打三、四次電話給佐爾納。在一九七五年，當愛德華與韓利公司因為一九七四年的空頭市場而發生問題時，佐爾納跑到哈肯薩克市（Hackensack），在那裡設立了一家小型的避險基金。我在紐澤西拜訪一家醫療器材公司時，曾經順道去那裡拜訪他。奧黛莉和我結婚後，我們會在週末時開車到紐澤西去，我和佐爾納打網球，而奧黛莉則和他的老婆薇琪聊天。

當佐爾納開始操作基金時，在哈肯薩克市弄了間兩房的辦公室。他用其中一間，薇琪則坐在另一間。辦公室裡放著一部道瓊的紙條式報價機，是那種頂上有一個玻璃燈泡的直立式古老機型，牆上掛著一隻大西洋鮭魚的標本，兩者明白表現了佐爾納一生中的兩樣最愛——交易和釣魚。我會坐在他身邊，看著他花幾個小時的時間，溫和地檢視著手上那一長條連續的報價紙條，他的指尖上總會因此泛著淡淡的紫色墨水印。

「馬丁，你一定要感覺報價的變動，」他會這麼說。「這告訴你需要知道的一切。它們可能在好消息揭露後下跌，或在壞消息公布後上漲。如果你有能力看出價格跳動中的玄機，你就能夠知道目前市場健康與否。」他突然停頓下來，長達數碼的紙條堆在腳邊，停留在他沾了油墨的手指下。「等一下，我們找到了一個例子。你看這裡，寶麗來（Polaroid）又上漲了$\frac{3}{8}$元。結果已經很明顯，他們一定在耶誕節假期前賣出了許多照相機，這表示第四季的表現應該會很好。檢查一下你的移動平均線。現在可能是我們買進一月份到期買權的大好時機。」

到了一九七九年初，我可以看出自己的計畫開始有了成效。我對神奇T指數的細微變化愈來愈精通，並從中發現了一些新的用途，也屏棄一些不能用的部分，經過多方嘗試後，我漸漸將神奇T理論和我的個性，以及自己在數學方面的想法結合在一起了。經由這個過程，我推演出一套獨一無二的操作方法，再配合佐爾納對我的指導，我開始嘗到獲利的滋味。我的自信心愈來愈充足，準備讓大魚上鉤。

我主要的操作標的是選擇權，其中大部分是買權，這是因為我對過去兩年市場中，自己曾經操作過的十幾檔股票有偏多的看法。我操作過的都是一些大型企業股，如辛德仕、ＩＢＭ、漢威聯合（Honeywell）、特利電（Teledyne）、寶麗來，以及全錄（Xerox）等，以一個證券分析師的眼光來看，這些股票都有良好的基本面因素作支撐。它們每天的成交量都非常大，流通性也極佳。流通性非常的重要，因為我是一名當沖帽客，在幾個鐘頭，甚至幾分鐘之內都可能會在市場中殺進、殺出好幾趟。此外，選擇權的價格波動比股票高得多，這表示以同樣的資金，我可以享受更多股價上漲帶來的好處。我通常會同時保有三到四個買權部位，而且大多數的賭注都在五千到一萬五千美元之內，這正好符合我的營運資金規模。一般而言，我希望能夠在每一筆交易中賺進一千到三千美元。

自從在一九七六及一九七七年當中維持損益兩平的局面後，我現在已經開始穩定獲利了。以前當我憑著小道消息或自己的直覺進場交易時，只要市場發生任何意料之外的狀況，我就好像陷入了從未涉足、不知名的地方般孤立無援。但是現在，我每天晚上固定研究技術圖形、回顧並更新趨勢線、計算移動平均指標、推算出價格的轉捩點、設定我的進出場價位，這些動作都使我充滿自信，就像一個棋手在棋盤上依照自己的想法來移動棋子，並隨時能預見接下來的五至七步可能要怎麼走。我的操作並沒有太大的改變，但是我用一種更聰明的方法交易。

研究市場的過程成為我內心力量的來源，幫助我將頭腦中潛藏的智慧與能力充分發揮。它幫助我做出更好的決定。你不能呆呆地站在原地不動，在市場裡你沒有足夠的時間仔細思考，必須馬上決定要進攻或撤退，要加碼或把部位砍光。擁有一套操作方法給予我更多的力量，因為在心中就能看清楚自己所做的每一個動作。這套方法讓我有足夠的信心在必要時馬上扣下扳機、做出決定。

在一九七九年第一季當中，我的營運資金累積到五萬美元，這已經是所需資金的半數了。我深信自己能夠在一九七九年的第二季，再賺到另一個五萬美元。到時就該是展開下一個階段工作——取得某個交易所會員席位的時候了。

一九七三年，芝加哥選擇權交易所（Chicago Board Options Exchange）成立，專門交易各種掛牌的選擇權。它的快速成功促使其他交易所，像太平洋證交所、費城證交所及美國證交所，都開始努力增加選擇權契約成交量，以期在選擇權市場中分一杯羹。根據我原本的計畫，是搬到芝加哥去，但是如果我可以在美國證交所取得會員席位的話，又何必非要離開紐約搬到芝加哥去呢？

找門路，正式在交易所卡位！

巴布・傅利曼（Bob Friedman）是蒙哥馬利證券（Montgomery Securities）一位知名醫療用品的產業分析師，也是我的舊識。我們曾經一起在一九七六年組成《機構投資人》（*Institutional Investor*）雜誌的「全美研究團隊」（All America Research Team），所以常在會議中碰到面。有一天傅利曼向我提起他有一個同母異父的弟弟叫丹尼・魏斯可夫（Danny Weiskopf），是一個在美國證交所工作的作價者。

當我提起想要買一個會員席位時，他就把我介紹給他。魏斯可夫負責交易的是貝理娛樂公司（Bally Entertainment）的選擇權，這是當時交易場內最熱門的一檔選擇權，當我去見他時，他忙得像個正在照顧四胞胎的保母似的，所以他就把我轉介給海斯．諾爾。

諾爾為魏斯可夫工作，年紀和我相當，而他從一九七〇年起就已經在交易場內工作了。像我一樣，諾爾也沉醉在技術分析的領域中，而且，他也和我一樣希望能夠操作自己的資金。我們很快就變成好朋友。每週總有幾天，我會告訴在赫頓公司的祕書貝佛莉說我要出去吃一個長時間的午餐，然後直奔交易所。我在訪客櫃檯登記，拿到臨時訪客證，然後櫃檯就會廣播：「海斯．諾爾！海斯．諾爾！櫃檯有你的訪客。」諾爾下樓來，然後我就戴上訪客證跟著他進入交易場。在那幾次拜訪中，我像個陸戰隊員似的偵察著新環境，思考著自己要如何在這裡求生存。我會跟在諾爾身後，看他如何作業，觀察周遭的地形，記下誰負責什麼契約的交易，誰又是哪裡的職員，電話在哪裡，廁所又在哪裡。

「馬丁，你一開始應該先租一個會員席位。」有一天諾爾對我說。「這樣的話，你可以省下一些資本，直到確定你做得來時再說。」

「這是個爛主意！」我說。「我已經確定自己可以做得來了。我就是要買下一個會員席位。」

想擁有會員席位，必須直接向交易所辦理買賣事宜。交易所會從中收取一筆他們喜歡稱之為「轉換費」（Transfer fee）、為數不少的佣金，而會員席位的行情也分買盤和賣盤。交易所總是有空下來的會員席位待價而沽。在一九七九年夏天時，一個席位的買盤大約是八萬五千美元，賣盤則大約是九萬美元。這表示我大約可以用九萬美元買到一個席位，另外再加上二千五百美元的轉換費，不過首先我得先登記成為全國證券交易商協會（National Association of Securities Dealers）認可的合格交易商，並上過美國證交所一個如何操作選擇權的課程。到了六月底時，我已經賺到了十萬美元，終於一切準備就緒，開始準備行動。

在華爾街，辭職最好選在禮拜一

這時，我迫不及待想要從赫頓公司離職。在幾乎長達一年的時間當中，我把工作設定在「自動定速駕駛」的狀況下，告訴祕書擋掉所有電話，躲在辦公室裡，關上門，打開報價器，然後開始交易。我一天中曾經執行過三、四、五，甚至六筆交易。

在我的辦公室裡安裝一部即時報價器，是一件很重要的事。我是赫頓公司裡唯一擁有個人報價單機的證券分析師，這部報價單機是我在一九七七年跳槽到赫頓時和他們談的條件之一。在我最早的幾份工作中，整個研究部門都只有一部報價單機，而且還設在大廳裡。我總是不斷地走去看那部機器，老闆看到我一直站在大廳裡看報價，便開始懷疑我到底在搞什麼東西。

我從很久以前就學到華爾街的遊戲規則：想要增加收入，最簡單的方法就是換工作。華爾街老闆都一個樣，就是：付你愈少薪水愈好，只要能夠把你勉強留下來就可以了。但當別家公司需要你，就會願意付更高的薪水，因為他們知道這是你換工作的唯一理由。我被赫頓公司的法人研究部門負責人丹．墨菲（Dan Murphy）挖角時，就向他要求在我的辦公室裡裝上一部報價單機，做為跳槽的條件之一。就這樣，我可以在別人不知情的狀況下，隨時掌握市場動態。

我覺得，要向墨菲辭職的最好時機，是星期一的早晨——一週和一天剛剛開始的時候。我選擇了七月九日星期一的早晨。我原本想直接走進他的辦公室遞辭呈，然後馬上走出去，這是我們在華爾街常用的招數，但奧黛莉建議我採取不同的做法。

「對墨菲據實以告，說明你的計畫。讓他知道你不是跳槽，只是想出去當一名操盤手，管理自己的資金。他會尊重你的想法，如果有一天你還得回去的話，也留下一條後路，有利無弊。」

所以，那天當我進去見墨菲時，我說：「很感謝你在赫頓對我的照顧，但是我決定改變自己的生涯規畫。我九年半以來，一直擔任證券分析師，我去年剛剛結婚，希望建立一個家庭，再也不想到處出差了，那不是我想要過的日子。我一直想自己當老闆，所以現在，我想要自己去操盤。」

墨菲聽完，起身關上辦公室的門。才剛有兩名證券分析師跳槽到別家公司，現在情勢有點敏感。「好吧，」他說：「但是你得幫我個忙。請你暫時保密，因為我需要一些時間來找新的分析師。如果你現在就對外宣布你要離職，同事們會覺得這個部門就快垮了。」

我答應墨菲，甚至還替他多出了幾趟差。我們安排了一個到費城的行程，分別到六場不同的公司做六個商務拜訪，其中一場在上午九點、一場在上午十點三十分、一場午餐會報、一場在下午兩點、一場在下午三點三十分，最後一場在下午四點三十分，然後趕搭快速火車回紐約。我痛恨這種行程，但是墨菲說：「請你幫我這個忙，當一天和尚撞一天鐘吧！」

我離職那天，發生了一件前所未聞、令人驚訝的事情，那就是：墨菲讓我在離職後的六個月內，仍然在赫頓保有一間辦公室。在華爾街，通常當你告知老闆要離職的那一刻起，他們會馬上封鎖你的所有檔案，檢查你的公事包，把你抓起來照個直腸鏡，然後由警衛「送」出大門。但是由於這次我做了徹底的生涯改變，出外開創自己的事業，所以我覺得自己走得像個英雄。

我的計畫成功了。我發展出一套適合個人風格的操作方法，讓佐爾納成為指導人，並經由操作賺進了十萬美元。我在美國證交所買了一個會員席位，離開了赫頓公司，正式成為一名操盤手了。一九七九年八月十三日，星期一的早晨，我駐足在美國證券交易所的入口處，深深吸了一口氣，拿出了會員徽章，然後走進那扇寫著「會員專用」的大門。該是我大展身手，鋒芒畢露的時候了。

第2堂課 花一年時間，準備一筆夠多的資金

我常幻想自己是一個文藝復興時期的人。我喜歡回到過去某段歷史時期中，想像自己如果生在那個時代會是怎樣。如果我是十九世紀的年輕人，可能會成為一個因為淘金熱而湧向加州的拓荒者。我會想辦法籌一筆錢，然後向西到加州去尋找黃金。

我在一九七九年創業，一直在股票、債券、選擇權和期貨市場中淘金。我需要十萬美元做為營運資金，但其實我應該訂下更高的資金標準，只是我非常急著要出外闖蕩，而十萬美元是我估計要達到獲利目標所需的最低營運資金了。如果你想要以操作維生，一定要給自己一年的時

間。有足夠的營運資本操作，才能支應日常生活開銷。足夠的資金也可以讓你以相當的規模從事交易，並使你持續保持獲利。

如果你另外還有一份「正職」，就不需要為生活開銷另做準備，但仍然要有足夠的資本來讓自己有機會成功，並以一個自己感到順手的規模從事操作。想要控制你的操作行為，最簡單的方法，就是在經紀商那裡開一個專為操作而設的帳戶，而且千萬不要把超過你不能賠掉的資金放進這個帳戶裡。

我無法告訴你該放多少金額，這是一個非常個人化的決定，但不論多少，你就只能放這麼多錢進去。然後，要有把這筆資金輸光的心理準備。

在自行創業之前，你一定要能夠完全控制自尊心，並且了解「獲取利潤」遠比「決定正確」重要。在你準備藉由金融操作維生前，必須經由活躍的操作行為來證明能力，並測試操作方法。這表示，我得不斷用營運資金積極操作。如果我可以經由操作累積十萬美元，就顯示自己已經發展出一套可以成功的方法。我不認為借錢充作營運資本是正確的決定，戒賭中心裡多的是借錢當賭本的人。

沒錯，我是向小舅子們借了五萬美元，但那些只是備用資金，而且我下定決心絕不動用，事實上也從沒用過這筆錢。對我來說，那五萬美元就像小飛象（Dumbo）的神奇羽毛一樣，只是用來作飛行時心理上的保障，一旦需要用到它時，就表示我已經失敗了。而我絕對不能失敗，至少這次不能。

賺到十萬美元是一回事，要保住它又是另一回事了。奥黛莉和我犧牲享受、努力儲蓄使我可以順利創業，我因而深深體會到資金管理的重要性。讓營運資金在操作過程中持續成長，需要充分的自律，而且，如果你能在賺錢的同時把它維持住，你就比較不會把事情搞砸。優秀的操盤手每天都可能獲利或虧損數千美元，通常讓人有「錢來得容易，去得也快」的印象。這並不正確。我們不因獲利而欣喜若狂，也不會因虧損而哀哀啜泣，但這並不代表我們視金錢為無物。

傑克·史瓦格（Jack D. Schwager）在《金融怪傑》（*Market Wizards*）一書中所提到最有趣的一個論點，就是：幾乎每一個他所訪問過的操盤手都會提到自己曾經如何歷經失敗，但最後終於成為市場贏家的故事。你的營運資本一定要大到讓你有足夠的時間邁向成功，並且大到足以不讓你在一筆交易後就被淘汰出局才行。當我剛開始在美國證交所操作時，我在幾個鐘頭內就輸掉了所有營運資本的一〇％，但是因為營運資金夠多，而且我的停損點也夠接近，所以我在市場轉向有利於我的方向前，並沒有砍掉部位。此外，我是一個專打一壘安打的人，我不期望擊出全壘打。我的操作風格就是累積許多的小額獲利，而非趕上一波大行情，所以我的營運資本並不需要像那些總想把球擊往外野圍牆的人那麼高。

正如那些因為淘金熱而湧向加州、占下土地和財富的人一樣，最有機會致富的操盤手是那些能夠自己賺到營運資金的人。

第3章

贏很多了？換張賭桌吧！

賭局教我的操盤道理

汗如雨下。我抬起頭看著牆上的報價螢幕，查看我的部位狀況。我受夠了，我得軋平這個部位，否則可能會把一切輸光，所有努力的成果都將化成泡影。四周的人不斷叫喊：「來嘛！馬丁，別放棄這大好的機會！」「是啊，進場玩玩嘛！扣下扳機吧。」「對，別站在那兒發呆！」「採取行動吧，你這個懦夫。懦夫！……。」

我一刻也不願再等。我站在線上準備好，看著尤基（Yogi）那張又肥又黑，上面有個大鼻子的臉龐。我向他打出手勢，擁擠的人群逼使尤基的身體一下子靠左、一下子靠右、一下子被擠下走道，然後又斜靠在牆上。我在空中揮舞著拳頭。我做到了，軋平了我的部位。控制權再度回到手中。

小時候和別人交換棒球明星卡，是我接觸賭博的開始。我會在星期六的早晨，從車庫中把腳踏車騎出來，然後在我家附近收集汽水瓶，一個十二盎司的瓶子值二分錢，而一個三十二盎司的則值五分錢。到了中午，就有價值四到五毛錢的瓶子在我的小車上叮噹作響，這在一九五三年，對孩子來說可以算是一筆大錢了。我會把瓶子拿到街上的雜貨店，換取一包包的棒球明星卡。

每一包卡片索價五分錢，裡面裝有五張棒球明星卡片。我扯開其中一包，拿出裡面的口香糖。沒有人會去吃那個口香糖，它的味道嘗起來像是牆上的壁紙，口感簡直就像是製皮鞋用的牛皮，只有很小的小孩子才會笨到去吃它。接下來我會把卡片外面一層粉紅色的包裝紙拿掉，仔細檢視每張卡片，找出我已經擁有的，期待著能找到一張曼多（Mickey Mantle）或是李茲都（Phil Rizzuto）的卡片，同時又禱告我不要拿到像匹茲堡海盜隊和華盛頓參議員隊那些爛隊球員的卡片。最後，我和朋友會找個地方對著牆壁交換卡片。

我的賭場筆記：想要成為贏家，必須遵守規則、果斷行動。

我愛賭，但並不打算毀了自己的一生

我十歲開始，就靠鏟雪打工。冬天時暴風雪從加拿大直吹而下，學校會因此停課，而我則抓著鐵鏟出門。我會鏟一個早上的雪，每條走道收費一美元，每條車道收費二．五美元。那可是很吃力的工作，而且常常當我快要完工時，鏟雪車一經過，又把雪給推回原位。我不斷努力鏟雪，到中午時我的口袋裡大概就有個七、八美元了，這在當時可真是一筆大錢了。

鏟完雪後，我會直衝艾迪．柯漢（Eddie Cohen）家的地下室去玩牌。我們通常會玩一種名叫

「大逆轉」的牌，有時候我一個下午玩下來，可以賺進十或十二美元，這比起鏟雪來說當然是好太多了！

等我到十五歲時，我們也從玩大逆轉進階成打撲克了。星期六的早晨，我會去當外祖父的桿弟。雖然外祖父的高爾夫球打得並不高明，小費倒是給得很大方。他會遞給我一張十美元的鈔票，這在一九六〇年時也算是一筆大錢。然後我還是會直奔柯漢家的地下室，和幾個老哥兒們見面。

其中一個傢伙是唐尼（Donny K），他父親在西海文市（West Haven）經營一家汽水公司。我喜歡和唐尼玩牌，因為他身上總帶著很多錢。他的父親開了部凱迪拉克，而且是木橋鄉村俱樂部的會員，但唐尼顯然不是個多聰明的人，他永遠搞不清「不要拆掉對子來湊順子」這個基本原則。我藉著修理唐尼得到不少樂趣，因為當我和比自己有錢的人對抗時，就會有一種亢奮的情緒在心中激盪著。

我的父母似乎對我的賭博行為不怎麼在意，可能是因為我從中贏了很多錢的緣故，但是當外祖父知道我用他的錢幹了什麼好事後，他簡直氣瘋了。他向我的母親抱怨：「你怎麼可以讓他去玩牌，還賭成這樣子呢？要是他現在染上了賭癮，這輩子就毀了！」

我的確沉迷於賭博，但是我並不打算毀了自己的一生。在我拿到汽車駕照後，我會帶著五十美元開車到水道賽馬場（Aqueduct）去混，試著在回家時能夠贏個一百美元或更多錢。有很多次，我的確辦到了。

就像玩牌一樣，我發現自己對賭馬也很有一套。而且我到賽馬場純粹「做生意」，不是去吃喝或搞社交活動，而是去賺錢的。我會研究馬的跑姿、研究訓練師、把騎師的狀況製表研究，並深入了解馬場裡跑道的狀況。我會注意馬匹的血統是否純正，以及最近一次比賽的結果如何，希望從中找出一些線索。我會翻閱《每日賽馬快報》（*Daily Racing Form*）的評等報告，來衡量哪一匹馬在哪天的哪一場比賽中最有可能勝出。我也計算每匹馬的速度，用來決定要怎麼下注。最後，我會仔細審查賭金計算器的顯示板，找出其中異於平常的狀況、確認下注的機會，並等到最後一分鐘，然後下注。

我喜歡水道賽馬場。那裡環境清潔、綠草如茵，那些馬匹是如此美麗，而且沒有人會在意我父親的爛工作、我的猶太裔身分，或是我沒有錢加入木橋鄉村俱樂部。如果有人想進入水道賽馬場的俱樂部會館，只需要多付點錢就行了。

我的賭場筆記：事前的充分準備絕對可以讓你得到回報。比其他玩家知道更多，是非常重要的一件事。

在安默斯特學院讀書時，我下課後最喜歡做的事就是跑到賽馬場，通常獨自前往。在一九六三年時，安默斯特並沒有太多學生會去賭馬。星期五的足球訓練結束後，我會徒步走到位於校園書店旁的車站，搭上巴士，直接趕往位於新罕普夏州欣斯代爾市（Hinsdale）的小型跑馬場。巴士經過美麗的新英格蘭區農場，我看著窗外秋天的樹木，心中想著如果我將來能擁有一個種著黃橙槭樹、蓋著暗紅色穀倉、圍著白色圍籬、種滿綠色牧草的農場，並養著屬於自己的好馬，那該有多好。在夜晚的回程中，我會坐在巴士的最後一排座位上，數著贏來的錢，感覺自己像是個大贏家。

我的賭場筆記：敢於作夢。真正重要的不是你現在在哪裡，而是要往哪裡去。或者就像我祖父說的：「如果你連夢都沒有，哪兒來的美夢成真？」

拿大筆鈔票去賭是件荒唐的事……狗屁啦！

一九六七年夏天，父母給了我一千美元赴歐洲旅行，五年前我哥哥從雪城大學畢業時，父母也給了他的一筆錢。這趟旅行，我是和安默斯特的前任室友拉瑞．林肯（Larry Lincoln）以及他的弟弟史提夫一起去的。我計畫了一個長達十一週、從六月中一直玩到八月底的行程。父母認為這可以讓我有足夠的時間，在研究所的課程開始前去吸收一些歐陸文化。

當拉瑞和史提夫在博物館和大教堂遊覽之際，我卻在各大賭場痛快賭錢。這些賭場都是相當古老而華麗的巴洛克建築，有著拱形屋頂、水晶吊燈、天鵝絨厚窗簾，裡面的每個人都穿著正式服裝，打著領帶。我最喜歡的賭場位於法國的笛翁（Divone）。我們停留在日內瓦時，我開著拉瑞和史提夫老爸要他們買了帶回美國的賓士轎車，穿過瑞士的邊界，前往笛翁。

我記得我們要通過邊界時，我拿出護照和駕駛執照。邊界的守衛問我：「先生，你們準備到法國做什麼？」

「我要好好賭幾把。」我回答。

「啊！那祝你好運啦。先生。」

「謝謝你。」我說不了太多，誰叫我的法語實在不怎麼靈光。

我從遠處看到了燈光，然後開著那部賓士轎車停在賭場前，覺得自己好像〇〇七系列電影《皇家賭場》（*Casino Royale*）裡的詹姆士．龐德。像龐德一樣，我使用複雜的級數系統來賭輪盤。我等著輪盤出現連續四或五次黑色、四或五次紅色或其他顏色。我會站在桌旁把結果登記下來。我並不認為輪盤賭博裡的結果完全隨機，或每個顏色出現的機率是一定的。我要建立一個系統。在我能從中找出某種規律之前，我不喜歡拿錢下注。誰知道那天晚上會不會有哪部輪盤機出現偏差？

我在歐洲待了十天之後，賺到的已經比花的錢還要多了。這真是一件令人興奮的事。我開始希望能從賭博當中賺到足夠的錢，讓我在假期結束時把父母給我的一千美元還給他們。我想這真是個棒極了的主意。

在我們停留歐洲大陸的這段期間，我一直都處於持續獲利的狀況，但是當我們到達行程中的最後一站倫敦時，我太急著要進賭場玩，竟然連一點休息的機會都不給自己。在賭博中最重要的一件事，就是讓自己得到充分的休息。就像參加賽跑一樣，你如果沒有把體能調整到最佳狀況，注定會輸。但是當我們從蓋特維克（Gatwick）上岸後，我所做的第一件事就是跑到我所能找到的第一家賭場去。

那是晚上稍早的時刻，大約在八點或九點左右，當我找到一家賭場時，那個地方幾乎像是荒廢了似的。其實我當時並不知道，倫敦地區的賭場都要很晚才開始營業。我想去玩骰子，我想和其他玩家賭，但是現場並沒有其他的賭客可以一起玩。所以我決定和自己對賭。我曾設定了一個嚴格的規定，限制自己不能讓同一個玩家連續贏我兩次，一旦發生這種狀況，我就會收手，等待下一個玩家出現再上場。但是在這裡，下一個玩家就是我自己。我當時一定是神智不清了，在對手是自己的狀況下連贏了七場。「太厲害了！」賭場經理讚歎地說：「沒看過有人像你這樣賭骰子。」

當天晚上回到旅館房間後，我寫道：

一九六七年八月十八日。今天晚上，我希望能從這個學費高昂的一課中學到一些東西，而且從財務觀點上來看，我希望所學到的能比自己所付出的代價來得多。今天晚上，我賭輸了四百美元，對一個年紀比我大的人來說，這都不算一筆小數目，對一個剛滿二十二歲、沒工作的人來說更是嚴重的損失。我在情緒仍未平復的狀況中寫下這篇日記，希望今天晚上我所學到的事情，應該讓自己據此而設下餘生中都不可打破的戒條：

一、絕不再用太大的金額下賭注。靠努力工作來賺錢，再也不要妄想撈那種不勞而獲的錢，因為世界上根本沒這麼好的事。

二、絕不在度假期間做大金額的賭博。如果真的忍不住的話，也只能拿一些小錢來賭，而且如果缺乏自律，就不要帶太多錢出門。事實上，只該帶你輸得起的錢去賭場，而這筆錢的金額也應該非常小。

三、拿大把鈔票投入賭場或賽馬是件很荒唐的事。以後只要拿小小的賭資當作消遣就好了。

今晚學到的教訓，將在日後顯現出真正的價值。我該記取今晚的經驗，未來就可以證明我付出的代價到底是昂貴或便宜。該是讓自己免於這種瘋狂行徑的時候了，我該回到從前相信努力工作才是追求成功和快樂的信念中。我只應該從具生產性的成就裡得到滿足。我必須在為時已晚前學到這個教訓。

為了幫助自己消除個性中的弱點，我認為必須在就讀研究所期間加倍用功，以減輕這種好賭的習性。

當然，我寫的這些都是狗屁。我才不想放棄賭博呢！第二天我就重回賭桌了。而且在我離開倫敦之前，還贏回不少先前輸掉的錢，只不過最後剩下的錢並不夠還給父母就是了。

我的賭場筆記：不要打擊自己的信心。如果擁有一個有效計畫，你就堅持到底吧！

從拉斯維加斯，一路賭到球場去

瑞奇（Ricky G.）把我帶到另一個賭博層次。

一九七〇年冬天，當時我剛從商學研究所畢業，並開始為昆恩．勞伯（Kuhn Loeb）公司工作。我也從位於紐海文的陸戰隊補給部，調到布魯克林的俄羅斯偵察部。瑞奇是我所屬單位招募而來的兵，他簡直可說嗜賭成性。由於當時在布魯克林實在沒有什麼俄羅斯人好調查，所以我們把部分空閒的時間都用來玩牌，並討論有關賭博的話題。

在我們執行為期兩週、位於加州潘達頓（Pendleton）的訓練任務時，有一整個週末沒事做，瑞奇對我說：「想去拉斯維加斯嗎？」

我從來沒去過，所以很自然回答說：「當然好啊！」

那是八月初，天氣仍然十分炎熱，而且沙漠中不時會吹起沙暴。我們像小貓一樣被塞在一個像烘乾機似的小飛機上，駕駛員甚至不確定是否能順利降落。他總共試了三次才順利降落，我當時還以為我們真的會機毀人亡呢！當我們終於走進沙城飯店時，我看到了吃角子老虎、牌桌、飲料、食物、招待小姐以及各種賭戲，立刻覺得自己好像又活了過來。

我們住進飯店時，服務生說：「你們這些小伙子需要什麼，儘管告訴服務臺。我的意思是說，如果需要『任何』服務，只要打電話給我們就行了。」還沒打半通電話，拉斯維加斯就已經成為世界上我最喜愛的地方了。我下樓賭博、回到房間、休息一下、吃點東西、再度下樓，繼續賭博。對一個有良好工作的單身漢來說，拉斯維加斯簡直是天堂。

從那時開始，我只要一有機會就會去拉斯維加斯玩一趟。對一個純粹的賭徒而言，世界上沒有任何其他地方比得上拉斯維加斯。

同年秋天，我們在布魯克林的部隊開了一次會，瑞奇要我幫忙鑑定他的足球明星卡。他說他想打電話給他的馬票商（以賭馬和開賭盤維生的人）卡邁因（Carmine），我說：「真巧！我也想要找一個馬票商和我合作。」

但馬票商是不隨便跟人配合的，得有人作保才行，所以瑞奇就幫我和卡邁因安排了一次面談。我們在位於楊克斯市（Yonkers）的阿瓜維特餐廳見面。

卡邁因是一個皮膚黝黑、身材矮小、行為舉止鬼鬼祟祟的西西里人，他的領子總是拉得高高的，帽簷又總是壓得低低的，還會不停地回頭張望。我想我大概看起來不像聯邦調查局的探員，因為不一會兒的功夫，卡邁因已經開始和我說起行話來了。例如，想要下注五百美元就是「五分錢」，而一百美元的賭注則以「一毛錢」代表。他給了我幾個電話號碼，讓我在需要時能找到地方下注，最後他對我說：「馬丁，你需要一個代號，就叫你楓樹（Maple）好了。」

就這樣，「楓樹」成了我的代號。我會在星期日的早晨出門找公共電話，拉高衣領、壓低帽簷，鬼鬼祟祟地四處張望，然後打電話給卡邁因。「我是楓樹，」我會對著電話小聲地說：「巨人隊的賭盤如何？底特律超過分八．五分嗎？好，我喜歡這個賭盤，幫我在獅子隊上面買個五分錢（五百美元）。」

卡邁因不接受支票或信用卡，所以我在公寓裡找了地方藏錢。所有賭徒都有自己怪異的藏錢地點，我選的是一本我在讀研究所時買的有關聯邦稅制的書，做為我藏錢的地方——因為我覺得不會有人注意到那本書，而且把賭資藏在這本書裡，夠諷刺吧？

「楓樹」在足球方面賭得還算順利，但在籃球季就失準了。如果楓樹當時曾經找過精神科醫生的話，他就會知道賭博可能是一種和異性建立穩定關係的替代品。當楓樹的感情世界愈糟，就愈有進場賭博的渴望，而更糟的是在一九七二年年初，他不但沒有任何穩定的異性關係，同時也處於不斷輸錢的狀況。

我曾經在佛蒙特州的糖楓林（Sugarbush）參加一個滑雪俱樂部，但還是沒辦法因此和異性建立什麼特別的關係。二月初時，我已經在卡邁因那裡輸了兩千美元了，這對我來說可是一大筆錢。某個星期五的晚上，我正開著小轎車往滑雪俱樂部去，那時我已經差不多要宣告破產了。我在那週稍早時，曾經南下到路易斯維爾（Louisville）和一家公司的總裁開會。

卡邁因有一種很奇特的賭法，叫做「如果反轉就加倍」（Double if-then reversal）賭法。在這種賭法裡，你可以在四種結果中任一種出現時贏錢，有機會以五百美元賺回四千美元。我一直用自己記錄賽馬、騎師，以及輪盤的方法來記錄美國大學籃球賽的比賽結果。在那一季接近尾聲時，我已經很清楚知道誰會贏得單場勝利、誰會贏得連續勝利，或者誰只會贏得主場勝利。我挑出四場比賽來玩這種「如果反轉就加倍」的賭法。我在第四場比賽賭路易斯維爾會贏曼菲斯三．五分。因為我在路易斯維爾開會期間，每個人都在談論主教隊，而我對路易斯維爾的感覺也很棒。所以我打電話給卡邁因下注。

星期六下午到晚上，我開著車在山路裡繞來繞去，想要讓收音機調出最清楚的收訊，聽一聽比賽結果。當時正在下雪，我的手凍得不得了，靜電嚴重干擾收訊，但過了午夜後，我很確定我贏了第一場和第三場比賽的賭局。只要路易斯維爾能贏四分，我就能脫離困境，大賺一票。我好像聽到中場休息前路易斯維爾落後十一分，或者七分，但不管他們落後多少分，聽來似乎都不大妙。

我快瘋了，我得知道路易斯維爾有沒有後來居上。時間已經是清晨一點，我還把車停在滑雪俱樂部的屋外，調整著收音機。我收聽到鹽湖城摩門教堂的唱詩班歌聲、魁北克的冰上曲棍球比數、渥斯堡（Fort Worth）的牲口價格以及拉斯維加斯的拳賽結果，但是沒有聽到路易斯維爾或曼菲斯的球賽結果報導。除了我，每個人都在俱樂部裡參加派對。難怪我總是沒有辦法和異性發展穩定的關係了。

到了凌晨兩點，我的汽油快用光了。我放棄希望，回屋裡睡覺。第二天早上除了我之外，每個人都去滑雪。我坐上車，開進城裡，買了一份《紐約時報》。路易斯維爾最後絕地大反攻，從落後十五分急起直追，最後以七十五比七十一大獲全勝。

我贏了！我贏了四千美元！我完全脫離困境了。

回到城裡，我立刻打電話給卡邁因，問他該約在哪裡見面付錢。通常每週的賭局在星期日結束後，賭金的支付日都是下個星期二。卡邁因告訴我，他下個星期二下班後會在第八十六街和第三街的交叉口和我碰面，就在電影院門前。要去拿四千美元的現金，我感到很緊張。在紐約街頭，有很多人會因為四十美元而丟了小命。

當時《教父》這部電影才剛上映，排隊買票的長龍繞過了街角。當卡邁因拉高衣領、壓低帽簷走過來時，我正站在戲院的屋簷下。他推開排隊的人群走上前來，塞了四十張百元大鈔在我的手心。每個人都盯著我們看。我就站在大幅的電影海報旁，從一個叫卡邁因的馬票商手中接過一大疊現金。我開始想像在我到家前，會有一個身材魁梧的彪形大漢來搶劫我，甚至把我給幹掉。我禁不住汗流浹背，直到把那四千美元放進聯邦稅制的書中，才安下心來。

賭馬場上的內線消息……

瑞奇有一個朋友叫比利（Billy H.），他是在漢茲公司（H. Hentz & Co）工作的一名營業員。比利總是有不少的花樣好搞。一九七一年的八月，我們三個人開車到沙拉多加（Saratoga）去玩。比利說他認識一個宣稱可以控制比賽結果的賽馬訓練師。我懷疑這個事情的真實性，但是基本上不管你是賭馬或是在市場上操作，其實都一樣，每個人都夢想能未卜先知。「比利，」我說：「如果那個傢伙有什麼動作的話，讓我知道一下。」

到了下個月我們開會時，瑞奇把我拉到一旁去。「比利說他的朋友又報出明牌了。有一匹馬星期四會在水道賽馬場跑第六場比賽，牠的名字叫『我的旋律』，他說賭這匹馬穩贏。你要一起賭一把嗎？」

「當然好啊！」

星期一我去銀行領出了一千美元，然後把它夾到我的稅制書中。星期二，我告訴祕書瓊安，我在星期四下午有場重要的會議，所以不要再幫我安排其他行程。星期三，我買了一份《每日賽馬報導》，並歡天喜地發現「我的旋律」的賭盤竟然是四比一，但是在星期四的早晨，我接到一通瑞奇打來的電話。「算了吧！」他說：「我們玩不成了，我們的馬剛剛受傷了。」

接下來的星期一是哥倫布紀念日，但即使銀行都沒有開門，市場還是照常開盤，所以我還是進了辦公室。我正準備要出門去吃午餐時，電話鈴聲響起，是瑞奇打來的。「我們又可以進場玩了，比利剛才聽說我們的馬要在第四場比賽時出賽，我們得馬上趕到賽馬場才行。但有個麻煩，銀行沒開門，所以我們領不出錢，你手上有現金嗎？」

「有啊，大約一千美元吧！但錢放在家裡，給我一個鐘頭回去拿。」

「把錢全部拿來，如果有更多的話也一起拿過來吧！我們下午一點在比利辦公室等你。」

賭馬的機會又回來了。我打電話給哥哥傑瑞，問他手上有沒有更多現金，結果他說也想參一腳。「和我在地鐵站碰面，半個鐘頭後見。」我說。我抓起西裝外套，告訴瓊安：「我現在得趕去開上星期四被取消的那場會議，這是很重要的會。告訴訪客我大約會在三點半左右回來。」

我下樓跑到地鐵站，搭上了往城郊的列車。我在四十二街那站下車，和傑瑞碰面，跟他拿了一百美元，然後又跳上地鐵。我在七十七街那站下車，跑步回家，從聯邦稅制書中抓起一千美元，再跑回地鐵站，搭車回頭到第五十九街下車。我的錶上顯示時間是一點零五分，漢茲公司的辦公室就在五十九街和公園大道的轉角上，瑞奇和比利正在大門外的階梯上等我。

「拿到錢了嗎？」比利問。

我拿出那疊鈔票給他看，隨後跳上一部計程車。我丟了一張二十美元的鈔票給司機，告訴他：「水道賽馬場，請開快點！」

我們趕到賽馬場時，第三場比賽才剛剛結束。我借給瑞奇和比利三百美元，然後自己在「我的旋律」身上下注八百美元。那場比賽是我看過最棒的一場，「我的旋律」以二．五個馬身的距離贏得了比賽，在過程中我們不停地大聲喊叫、尖叫，互相拍著彼此的背，上下跳躍個不停。我贏了二千八百美元，這是我第一次靠內線消息而獲利，更讓我覺得勝利的滋味格外甜美。

瑞奇和比利還要留下來下注，而我還得趕回辦公室。我拿出一個二十五分的硬幣，漫步走向地鐵站。我看到場外的車道上停滿了一排排大型禮車，心裡想，「慢著，你剛剛才贏了二千八百美元，口袋裡放了超過四千一百美元的現金，還去搭什麼鬼地鐵？」我花了五十美元為自己雇了一輛禮車，然後愉快、風光地坐車回到辦公室。

我的賭場筆記：無論結果如何，人人都想未卜先知。

一心只想著賭錢的渾蛋

一九七二年，我發現了拿騷（Nassau）群島裡的天堂島（Paradise Island）。從紐約只要飛兩個半鐘頭，再付個幾塊錢過橋費就可以抵達。那裡簡直就是水道賽馬場、笛翁和拉斯維加斯的混合體，有相當多的綠蔭和流水，也有很多穿著西裝、打著領帶的歐洲人與很多好玩的活動。但是天堂島不像拉斯維加斯，去那裡的人多是成雙成對，並非單身漢的天堂。我從來都沒辦法和任何一個看起來像樣的異性約會，所以在我沒結婚前，去天堂島玩的次數就遠低於拉斯維加斯。

後來我認識了奧黛莉。當我們討論去哪裡度蜜月時，我心中除了天堂島外，沒有第二個選擇。一九七八年三月二十六日，我們在紐約度過新婚之夜，第二天一大早就搭上前往拿騷的班機。我在勞斯飯店訂了一間面海的蜜月套房。我們在中午時住進飯店，當奧黛莉打開行李時，我已經抓起電話開始和貝爾．史騰的營業員連上了線。我連在度蜜月時都不忘要繼續賺錢。

那裡的賭場在下午一點開始營業，所以在十二點五十五分時我結束了電話，然後歡呼一聲：「奧黛莉，該是我們找點樂子的時候了！」

「我馬上就出來。」她以性感的語調從浴室回應。

我看了看手錶，「好吧！快點，親愛的我現在可正在興頭上呢！」

浴室的門打開了，奧黛莉穿著一件薄紗睡衣站在門口，左手拿著一瓶香檳，右手拿著一盒草莓巧克力。

「嘿，你在幹什麼？」我說：「你幹嘛穿成這樣？賭場在一點整就開始營業了，我們會來不及去玩幾把的。」

奧黛莉一句話也沒說，轉身走回浴室，放下巧克力和香檳，把門鎖起來。她想像中那個羅曼蒂克的天堂島蜜月之旅，剛剛被我搞砸了。她現在才發現，她所嫁的那個渾蛋心裡所謂的享樂，只不過是想跑去賭場贏錢而已。

我的賭場筆記：把自己的優先順序弄清楚！

我已經不再常去玩牌、賭馬或去賭場廝混了。打從訂下「計畫」之後，我把賭局轉移到股票、選擇權以及期貨市場上。但是我並沒有忘記自己在柯漢家的地下室、水道賽馬場、欣斯岱爾、歐洲、拉斯維加斯、阿瓜維特餐廳，以及天堂島那裡學到的人生課程。

愈來愈多嶄新的金融工具在這場金錢遊戲中出現，操作行為也漸漸從交易場轉移到電腦系統，愈來愈多的操盤手出身哈佛大學、賓大華頓商學院（Wharton）、巴黎索邦大學（Sorbonne），還有倫敦政經學院（London School of Economics）。學歷固然重要，但是全世界所有名校的學位在交易場開盤鐘聲響起時都嫌不足，我從許多向我尋求建議的年輕人身上看出這一點。除非他們在內心深處已經有深刻的體會，否則沒有辦法遵守操作紀律，沒有辦法在關鍵時刻扣下扳機，也沒有辦法成為真正的市場贏家。

我的賭場筆記：一個偉大的操盤手，一定也是一個懂得如何賭博的人。

第3堂課　想贏，就要懂得自律！

操作期貨和在賭桌上賭骰子，有非常多相似之處，所以拉斯維加斯是一個想要成功的操盤手磨練如何遵守操作紀律最佳的地點。

沒有人能持續在拉斯維加斯贏錢，但如果你真的是個中好手的話，可以在一定的時間裡贏錢，而且控制虧損，每一回都樂在其中，不至敗興而歸。但這必須是在你能夠自律的狀況下才行。賭場都希望你靠勇氣和直覺，而非用頭腦來賭博，而且會想盡一切辦法來打斷你的專注力。他們會無限制的提供酒精飲料、穿著清涼的女人，以及無止盡的娛樂，一天二十四小時，每週七天，一年三百六十五天從不間斷。

我最喜歡的賭博是擲骰子。這非常像在交易場中做交易——節奏快、噪音大、人群擠，而且也都有很多的錢在流動。十二個玩家斜靠在賭桌旁看著每一擲，急著要看出誰是贏家。當有人開始擲骰子時，籌碼在空中飛舞，人群會向前擠得更緊，每個人的呼吸都變得很沉重，呼喊聲更加大了分貝。這感覺真的好像我在交易場裡站在「小雞」、法蘭尼和肥麥克的身旁一樣。

我是一個總是和擲骰子的人對賭的玩家。其實不論你是否和擲骰子的人對賭，獲勝的機率其實都是相同的，但大部分的人都下注擲骰子的人會贏。我之所以這麼做，是因為不希望和那些穿著藍色休閒衫、在胸前掛著一塊大金牌的鄉巴佬，或是穿著亮片迷你裙、總在擲骰子前往手裡吐一口唾沫的胖女人站在同一陣線上。我希望他們都擲得很糟，這樣我才能贏錢。所以基本上，每個在骰子賭桌旁的人，甚至包括那些靠贏錢者打賞的賭場職員都討厭我。不過這一點我並不在意，不管是在骰子賭桌上或是在交易場裡，輸家永遠痛恨贏家。

在拉斯維加斯賭骰子的經驗，讓我學到三個自認對於金融操作絕對重要的規則：

一、把自尊心和賭戲（操作行為）分開

絕不讓情緒因素介入操作。當你在和別的賭客對賭時，不應該把事情個人化，而應該對事不對人。如果你讓自尊心滲入賭局，可能會在鄉巴佬贏了幾盤後把賭注加倍，或是當穿著亮片裙的胖女人擲不好時降低賭注。我發現這是一種自我毀滅的行為，必然會把事情搞砸。你必須完全不做任何情緒性的反應，要不動如山。

二、管控你的資金

我一進賭場，會先到兌幣處前租一個保管箱來放我的錢。我把所有的錢都放在那裡，身上只留幾百塊。如果手頭上的錢輸光了，我就得去打開保管箱取錢。去保管箱拿錢的動作，可以使我暫時離開賭桌，自動中止一直輸錢的爛手氣，也讓我有時間輕鬆一下，然後思考下一步要怎麼做比較好。這個動作的效果，就像往自己臉上潑盆冷水一樣。這對金融操作同樣適用：把你的錢放在另外一個獨立戶頭，除非你緊急把錢轉過去，否則營業員是無法動用的。如此一來，你就不會因為一時的情緒激動，而輕易把手中的子彈一下子用光。

三、在一連串勝利後，換張賭桌吧

你在過去一段時間中愈幸運，運氣就愈可能馬上消失無蹤。換張賭桌並不是件容易的事，尤其是在手氣一直都很順的狀況下更是如此。人類的天性會告訴你，如果在一張賭桌上贏錢的話，就該留在那裡賺更多的錢。但是你真正該做的是，拿著剛剛贏的錢，起身回到兌幣處，把多餘的錢存起來，手上仍然只留下幾百塊錢。週期性地帶著贏來的錢離桌，是你避免被賭場的優勢給拖累的唯一辦法。之後，如果你還是覺得手氣正旺，仍然有足夠的專注力，而且還想玩的話，還是換張桌子玩吧！如果你的狀況真的那麼好，換張桌子還是可以繼續贏錢的。

這些心理上的自律法則或許不能保證你成為市場中的大贏家，但是如果沒有的話，毫無疑問的，你一定會成為一個大輸家。

第4章

穿著鱷魚皮鞋的富豪

我的分析師生涯

一九七〇年初我剛從研究所畢業，就很清楚知道自己想要投入股票市場。我認為，有三種方式可以進入這個市場：成為一名投資銀行家、操盤手，或證券分析師。

我很清楚，自己的個性並不適合擔任投資銀行家的工作。投資銀行家都是一些靠著創業投資、承銷股票，和一些巨額投資案賺錢的上流社會人士。但我並沒有這方面的經驗，也沒有資本，更不具備當投資銀行家的背景。那時候，我也不想成為操盤手，因為當時的操盤手只不過是中間人而已，他們從客戶那裡收到交易指令後，再把這些指令放到交易場裡。

所以，我決定要成為證券分析師，那是當時最吸引我，也最適合我個性的工作。

讀小學一年級時，老師問班上每個人長大後的志願，我說：「我要當偵探。」身為一個出身猶太家庭的聰明小孩，我不想成為醫生或律師，只想當偵探。我父母一定很懷疑自己到底是哪裡做錯了，但是我從小就喜歡分析事物，而這正是證券分析師的工作內容。他們分析企業，和公司管理階層訪問面談，然後寫報告。他們必須在國內到處旅行，而我很喜歡旅行。

一九七〇年春季，美國正處於經濟衰退，在那個年代畢業的人，想在華爾街找工作是很困難的一件事，但這並沒有使我停下腳步。我是一個有才幹的人，而且要向華爾街推銷的是我最滿意的產品——我自己。在那年年初，當我結束哥倫比亞大學研究所的學業，並開始到處打電話時，我就像個偵探一樣，到處調查市場中居領導地位的公司，查出他們研究部門主管的名字，一一致電。他們總是說：「我們沒有雇用新進人員的計畫，尤其是剛從學校畢業，一點經驗都沒有的小伙子。你不知道現在經濟非常不景氣嗎？」

「是的，或許有人給了你一些壞印象。」我會這麼說。我總是盡量把他們留在電話線上。通常我都有辦法讓談話繼續，然後試著和對方約個時間面談，因為即使這次的接觸並不能馬上產生效果，但在未來卻仍然可能有意想不到的發展。最後，總共有六家公司提供我工作機會。

他是上流人士，還是……騙子？

最後我選擇了昆恩．勞伯（Kunn Loen）公司。

昆恩．勞伯是家族企業，且是一個老字號、廣為人所尊敬的猶太裔公司。傑克．法維亞（Jack Favia）是研究部主管，他決定給我一萬六千美元的年薪，這在當時可是一個相當高的數字。法維亞把我分配到亞伯．布朗契頓（Abe Bronchtein）的手下工作，他是麻省理工學院的畢業生，擔任藥品類股分析師。布朗契頓是我入行的指導者，他專門研究製藥產業，而他指定我去研究藥品連鎖店的行銷通路。我因此進入醫療產業的研究領域。

除了藥品連鎖店之外，布朗契頓也讓我接觸其他醫療產業裡的公司。我最早被分配到的工作，是拜訪四季看護中心（Four Seasons Nursing Centers）。那時老人醫療保險制度才剛開始施行，這些看護中心類股便因此大行其道，成為股市最風行的主流股。

四季看護中心由傑克．克拉克（Jack Clark）所創辦，他曾經專程到紐約，向華爾街的分析師舉辦法人說明會，布朗契頓和我則到他下榻的旅館做過早餐會談。克拉克是典型的「花花公子」，一個不折不扣的上流社會人士。當我走進他的房間時，第一個注意到的就是他腳上那雙鱷魚皮鞋。我這輩子還真的從來沒看過這麼好看的鞋子，它們看起來閃閃發亮，簡直就像天空中流瀉下來的光芒一樣。

當時，世界上沒有任何一個有理性的人會花一千五百美元買這麼昂貴的消耗品，在華爾街上閒晃。但是我還是忍不住盯著克拉克的腳，然後心裡想著：「嗯，鱷魚皮鞋滿適合我的，我以後一定要替自己買幾雙來穿穿。」我對於那次的面談內容已經不復記憶，但是心中永遠留著那雙鞋的樣子。難怪沒有人想雇用二十五歲以下，剛從學校畢業、少見多怪的毛頭小伙子。

幾週之後，布朗契頓和我飛到伊利諾州的久利特市（Joliet）去拜訪四季公司，想看一看他們所經營的其中一處看護中心。很自然的，我們被帶到一所全新的看護中心，但是我們稍後卻發現，四季公司的獲利不是由經營看護中心而來。他們的獲利都是來自營建方面的生意。

搞半天，克拉克其實是個騙子。他不斷蓋新的看護中心，然後虛增營建方面的獲利，再把獲利灌到看護中心的營業利潤上。靠著這個手法，他們的股價才能成為高本益比的「概念股」。就如美國曾經發生的S&L危機一樣，企業可以利用虛增利潤的方式來產生巨額獲利。（譯註：作者指的應該是一九八九年美國儲貸協會破產危機。）一九七〇年四月二十七日，四季公司的股票被停止交易，而克拉克則和他那雙漂亮的鱷魚皮鞋一起進了監獄。

後來，醫院管理成了我最專精的主要領域。我全心投入，寫了一篇對這些公司有利的研究報告，推薦他們的股票，並讓昆恩．勞伯公司在紐約市的俱樂部主辦一場法人機構的午餐說明會，所有公司的大頭們都搭私人飛機前來，而我則擔任主持人。我和他們一同坐在主桌上，並將他們介紹給我們的法人客戶。

「大衛．鐘斯是耶魯法學院畢業的高材生，他和肯塔基上校隊的新老闆溫德爾．雪利兩人合力經營，使延伸醫療保健（Extendacare）公司成為全國成長最快的公司。」我滔滔不絕地說：「僅僅兩年中，湯姆．佛斯特博士和傑克．麥西已經使得美國醫院公司（Hospital Corporation of America）成為同業中的翹楚，」我極力宣傳著。「伯尼．柯曼和巴布．高桑特是首先看出醫院整合性管理產業潛力的人，而且由於他們的努力，使得美國醫療公司（American Medicorp）得以成為該領域的先驅。」我為他們吹噓著。

這真是一場精采而熱鬧的演出，而我則是這場秀的靈魂人物。這些公司的股價馬上勁揚。我愈賣力討好那些客戶，公司就可以吸收更多大型投資機構的資金，最後也讓我自己賺進大筆的佣金。投資銀行是真正大型資金的來源，想要從他們手中拿到生意，就必須隨時以和顏悅色、正面積極的態度來面對。

一九七二年春季，我已經在昆恩·勞伯公司工作兩年了，薪水調到年薪三萬美元，而我則是不停在國內當空中飛人、分析藥品連鎖店產業、四處推銷醫院管理公司的股票，還不時跟我在安默斯特讀書時的朋友炫耀一番。有一天，在一場哥倫比亞大學的校友餐會中，我遇到一個同班同學。他當時正在「金字塔公司」上班。（譯註：作者不願意公布原公司名稱，故均以金字塔代稱。其中人員全部以代號稱呼。）

世界每一個角落，都會有拍立得相機……

那個時期有許多小型的證券經紀公司，正因為研究部門裡的熱門分析師而受到市場矚目。金字塔也是其中之一。朋友告訴我，金字塔準備召募更多的分析師，他可以幫我安排和主管面談。能夠和金字塔的頭頭們面談，就像能獲選參加達拉斯牛仔隊的球員選拔一樣令人興奮。「真的假的？好啊，幫我安排一下吧！」我說。

金字塔公司位於貝特利公園（Battery Pa-k）旁邊一棟令人目眩的建築物，設立於這個全新鋼骨大樓的三十三樓，直接可以俯瞰史坦頓島（Staten Island）後方的整個港區。我和他們整個法人投資部門的主管，以及負責法人研究業務的一名董事會面，且相談甚歡。他們提供我五萬美元的年薪。我同意了。

金字塔公司在很短的時間內，成為華爾街最令人印象深刻的企業。公司裡最大的頭頭是古夫王（King Khufu）和加佛利王（King Khafre）。他們兩人是公司的神，共同建立了這個金融界奇蹟。就如同古埃及文明中的偉大君主一樣，他們在自己建造的古堡中堆滿了寶藏和各種貴重的物品。

在古夫王和加佛利王之下的是「大祭司」，負責金字塔公司的法人業務推展及研究部門的管理工作。當初就是大祭司決定把我挖角到金字塔來的。接下來，直接隸屬在大祭司底下的，則是「先知」。先知是研究部門的主管，技術上來說他是我的直屬老闆，但是我一到金字塔上班後，就發現大祭司和先知沒有辦法成為我的指導人，他們沒有辦法像昆恩・勞伯公司的法維亞和布朗契頓那樣教我這麼多東西。

先知的手下，包括我在內，一共有三十名分析師在工作。研究部門主管的職務是和分析師們開會，了解分析師正在進行的研究報告、督導進度、向大祭司做簡報，並確定研究報告都已經分送給客戶及其他同業。先知將研究部重新改為三個小組，每組各有十名分析師，還指派一名資深分析師擔任小組長。現在先知根本就不必再參加會議，只要「紙莎草」幫他代勞就好了。

紙莎草是負責督導我這個小組的研究部副主管，年紀沒有比我大多少，但是在華爾街已經是一名「傳奇」人物了。他負責研究航空產業。有一段日子，航空公司是市場上最熱門的類股，但是退燒速度也和它們上漲的速度一樣快。更不巧的是，紙莎草對於航空類股的投資建議也搞砸了，同時還讓金字塔的散戶營業員，和他們的客戶一起掛在這些股票上。他自己也因此成了金字塔公司最大的一個笑話。

「象形文字」也是我這個小組的成員，公司裡也流傳著不少關於他的笑話。象形文字曾經在每股一七〇美元的價位推薦買進寶麗來股票，他看不出來寶麗來的快速顯像技術專利，並沒有讓一般相機和底片的銷售受到嚴重影響，也沒有因此賺大錢。相反的，他深信未來寶麗來每股將會迅速飆漲，讓大家賺到每股起碼八十三美元。根據象形文字的說法，全世界的每一個角落，包括你家的廁所裡，都會有拍立得相機的存在。當他所預估的每股獲利被證明完全錯誤後，金字塔的營業員和他們的客戶又血流成河、哀鴻遍野。

專門拿著放大鏡，看財報上小字的人

人面獅身是我這個小組中的另外一名成員，會計師出身，專門研究獲利快速成長且成立不久的公司。在研究小組中，能夠有一名像人面獅身這樣會計方面的偵探是很重要的一件事，因為那些在企業財務年報中的資料，尤其是那些新興產業中的新公司的數字，可能具有相當多的陷阱和誤導。那些為企業查帳的獨立會計師，通常會在報表中加註如下的保留意見（disclaimers）。

我們針對該公司的各種財務報表所進行的各項複核，均以一般公認會計原則為依據。以我們的意見，本年報中所附之資產負債表、損益表以及保留盈餘表均相當地表現了該公司的財務狀況。

可是這種保留意見，如果翻譯成白話文，其實是這樣的：

我們大致上看過了這家公司給我們的官方數字，但是你最好了解一般公認的會計原則，不要太相信所謂的獲利。此外，這家公司付給我們一大筆錢為這些數字認證，如果我們不願意，他們馬上會換一家願意背書的獨立會計師。

這就是為什麼每一份企業年報的每一頁裡，都有用小字體印刷的「附註」列在財務報表後面。而且這些附註的字體是那麼小，內容又是如此模棱兩可，以致一般投資大眾根本「有看沒有懂」。只有像人面獅身這種會計師出身的人，才能看出其中值得留意的重點。他會把各家公司的年報攤在面前埋頭苦讀，一旦消化了其中的內容後，那些附註就可以讓他清楚了解這家公司的真實狀況：某公司的存貨可能缺乏流通性，留在倉庫的時間太久；某公司過度提列折舊項目；銷貨毛利被過度低估；應收帳款可能被打了折扣；公司的商譽可能已經開始走下坡等等，諸如此類。

到了一九七二年的勞工節時，我已經在金字塔工作三個月了。我仍然負責研究醫院管理產業，而且我仍然非常地看多。由於老人醫療保險和國民醫療補助制度的實施，大筆金錢流進了醫療業，加上醫療產業的積極整合，這些醫院管理公司勢必從中得到相當多的好處。我正凝視著史坦頓島，心裡想著自己將要成為一個發現全新熱門產業的年輕當紅炸子雞時，人面獅身走進我的辦公室。

人面獅身是金字塔中會計方面的偵探，所以只要他認為從會計觀點來看可能是好標的的公司或產業，他都有特權加以深入研究。當他完成研究之後，就會直接去找負責的分析師，告知他的發現。

「我一直在注意那些醫療管理公司，」人面獅身說：「我認為他們的每股盈餘簡直就是狗屁不通。」他接著告訴我醫療管理這個產業快速成長的獲利來源，是政府對老人醫療保險和國民醫療的補助，但是這些錢只不過是根據習慣上的費率所預估出來的應收基礎數字。真正由政府方面支付的金額，會根據稽核查帳後的結果而定，而查帳通常要花上二到三年的時間才會有結果。所以，人面獅身認為這些公司目前都以過度樂觀的態度來預估應收帳款，結果也使獲利過度虛估。

「這聽起來很有趣。」我說，同時不安地改變坐姿。我是金字塔公司裡最頂尖的醫療管理產業分析師，他告訴我這些公司利用應收帳款大玩數字遊戲，就好像告訴啦啦隊長，他支持的球隊的後衛已經和簽賭組頭勾結一樣令人沮喪。

人面獅身接著說：「應收帳款還只是問題的冰山一角而已。真正嚴重的是，這些公司現在正是市場最熱門的類股，所以本益比目前都已經高達三十到四十倍了，但這是不對的。」

「以老人醫療保險和國民醫療補助可能流入醫療產業的金額來看，政府將來可能會採行緊縮政策。政府終究會提高給付標準，並減少補助金的給付，如此一來，這些醫療管理公司的毛利率就會立刻直線下滑。這些公司的股價不應享有這麼高的本益比，他們的本益比應該和公用事業類股差不多才對。」

對抗人們心中根深柢固的觀念

我從來不需要質疑人面獅身對於政府的法規了解多少。他年紀比我大，比我更德高望重，當他說出建議時，你最好洗耳恭聽。我非但沒有告訴他不必擔心這些公司會有什麼問題，或是他們可以很順利地應付政府修改法規的趨勢，反而非常認真地思考他說的話。我開始問自己，到底漏掉了什麼，或許我和這個產業貼得太近，也可能我並沒有很客觀地檢視眼前的證據。

我決定不要再讓自己繼續當醫療管理產業的啦啦隊長，最好開始撰寫一篇報告，深入探討產業所面臨的問題，尤其是政府法規對這個產業可能形成的衝擊，然後預估這些問題對未來的獲利到底有什麼樣的影響。

我草擬了研究報告的大綱，然後送給先知看。九月底，我收到一份先知回覆給我的備忘錄：

公司內部備忘錄

日期：一九七二年九月二十八日

收文者：馬丁・舒華茲

發文者：先知

副本：人面獅身

我很喜歡你對醫療管理產業的研究報告大綱，希望你能全心全力完成此份報告。這份報告很有可能成為一篇非常、非常傑出的作品。隨時請人面獅身撥出時間協助你。我想他很樂意，也很有能力提供必要的支援。

就這樣，我開始和人面獅身一起合作，幾乎把全部時間花在撰寫報告上。連續幾個週末，我都開車到他位於西徹斯特郡（Westchester County）的美麗房子，兩個人待在地下室，攤開所有公司的財務報表和年報，深入研究其中的資料。我們繪製各類圖表，想從中找出任何可能不利於醫療管理產業的各種因素以及趨勢。

我們所繪的圖中有醫療費用占國民生產毛額百分比分析圖（感謝老人醫療保險和國民醫療補助制度，這項百分比正在上升中）；有病床占用率走勢圖（那些成立三到四年的醫院中占床率並沒有增加）；有病人住院天數圖（這項數字在全國各地都下降，這可能是因為低出生率和門診設備的改善有關）；有醫療費用圖（在過去幾年中，價格年增率均被限制在六％以內）；也有新醫院增加率圖、醫療薪資占總支出百分比圖、醫院總支出占國民生產毛額百分比圖，以及一張總成本圖。我們針對毛利、淨利、總支出、每天每名病患對稅前淨利的貢獻額加以假設，而人面獅身則不停口中念念有詞：「馬丁，馬丁，這些公司的本益比不該這麼高，應該要和公共事業產業股一樣才對。」

在初步完成的草稿中，我們根據過去五年的資料，討論了一些可能造成未來獲利成長從一五％到二〇％的高點開始下滑的因素。我們說明成本正在增加，而這項因素所形成的負面效果，將在該產業中兩大龍頭股美國醫院公司和美國國際醫療公司最新的季報中顯現出來。這兩家公司的股票本益比都相當高，如果預估正確的話，這兩檔會是首當其衝、受傷最重的股票。我們在這份報告最後用以下的警告作結：「雖然投資人對醫療管理產業的本益比倍數已具有共識，我們仍須指出，在未來如果這些公司的獲利出現任何令人失望的數字，將導致此一類股本益比的快速下滑。」

到了十月底，人面獅身和我已經準備好要把初步研究報告給小組成員。每一個小組都有週會，聚集所有分析師共同發表看法。基本上這根本是浪費時間，因為每個分析師不會在乎別人負責的公司到底怎樣，他們招呼自己負責的產業就忙不完了。

週會裡唯一在乎分析師在做什麼的，只有營業員，因為分析報告——尤其像金字塔這麼有影響力公司的報告——對於股價將具有直接而立即的影響。營業員平常是不准參加分析師會議的，在營業員和分析師之間依法有一道「萬里長城」（China Wall，英美證券制度的術語），如此才能確保每一份研究報告都很公平地傳達到客戶、同業以及一般大眾的手中。雖然如此，營業員還是喜歡在分析師身邊打轉、攀關係，試圖從中得到一兩個小道消息，好占一些優勢。

我對這份報告興奮異常。我還記得在研究所念書時，看著那些民主社會學生聯盟的怪人舉行反越戰示威時，覺得他們根本是沒種打仗的傢伙。但後來我進了陸戰隊才了解，或許抗議戰爭和參戰一樣，都需要勇氣。

我提醒自己，對抗人們心中根深柢固的觀念，要比順從它需要更多勇氣。而現在，在人面獅身的幫助下，我將要面對人們根深柢固的想法。就像那些反越戰的示威者一樣，我也確信自己的想法是對的。

草稿外洩，代誌大條了……

一如預期，沒有人對我們的報告發表任何意見，根本沒有人在乎醫療管理產業，他們唯一關心的，是我們的報告到底會不會損龜。金字塔和昆恩．勞伯公司不同，在這裡，團體作戰並不存在，每個人只針對自己負責的領域而工作。大祭司與先知也和法維亞與布朗契頓不一樣，甚至從來不曾在週會中露面。

每個參加那次會議的分析師都拿到一份報告的草稿。每個人都知道初步的研究報告是高度機密的，在討論過後，手上那份草稿都必須銷毀。保羅．史坦迪許（Paul Standish）是與會的分析師中唯一看起來對這份報告有興趣的人，史坦迪許是負責製藥產業的分析師。如果我們的假設都正確的話，那些製藥公司同樣也會面臨嚴重的壓力。

我並不知道這一點，但結果是史坦迪許離開會議後，並沒有把手中的草稿銷毀。他把草稿帶走，並在幾天後從加州出差回程的飛機上，和另外一位製藥產業分析師討論起這份報告，那位分析師任職於史庫達（Scudder, Stevens & Clark）——一家位於波士頓的老牌投顧公司。

把報告內容告訴史庫達公司的分析師，無異將我們推向一個危險的局面，隨後在一九七二年十一月七日，史坦迪許更把我們推入毀滅的深淵：他把一份草稿寄給了史庫達公司的那個陰險小人。直到今天，我都想不通史坦迪許的腦袋裡到底在想些什麼。但毫無疑問的，把報告影本寄給另一家公司的人不只愚蠢，更違反了職業道德。

十一月十三日那個星期，耳語開始在市場中傳開。史庫達那個卑鄙渾蛋把我們的草稿在他們公司內部廣為散發，史庫達的客戶開始賣出手中各家醫療管理公司的股票。到了十一月二十一日，消息洩漏的新聞出現在報紙上，而美國國際醫療公司的股票下挫了5⅞。一週之內，美國醫院公司股價重挫了二二%，有人意圖操控行情的謠言在華爾街甚囂塵上。金字塔公司裡開始電話鈴聲不斷，感謝那道萬里長城讓我們的客戶還一直被隔絕在蒙古大草原上，但他們顯然為了沒有得到這些訊息而相當不悅。我們的散戶營業員甚至更為沮喪，怎麼會讓史庫達的客戶比他們更早拿到我們自己的研究報告？這到底在搞什麼鬼？大祭司和先知在搞什麼飛機？金字塔的經紀部門開始變得群情激憤。

身為一個從小一直想成為偵探的人，我卻一點線索都找不到。當先知把我叫進他的辦公室，問我報告為什麼外洩時，我告訴他我不知道，但這顯然不是他想要聽的答案。除了我們的營業員和客戶之外，美國國際醫療公司的總裁烏蘭諾斯．亞培爾（Uranus J. Appel）也隨即找上門來。亞培爾確信金字塔公司意圖操縱他公司的股價，而且也懷疑報告外洩是整個計畫的一環，目的就是要打壓股價。他要求紐約證券交易所展開調查。

十一月二十二日星期三，金字塔公司的法律顧問走進我的辦公室。「馬丁，」他說：「你將被傳喚到紐約證券交易所作證。」

作證？我為什麼得去作證？我已經告訴先知自己所知道的所有事情了。為什麼不傳喚人面獅身？人面獅身比我年長且更為人尊重，更何況當初要寫這篇報告也是他出的主意。我感覺到整個金字塔的壓力都放到了我的肩膀上，我試圖恢復鎮定。我又沒有做錯任何事，我只是整個金字塔裡最下層的一塊磚而已。我相信古夫王和加佛利王會叫大祭司和先知保護我，不讓我受到傷害。

法律顧問向我簡要說明可能會遇到的狀況，並且向我保證我是整個部門裡非常重要的一員。「只要你告訴我事實，」他說：「就什麼事都不會有。」然後，當他要起身離開時，再補充了一句：「哦，馬丁，順道一提，如果在任何時候你的利益和公司利益衝突時，我們會聲明你再也不是我們的一分子，而你也必須自己聘請辯護律師。」

他一離開，我馬上抓起電話，撥給我哥哥傑瑞。傑瑞是戴維斯與吉伯特事務所（Davis & Gilbert）負責廣告業的律師，但現在他是我唯一能夠信任的律師了。「傑瑞，那些渾球剛剛把一個拉掉保險的手榴彈丟給我。我該怎麼辦？自己找律師還是怎麼樣？」

「不。你什麼錯事都沒有做，而且只不過是去參加一個聽證會而已。如果你帶著自己的辯護律師出席反而不好，你只要出席，並告訴他們事實就好了。」

這就是我在聽證會所做的事。十一月二十四日星期五，我走路到紐約證交所，接著在宣誓後作證六小時。我曾經通過海軍陸戰隊的拷問訓練課程，但這並不能幫助我面對這場嚴酷的考驗。會場中有一名法庭速記員記下每一句證詞，而且對方不斷壓迫我，一再重複問我同樣的問題。

為什麼我以前那麼看好這個產業，卻會突然寫出一篇如此負面的研究報告？我從哪裡蒐集到資訊？我和誰討論過這篇報告？誰有機會看過報告？我曾經把複本交給同組人員以外的人嗎？我或任何人知道有誰在過去一年當中，放空過美國國際醫療公司、美國醫院公司，或醫院管理產業中任何一家公司的股票？

我的記憶力很好，而且我只是不斷告訴他們我所知道的每件事。六個鐘頭後，事實應該已經很明顯，我並沒有將任何報告內容洩漏出去，而且即使報告外洩真的是金字塔公司想要操縱股價的整體策略之一，也和我個人一點關係都沒有。

我充滿自信地離開交易所，以為沒事了，但事實上，還有一個大問題需要解決，那就是：金字塔公司還沒有正式發表這份研究報告。

正式發表前，報告被大修特修

不論如何，如果先知或大祭司等高層人士在報告外洩前讀過的話，它根本就不可能會被刊印出來。實際上，我們的研究報告等於是對醫療管理產業做出了「賣出」的建議，而在華爾街，沒有任何人會寫一篇建議投資人「賣出」持股的報告。

通常，「長期持有」已經是最糟的評語了。「長期持有」，代表請投資人趕快跑去找營業員（不是用走的哦！）賣掉手中的持股。如果先知很盡責地做了他該做的工作，就會從頭到尾監督人面獅身和我在做些什麼，而且也會出席那次的會議，聽到我們的口頭報告。如果他當時出席的話，會馬上就把這篇報告壓下來。但是先知並沒有堅守崗位，只是躲在辦公室裡看自己的盤，而現在想要收拾這篇報告造成的風波，可就太遲了。

現在，在大祭司和先知嚴密的監督下，人面獅身和我必須重寫這份報告。我們把所有來自美國國際醫療公司的參考資料全部刪除，放寬了我們的假設，也軟化了我們的語氣，把一大堆「將會」改成「可能」；「很可能」改成「有機會」；而把「因此」改成了「或許」。更重要的是強調我們預期這個產業，在一九七二年結束前到整個一九七三年，還是會維持一五%到二〇%的獲利成長。我們很清楚地表明這篇報告絕對不是一個「賣出」的建議，而只是一個「警報」，讓我們的客戶了解醫療管理業，在長期觀點上可能會面對的潛在問題。

這篇正式報告在一九七二年十二月一日星期五正式刊出，但是那時已經沒有人相信它的內容了。稍早，在十一月二十七日星期一《華爾街日報》的丹．朵夫曼（Dan Dorfman）「華爾街耳語」專欄中，談到了這個報告外洩事件，並提到原版的內容比正式出版的要負面了許多。「這對金字塔公司來說真是一場『噩夢』，至少有一個內部消息來源這樣形容。」朵夫曼以這句話做為開頭。他表示原版報告在未授權的狀況下外洩，造成醫院管理業股票投資人的慘重損失，而由於市場上空單不少，令人懷疑金字塔公司是否意圖操控市場。朵夫曼最後引用了紐約證交所一名資深交易員的話作結尾說：「我想這些股票是完蛋了。根據金字塔公司原版報告的描述，未來這個產業的獲利能力有相當嚴重的問題。沒有人知道報告是對是錯，不過如果是正確的，那這些股票真的就毀了。」

難怪亞培爾和其他這個產業裡的總裁，要一直壓迫紐約證交所展開調查了。在亞培爾看過原版的研究報告後，向媒體指稱原始的報告內容相當「不專業」，而且「顯示出對醫療產業領域所知甚少」。他並憤怒地說：「股價重挫已導致一項重大的購併計畫取消。」

而紐約證交所也開始透過股票交易監視系統，觀察從十一月十三日以來幾週裡醫療管理類股的交易狀況。這個報告外洩案追溯到史庫達公司的那個渾蛋那裡，最後才又追查到史坦迪許身上。史坦迪許起先否認他把這份報告外洩，但是在一九七二年十二月十二日，他終於承認自己把那份初稿私自帶走，並拿給了那個渾球。到了十二月十四日，史庫達的總裁喬治・強生（George Johnson）承認有一名他公司的分析師曾經拿了研究報告的草稿，而且有部分客戶可能在報告廣為流傳、造成股價重挫前，就已賣出手中的持股。這終於證明我在這個事件中是清白的，至少我自己這麼認為。

一九七三年一月二十六日，一群美國國際醫療公司股票投資人向法院控告金字塔公司和我個人，他們在訴狀中寫道：

> 該公司的一名合夥人以及證券分析師聯手策畫了一個「放空」該檔股票的計畫。在這個計畫中，他們假借「內線消息」的名義散播不實訊息，反映出不利於美國國際醫療公司財務狀況的各種資料。結果，導致這家擁有廣大投資人的公司股價重挫，而被告得以在低價買進以軋平其早先放空的部位。這是一件串謀好的計畫，是為了打壓美國國際醫療公司而進行的陰謀。

他們要求七四二〇〇美元的損害賠償以及七四二〇〇〇美元的懲罰性賠償，共計八一六二〇〇美元的賠償金。金字塔的法律顧問表示我們不必擔心，這個案子根本不會成立。不過，事情也並不是那麼好解決。至少亞培爾不肯善罷干休。到了一月底，美國國際醫療公司的股價已經跌到21¼，總共下滑了將近五〇%。

一九七三年二月二日，在紐約證券分析師協會所舉辦的一場會議中，亞培爾痛罵金字塔公司、那篇報告和我。他讚揚美國醫療公司在上一季獲利成長二〇％的表現，「從來沒有發展過如此強勁的成長潛力。」他猛烈地指責這篇報告外洩的過程，指稱這是一份「地下刊物」，其中至少包含了七個最基本的錯誤，並且具有許多「模稜兩可、誤導事實且嚴重疏漏」的內容。他強調「這份不精確的報告，是兩名年輕的分析師在和我面談了兩個鐘頭後的草率作品」。

慘遭犧牲，但也讓我變得更堅強

那些醫療管理產業的高級主管和我往日的哥兒們，都不再提供任何資訊給我。我成了一個沒有題材可以研究的分析師。更糟的是，當時整個市場都處於空頭狀態中。小型股股價在一九七二年下半年開始下跌，在一九七二年秋季，唯一還能上漲的股票只剩下所謂的「靈巧的五十檔」（Nifty fifty），那些都是法人投資機構的最愛，如寶麗來、柯達和雅芳等等。這五十檔股票擔任了當時多頭的主秀，本益比都高達五十到六十倍。

一九七三年一月，道瓊工業指數在一〇一七點作頭，然後進入了美國開國以來最嚴重的空頭市場。三月十五日，那個訴訟案因為缺乏犯罪地點而被判不起訴，但幾乎沒有人知道這件事。整個市場都陷入了低迷的氣氛，而醫療管理類股只不過是眾多慘跌股票中的一分子罷了。

一九七三年一月，先知把我叫進他的辦公室，告訴我由於市場陷入空頭走勢，金字塔公司也面臨精減人事的壓力。「馬丁，我很遺憾，但是我們只能請你另謀高就了。」

我驚訝地呆站原地。我還以為我們是並肩作戰的合作夥伴，而在這六個月當中，我也一直為金字塔盡心盡力，現在他們竟然翻臉不認人。

但老實說，我早該想到這一天遲早會來臨。再一次的，他們為了自身的利益出賣了我。在史坦迪許被抓起來，並承認自己就是那個把我的報告外洩出去的人後，華爾街裡像朵夫曼這一類的評論家開始公開質疑，到底金字塔公司的管理階層有沒有善盡監督的責任，大祭司和先知自然而然成為首當其衝的人。

我是寫了那份研究報告的傢伙，自然成了管理階層的眼中釘。但是在那樁訴訟案還沒有結束前，他們暫時不會動我，因為他們很清楚我知道太多可以毀掉金字塔的內幕消息，所以寧願多付幾個月的薪水，等到訴訟案塵埃落定後再把我幹掉。

我當時只有二十八歲，在華爾街裡還算是一個想法天真的小伙子。我是商學研究所的畢業生，但是在學校裡，卻從來沒有人教過我什麼是真正的「商學」。我的父親是一個名不見經傳的小商人，母親則是高中輔導老師。我在安默斯特主修的政治學和經濟學那一套紳士般的教育，在這裡派不上用場。

我在海軍陸戰隊學的是永遠忠實、真誠待人。在昆恩・勞伯公司，我是整個團隊的一員，法維亞和布朗契頓則在背後監督、照顧我。我完全無法適應像金字塔那樣的公司，在金字塔，你不能把防彈背心穿在前面，得把它穿在背後才行。

我大概還有四萬多美元的積蓄，所以並不急著另找工作。我決定整個夏天休息一下，前往我在西罕普敦的度假屋住一陣子。我在海灘上碰到了幾個操作商品期貨的傢伙，他們說服我到芝加哥商品交易所去參觀。接著我投資五千美元和一個叫保羅・高斯坦（Paul Goldstein）的電腦狂合作，他靠著和別人合租一部電腦期貨作業系統來賺錢。高斯坦沒有自己的電腦，所以只好利用凌晨三點的便宜時段使用電腦。我也投資了二萬美元在一筆俄羅斯的小麥期貨交易上，這筆交易是我的老賭友瑞奇介紹給我的。瑞奇的期貨營業員比利有一個大舅子，和華盛頓的某個傢伙之間有熱線電話，因為那個傢伙認識到過俄羅斯的美國農業部官員，他們常常交換一些內線消息。

到了十月，我已經花了二萬五千美元，手頭也有點緊了，覺得應該重操舊業，找份分析師的工作，所以開始和華爾街的舊識聯絡。「哦，是啊，舒華茲先生。你的履歷表看起來很棒，但是你以前是不是曾經涉及金字塔那檔子事啊？唉呀！真抱歉，你看現在市場跌成這樣，我們沒有計畫雇用新人耶。」

沒有人有空去發掘事情的真相，他們根本不賣我的帳。每個人都希望把事情單純化，所以我就成了代罪羔羊，一個沒有人要的棄嬰。沒有人想要和我扯上任何一點關係，而房租卻還是要按月繳納。我拋下自尊，到位於百老匯街和八十九街交叉口的失業救濟中心，排隊領救濟金。當那個隊伍緩緩前進時，我感覺到自己的未來也正漸漸離我而去。我當初幹嘛要聽人面獅身的話？

而事情的發展，也證明了我們這位會計大偵探最後還是失算了。在一九七三到七四年間，醫療管理類股雖然和其他類股一樣，隨著大盤嚴重的空頭走勢一起下跌。但是那些公司的獲利在接下來二十年當中，因為美國國內醫療支出從國民生產毛額的六%暴增為一六%而持續成長。在如此利多的背景下，雖然目前這些股票的本益比都比當年低很多，但是價格仍在這些年當中增值了好幾倍。所以我們那份報告的結論可說對了一半，也錯了一半。

至於我，在這次事件後，職業生涯暗淡了好幾年之後，卻變得更堅強，得以磨練成為一名更好的操盤手。我也因為這個事件才有機會認識佐爾納，這對我來說未嘗不是塞翁失馬，焉知非福。

事後想起來，我當時應該要繼續當一個合群的人，寫一些對醫療管理產業利多的報告才對。先知不可能不明白這一點，我真搞不懂當他要我和人面獅身一起寫那篇負面報告時，心裡到底在想些什麼？

站在申請失業救濟金的隊伍中，我腦中清楚地浮現當先知看到我們的研究提案時，他真正要說的應該是：

公司內部備忘錄
日期：一九七二年九月二十八日
收文者：馬丁·舒華茲
發文者：先知
副本：人面獅身
你這個白癡！我恨透了這篇關於醫療管理產業研究報告的大綱，我命令你馬上停止這項工作。

這份報告很可能對我們兩個人的事業產生永久且具有毀滅性的影響。沒有人想看負面的研究報告。信託部門需要能幫他們解套的報告。他們會把報告放進檔案中，一旦股價下跌，就拿出來說：「看吧！寫這玩意兒的傢伙比我聰明，薪水也比我高，我是看了他們的報告才買了這檔股票的。」

此外，我奉勸你離人面獅身遠一點。人面獅身很想、也很有能力毀了你。為了你自己，好好想想吧！

第4堂課 別靠小道消息，因為它會讓你沒力量

我很喜歡說自己是一個完全不靠小道消息或謠言來操作的人，因為利用謠言來操作，違反了我認為想要在市場中成功最重要的一個基礎——努力工作。努力工作使你堅強；當你依靠小道消息操作時，一點力量也沒有。

通常當你聽到一則小道消息時，已經慢了一步，而且手中不會有足夠的資訊。如果股價下跌，你就一點退路都沒有。在智能上你將愈形衰弱，而當你衰弱時，將處於最容易受到傷害的境地。和每一個市場中的玩家一樣，我也免不了因為聽了市場傳言而吃虧。

最糟的小道消息，似乎總是在你操作最不順利的時候出現。當你手氣很背時，甚至可能會聽從擦鞋童無聊的小道消息。這就好像當你在跑馬場裡，一整天都沒贏過錢時，你會側過身去，問身旁那個領社會救濟金度日的傢伙：「第八場裡你最看好哪匹馬？」然後他會說：「嗯，第六匹馬，傑瑞·貝理是牠的騎師，所以牠一定會贏。」結果他今天表現糟透了，第六匹馬也只跑出第四名的成績。

小道消息充斥的股票最常出現的走勢，就是劇烈震盪，它們上沖下洗，好像被採收者猛力搖晃的蘋果樹一般。當股價開始下跌，就是你最脆弱的時刻，也是最有可能恐慌性殺出持股的時候，因為你根本無法預期股價會跌到哪裡。你如果不衰弱的話，一定是正在賺錢，而如果你感到無力、無助的話，一定是處於虧損狀態。就像老人家常說，鍊子總是會在它最脆弱的那一點斷裂。在那個點上，你內心深處最可怕的恐懼控制了理智，然後你會說：「我是個笨蛋，為什麼又犯了同樣的錯？我以前就犯過這種錯，為什麼這些事會發生在我身上？」你感到驚慌而恐懼、覺得想吐，然後毫無理性、不計成本地拋出手中的股票。

如果你想要靠某個謠言來操作，會希望是從一個成功率比較高的來源聽來的消息。我主要的來源就是「內線史基尼」（Inside Skinny）。內線史基尼是一個喜歡在華爾街到處探聽消息的優秀股票分析師，他常常和各大企業的執行長共進午餐，和那些上市公司董事交換情報，這裡聽一點，那裡又聽一些，四處搜刮小道消息。

所以，內線史基尼來電時總是有消息可報。為什麼他要給別人這些消息？有些人就是喜歡幫助別人，這讓他們覺得很有權力、很有雅量，就像以消息來做慈善捐獻一樣，但是史基尼這麼做，其實另有原因。首先你必須了解內線史基尼可不只打了一通電話，他早就已經建立了部位，所以他會打個二十通電話。史基尼希望和每個人都成為好朋友，但他也想要別人幫他的部位抬轎。只要股價向上跳個⅛元，你和其他人就會趕著上車，然後內線史基尼扮演的角色就不一樣了。他成為大家的操作顧問，每個人想要小道消息時，第一個就會想到他。

「史基尼，怎麼搞的？到底發生什麼事了？」

「沒怎麼樣，都很正常啊！」史基尼說。

「在蘇黎世的會議進行得如何？」

「哦，都很順利。是啊，我知道時間是久了點，不過這些事通常都要花比較長的時間，他們總得要做做姿態嘛！每件事都在預定的情況下發展，不要擔心，不要再緊張了，你老是這麼緊張。」

等到你被市場修理時，你會進場加碼買進更多的股票，而另外十九個人也會同樣這麼做，所以股價的變動看起來似乎又回到穩定的狀況。每個人都鬆了一口氣，因為有人報給他們消息，而這檔股票的表現看來也不錯。可是接下來，股價會突然開始下滑，直到你心悸噁心、停損出場為止。

這時，當你打電話給史基尼，問他到底市場在搞什麼鬼，他才不想聽你跟他抱怨呢。「我也賠錢啦！」他說。「我賠得比你還要多！」但事實上，史基尼早已經出貨，正等著低接你們手中拋出來的股票。

事實就是如此。你再一次發誓從此不聽任何小道消息，但是幾個月後，就在你的操作出現一連串虧損時，電話鈴聲響起，是內線史基尼打來的。「嘿！」他用一種神祕的語氣小聲地說：「我跟你講一個賺錢的大好機會。」

｜第5章｜

買黃金，讓我有安全感

財富要這裡藏一點，那裡藏一點

「要多來點爆米花嗎，愛倫？」我低聲問，再次不經意地將手背掃過她的毛衣前面。那是一九六四年的聖誕假期，我們正坐在紐海文大學街上羅傑．雪曼戲院最後一排的座位上。

我在安默斯特學院念大二，社交生活簡直乏善可陳。當初我之所以決定要到這麼好的學校就讀，就是想提升我的社交層次。我曾經花時間研究，譬如我會仔細閱讀一年級新生的相本和通訊錄，從中挑出一些長得正、曾在名校念大學預科的女孩，然後一一打電話給她們，但最後總是被我拙劣的技巧搞砸。

「嗨，你是蘇西嗎？我是馬丁．舒華茲。你今天過得好嗎？」嘟嘟嘟……。

「麗茲，你好。我是安默斯特學院的馬丁．舒華茲。這個週末你有沒有興趣來玩牌？你可以打橋牌？當然好啊，一墩賭多大？」嘟嘟嘟……。

「哈囉，金芭莉嗎？我是馬丁．舒華茲。你從維吉尼亞的密德堡來，我聽說那裡可是養馬勝地，是嗎？你有沒有興趣，跟我搭巴士到欣斯岱爾去賭一把？」嘟嘟嘟……。

於是，我又回到屬於自己的社交圈。愛倫．範恩是當時我約會的對象，是我高中同班同學，畢業後去念瓦薩（Vassar）學院。

戲院裡燈光昏暗，銀幕上出現的是詹姆斯．龐德那張英俊而溫文有禮的臉，充滿魅力的身影被框在一個槍管之中，正要為皇家祕密行動小組出勤，和另外一個犯罪集團的首腦對抗。龐德總是讓一群美女動心，這也不是什麼祕密了，這就是為什麼我約愛倫來看《金手指》（*Goldfinger*）——希望龐德能夠幫我擔任破冰的任務。他在銀幕上怎麼把妹，我就在座位上如法炮製。

我並不需要等太久。因為這部電影一開始就是一段火辣劇情，龐德和漂亮的金髮女郎吉兒．麥斯特森（Jill Masterson）裹在一床被子裡。當鏡頭裡的龐德在邁阿密楓丹白露飯店的陽臺上摟抱著吉兒時，我也正在紐海文市羅傑．雪曼戲院的最後一排座位裡摟著愛倫。當龐德把手臂環繞著吉兒時，我也把手臂環繞著愛倫。當龐德攻上一壘時，我也攻上一壘。在同一個時間裡，吉兒和愛倫都在我們的耳邊輕聲細語。

真感謝〇〇七，事情順利極了，所以我決定試試看有沒有辦法盜向二壘。我慢慢地、平緩地，就像〇〇七一樣，開始採取行動，把手悄悄從她的肩膀向上滑動。「嘿，慢一點，」愛倫低聲說：「你以為你是誰？詹姆斯．龐德嗎？」

她掙脫，讓我感到有一些突兀，我猜想她應該是不想進展得太快。我得保持鎮靜，就像〇〇七一樣。我抬頭看著銀幕，龐德正在和金手指打高爾夫球，他們打球的地點是一個風光明媚的英式鄉村俱樂部。我立刻喜歡上金手指這個角色，他讓我回想起當年自己充當外祖父桿弟的情景。龐德和金手指站在第十六洞的果嶺上，而金手指正準備要打一個很簡單的推桿。「您到底有何貴幹呢？」他邊把球放好，邊對龐德說：「我想你可不是專程來和我打高爾夫球的吧？」

黃金為什麼充滿魅力

噗通一聲，龐德故意把球桿放倒在球洞旁的草地上。金手指的身體略微抽動，這次的推桿也失準了。

我眼睛一亮！我從來沒有看過任何一個比在草地中閃耀光芒的純金球桿更迷人的東西，我開始深深地融入這個描述金手指準備用核子武器攻擊諾克斯堡的劇情之中。這真是高明的計畫，如果你能用核子武器摧毀諾克斯堡裡儲存的黃金，何必大費周章地打主意去偷它？如果全世界黃金儲存量最大的地方受到攻擊，使得裡面存放的黃金成為廢物，那麼金手指手中持有的黃金，自然就會身價暴漲。當然，電影最後，龐德適時阻止了金手指的計畫，但即使這個計畫並沒有成功，金手指已經成為我的新偶像了。

長久以來，我一直深深對黃金著迷。從法老王時代開始，猶太人就喜愛黃金，因為黃金一直是逃難者最容易隨身攜帶的貴重財物。當摩西從山上把「十誡」帶下來時，他的追隨者就是把誡文刻在黃金上。在接下來的中古時期、西班牙的天主教時代、東歐的共產革命，甚至二次大戰期間希特勒大屠殺之中，猶太人一直在逃難。我的祖父從東歐的動亂中逃亡到美國後，只要手上攢下了一點錢，就會拿去買黃金。我對黃金的渴求，根本是遺傳來的。

黃金不會受空氣、熱度、濕氣和大部分溶劑的影響。在人類的歷史中，它不只是因為美麗和抗腐蝕性而享有高度價值，更因為比其他金屬更容易加工、保存成條塊狀態，也因為稀少性而廣受收藏者的青睞。因為這些原因，黃金自古以來就已經被人類當作貨幣使用。

長久以來，每個國家都以黃金作為衡量幣值的基準，也就是所謂金本位制（gold standard）；當商業活動在十九世紀末葉急速增加，用來結算國際貿易帳的制度廣為各國所需，黃金也成為國際貨幣交易的基礎。

一九三三年四月，老羅斯福總統（Franklin Delano Roosevelt）曾經命令美國人向政府繳出手中的金幣，大部分的人聽話照辦，但很多人還是把黃金私藏起來，包括我祖父在內。他才不願意交出那些二十美元面值的金幣呢！他偷偷把那些金幣存放在不同的地方，一直到一九五七年，有一天他什麼話也沒說，走到位於噴泉街底的西城儲蓄銀行（Westville Saving Bank），拿他所收藏的金幣，向銀行要求以二十美元的面值來兌換。

那時祖父的腦袋可能還停留在二十四年前，老羅斯福總統下達回收金幣令的那個年代。其實在一九五七年，一枚雙鷹金幣的市值早就已飆漲到一百美元了。

我愛黃金，也收藏硬幣

我祖母蘿絲也偷偷藏了幾枚金幣，在我十三歲生日時，給了我其中的一枚，那是一枚一九二五年「D版」的雙鷹金幣（Saint-Gaudens Double Eagle）。

那枚金幣是由奧格斯特．聖高登斯（Augustus Saint Gaudens）在一九〇七年所設計的，其中一面鑄著一隻飛向太陽、姿態雄偉的老鷹，太陽的光線打在牠的身上，老鷹上方刻著幾個字：美利堅合眾國、二十元。在那隻老鷹下方，沿著太陽的周圍，看起來像是光環的，則是「我們信靠神」（In God We Trust）幾個字。

硬幣的另一面，則是一個留著濃密長髮的女人，穿著薄紗紡製的長袍，右手握著象徵自由的火炬，左手則拿著象徵和平的橄欖樹枝。她的左腳踩在一塊石頭上，使得身上的薄紗長袍因而繃緊，看起來美麗極了。石頭的上方刻著日期「一九二五」，而在兩道太陽的光線之間，鑄著它的版本「D」。畫面背景的下方，在幾道幾乎看不見的光線中，是一個微小的美國國會大廈圖樣。金幣的最上方是「自由」這個字，而四周則滿布著小星星。

我愛死這枚金幣了，當時我輕輕地撫摸它好幾個小時，之後，就養成了收集貨幣的習慣。

一九五八年，我買了第十版的《美國硬幣指南》（*A Guide Book of United States Coins*），那是尤曼（R. S. Yeoman）在一九五二年所寫的。這本型錄是研究貨幣者必讀的經典之作，每年都會再版。其中詳細記載了每一種美國硬幣目前約略的市值，根據其品質和稀有性加以分類排序。我會拿著這本型錄散步到銀行，用十美元紙鈔換取一卷二十五美分的硬幣或兩卷十美分的硬幣。然後走到銀行大廳的一角，撕開硬幣的包裝紙，將硬幣攤在桌上，開始找尋特殊的硬幣。

我會不斷地走回櫃檯，重複換取更多硬幣，再次發輝起喜當偵探的天性。當我終於找到一枚想要的硬幣時，會檢查製造日期、哪個鑄幣廠製造的，然後再與型錄比對。我會查看這枚硬幣有多少在市面上流通以及目前的市價，接著就向不同的盤商兜售。如果我蒐集到一整個系列的硬幣時，會在《硬幣世界》（*Coin World*）或《貨幣新聞》（*Numismatic News*）這兩份刊物中登廣告，把它們直接賣給硬幣收藏家。

我靠著硬幣交易賺了不少錢，但是我的最愛仍然是黃金。能夠找到一些特殊的硬幣固然不錯，但是這根本比不上我輕輕撫摸雙鷹金幣那種愉悅感。我熱愛黃金，但是沒有財力購買，而且技術上除非你是貨幣收藏家，否則私自持有金幣在當時仍然是非法的行為。

黃金類股的股價，是金價的領先指標？

一九七四年十二月三十一日，美國人才再度被允許購買黃金當投資標的。但是當時我在市場上的操作老是輸錢，所以沒有能力買太多黃金。直到我和奧黛莉結婚，並開始在美國證券交易所操作自有資金後，才真正開始經常性地購買金幣。當時，黃金價格已經漲到每盎司超過五百美元的水準，但只要我手上有一點閒錢，就會購買一些南非克魯格金幣（Krugerrand）或是加拿大楓葉金幣

（Canadian Gold Maple Leaf）。當我買了將近一打金幣後，我會拿來擲在枕頭上，並把它們拋向空中，感覺真是棒透了。

後來黃金價格持續上漲，愈來愈多人因為恐懼通貨膨脹而把錢用來投資黃金。一本本金融投資暢銷書都在預測全世界經濟已經面臨崩潰邊緣，道格．凱西（Doug Casey）寫了《危機投資學》（*Crisis Investing*），傑洛米．史密斯（Gerome F. Smith）寫了《即將崩潰的貨幣制度》（*The Coming Currency Collapse*），哈利．布朗（Harry Browne）寫了《如何在即將來臨的資產縮水中獲利》（*How you can Profit from the Coming Devaluation*），以及霍華德．魯夫（Howard J. Ruff）寫的《如何在未來幾年的不景氣中成功》（*How to Prosper During the Coming Bad Years*）……，每一本書都以獨具一格的方法來散播恐懼，並預期金融體系將以他們預言的方式崩潰。

我在一九七九年的下半年，對黃金簡直到了神魂顛倒的地步，當我在美國證交所賺進了第一個十萬美元後，曾考慮要賣掉我的會員席位，然後在紐約商品交易所（New York Commodity Exchange, COMEX）買一個會員席位。我想要成為「金手指馬丁」——一個黃金期貨的操盤手。我和奧黛莉討論了這個想法，結果我們都認為這不是什麼好主意。「馬丁，你在美國證交所的操作一直都很順利，」奧黛莉說：「如果你想操作黃金的話，就操作黃金股（產製黃金的產業股）吧！」

說的比做的容易。市場上根本沒有幾家上市公司是生產黃金的，只有幾家黃金股在美國證交所掛牌上市。在紐約證交所有一檔叫ＡＳＡ的股票，它是一家專門投資店頭市場南非金礦股的封閉型投資公司，「小雞」那一組人，除了在美國證交所當梅沙石油選擇權的作價員之外，也是ＡＳＡ選擇權的作價員。ＡＳＡ的交易圈就在梅沙選擇權交易圈的旁邊，而小雞的手下「小鬍子彼德」就負責ＡＳＡ選擇權交易。

如同往常一般，我在開始介入ＡＳＡ選擇權之前做了很多功課。我的原則之一就是，如果對某檔股票沒有做過透徹研究，並且完全符合我的操作邏輯之前，絕不輕易介入。在研究ＡＳＡ的過程中，我發現加拿大和美國黃金類股與金價之間存在著一種有趣的相關性。黃金類股的價格通常會先於金價上漲或下跌，因而使它們成為金價的領先指標。ＡＳＡ這家公司是投資在南非的黃金製造商上，其股價通常會隨著金價同時波動，所以我看出來當加拿大和美國的黃金類股上漲時，ＡＳＡ的股價毫無疑問的會隨後跟進。

買黃金，一年賺超過一百萬美元

我在一九七九年的十二月開始操作ＡＳＡ選擇權。金價仍然持續飆漲，而在小雞負責的交易圈中，交易相當快速而熱烈。黃金是當時最新的熱門商品，所以在那個交易圈會聚集著一大堆穿著藍色工作服的交易者在那裡推擠、喊叫。「3½元叫出五十張。」小鬍子彼德大聲喊著。「買進！」「買進！」一群人同時尖叫著，然後在同時叫進的交易員之間，就會為了到底最後誰能夠買到而出現一番爭執，直到一切都擺平後，繼續交易。

基本上，我總是在市場中作多，買進ＡＳＡ股票的買權，預期ＡＳＡ的股價會隨著加拿大和美國的黃金類股走強。

我穿著藍色工作服，把兩本成交單放在口袋裡，紅色的是賣單，藍色的是買單；另一個口袋則放著ＡＳＡ的技術圖，站在圍繞在小雞四周的人群之中。我吞下幾顆止咳喉片，因為我整天都在交易場裡大聲吼叫，不吃喉片簡直是在謀殺自己的喉嚨。我看著ＡＳＡ、黃金現貨，以及加拿大和美國黃金類股前一天的最高最低價及收盤價，等著ＡＳＡ的股價突破前一天的最高價，然後就會全力搶進ＡＳＡ買權。我會對著小鬍子彼德大喊：「買進！買進！我要買進！」這檔股票的選擇權履約價是以五美元為間隔，而在交易熱絡的日子裡，ＡＳＡ股價可以很輕易地突破這個履約價區間。

「彼德！4¼元有多少張要叫出？三十張嗎？我要買進！」我以每張四．二五美元買進了三十張買權，總值為一二七五〇美元。我渾身大汗、熱得不得了，腳上的橡膠鞋簡直快要著火了。我覺得這檔股票還會繼續漲，從我的眼角餘光中看到金價正在上揚，其他的黃金類股也在上揚，我在心裡對自己說，老天爺！我得多買進一些ＡＳＡ才行。

我有兩名助理，蘇珊和吉米，每個月付給他們幾百塊錢，而他們則在我完成交易後，把成交單輸入到我得交給貝爾．史騰結算公司的資料卡上。

「蘇珊！吉米！」我從人群中高聲喊著。「你們死哪兒去了？把我的部位表拿來，弄清楚我的部位，我賣出了多少履約價四十五的買權？買進了多少履約價五十的買權？」我滿口白色泡沫。

ＡＳＡ股價的波動真是激烈，操作ＡＳＡ股選擇權，跟在拉斯維加斯的賭桌上豪賭沒有兩樣。

感謝ＡＳＡ股和其他股票選擇權，讓我在一九八〇年靠操作它們賺了六十萬美元，並在一九八八一年賺進了一百二十萬美元。隨後在一九八二年，雷根政府開始控制通貨膨脹，黃金價格也開始下滑。當黃金類股價格波動減緩後，我在這個市場的優勢漸漸消失，所以我不再像以前那樣，操作那麼多ASA股選擇權了。

黃金熱潮退燒後，每一個穿著藍色工作服的市場老手都知道該開始尋找新的操作標的了。我們全都在一九八二年開始的新多頭市場中，轉戰美林證券的選擇權市場。但無論如何，我依然熱愛黃金。對我而言，它代表了財務安全的保障。誰曉得舒華茲家族什麼時候又要開始逃難？黃金已經是我體內基因不可或缺的一部分了。

第5堂課 一定要做好最壞的準備──即便別人笑你

一九八二年八月，我正過著夢想中的生活。當時是星期五的下午，我們正在新買的海灘別墅度假，我在游泳池邊披著浴巾，看著報價螢幕，並用專線電話和紐約的黛比．洪（Debbie Horn）連線，在波動劇烈的市場中操作、賺錢。這時另外一線電話響起，來電者是內線史基尼，以一種我從沒聽過的興奮語氣和我說話。

「馬丁，代誌大條了！」他以沙啞的聲音小聲地在電話裡說：「聯準會主席沃爾克（Paul

Volcker），正緊急把所有銀行的總裁從假期中召回。墨西哥要發生債務危機啦，這些銀行貸它太多錢了，有很多銀行都會因此遇上大麻煩。這可是一個最危險的緊急警報啊！」

在整個夏季中，有關墨西哥將要破產的謠言早已甚囂塵上。每一個股票操盤手心中最深的恐懼，就是另一個像一九二九年那樣的崩盤和經濟大蕭條。許多人都認為這些年所建立的金融安全機制，諸如保證金的限制、自動執行的部位停損、銀行的準備金制度、聯邦存款保險，以及其他各種查核程式，應該可以防止這種混亂狀況再次發生。不過，在我們這些操盤手的內心深處，可一點兒也不相信這套說詞。

以那些大型銀行把資金往拉丁美洲猛砸的大手筆來看，誰曉得事情會糟到什麼地步，而如果史基尼認為他知道真相，我可絕對不敢掉以輕心。他可不是一個普通的理髮師或計程車司機，他和國內各個產業的首腦以及政府官員都有很密切的聯繫。他的消息一向具有極高的準確性，聽從史基尼的消息在過去讓我賺了不少錢，而他的專長就是在事情還沒發生前預先知道內幕消息。他操作股票、債券，更重要的是，他也和人交易資訊。如果你夠分量、也夠幸運能成為他傳播消息的對象，而且也能偶爾回饋消息，十次當中可能有七次，他能讓你賺到錢。

我看著手錶，已經是下午兩點三十分了。我得在銀行週末關門前把黃金提領出來。如果內線史基尼的消息正確的話，銀行在星期一早上可能沒有辦法開門營業了。

我自從三年前開始操作自有資金以來，就開始建立自己的儲備黃金。不論何時，只要我在市場賺了很多錢，總會拿出部分資金來買一些克魯格金幣或楓葉金幣，然後將它們放在幾個不同的地方，像是廁所的抽水馬桶裡。這聽起來或許有點誇張，不過我也不是全放在這種地方，有些黃金也被我存放在幾個不同的保管箱裡。我認為它們就像我買的保險一樣，是在危急時可以用來救命的東西。

這正是一般有錢人都在做的事，他們總是把財富分散各處，這裡藏一點、那裡也藏一點，使得他們在面臨突發意外時隨時有備胎可用。我就常常在離開紐約市時帶個一打左右的克魯格金幣在手提箱裡。現在，在三點銀行關門前，我只剩下半個小時能趕去提領出來。

「奧黛莉！奧黛莉！」我尖叫著。「你現在馬上到銀行，把我們的黃金全部領出來。我得留下來把我的部位弄清楚，並且放出停損指令。墨西哥馬上就要破產了，那些銀行都要倒大楣了。」

「馬丁，你到底在說些什麼？你哥哥才剛剛到我們家度週末，我們等一下就要出發去海灘了，為什麼你突然大呼小叫地要把黃金領出來？」

「奧黛莉，別和我辯，去把黃金領出來就對了。帶傑瑞一起去，他可以幫你一些忙，快去！」我繼續在市場中交易，對著黛比喊叫交易指令。「買進！該死的！」「賣出！」「等一下！」「幫我買進更多這個期貨契約。」「黃金！」「石油！我要買更多石油。」叮、叮、叮，股票、選擇權、期貨，我披著毛巾瘋狂地交易著。當我抬起頭時，奧黛莉和傑瑞還目瞪口呆地站在我面前。「你們在搞什麼鬼！為什麼還站在那裡發呆？你們聽到我說的話了吧？馬上趕去銀行把黃金領出來。我不知道情況會糟到什麼樣的地步，我們得要靠那些黃金來保命。」他們看著我，以為我發瘋了。「我是舒華茲上尉，」我大吼著：「照著我的命令去做就對了，二等兵！」

「馬丁，你瘋了嗎？」

「到時候你就知道是誰瘋，」我尖叫著。「等到銀行都關門大吉，每個人都在喝西北風時，只有我們擁有黃金，才能保障我們在狀況最糟的時候還買得到生活必需品。」

於是奧黛莉和傑瑞出發去銀行，大約一個鐘頭後，帶著黃金回來了。「馬丁，這裡是你的黃金。」奧黛莉說，順手把手提箱砰一聲丟到地板上。她揉著肩膀說：「我的手臂快斷了，不過還是把它們給提回來了。你現在準備把它們藏在哪裡？」

「放在床底下就好，我可以睡在這些黃金上面。如果有人想要拿走，就得先過我這一關。」

「哼！他們可不必通過我這關，」奧黛莉說：「你可以自己一個人睡！」

在整個週末中，沃爾克都在和銀行家們開會，他們決定由聯準會提供資金援助墨西哥，這個危機因而解除。星期一早晨，銀行一如往常開門營業。而除了內線史基尼、我，以及少數在華爾街消息靈通的人之外，絕大部分的美國人從來都不知道這些銀行家，差點讓我們全都陷入極為嚴重的金融風暴中。

到了星期二，債券價格暴漲，而公債率則出現歷史上最大的單日跌幅。星期二下午，我對奧黛莉說：「親愛的，我想這次的危機已經算是雨過天青了。我可以請你幫我把這些黃金送回保管箱裡嗎？」

「哈！」奧黛莉說：「我為了提那些黃金，弄得手臂到現在還在痛呢！我替你把黃金提回來，該你自己把它們提回去才對。」

這就是我想要保護家人所得到的回報。但是當你面臨危急狀況，或在危難當中做決策時，不管在別人眼中你的舉動多麼荒唐可笑，都必須立即付諸行動。經紀商裡的營業員、投資顧問、基金經理人、理財諮詢專家、家庭中的成員，以及其他支援者，都必須全力配合這個行動決策，否則最好請他們站一邊去、不要礙事。

謠言的可信度視來源而定，但若你確信得到的資訊相當可信，就得馬上採取因應的行動。家庭的安全是我心中最重要的事，所以我總是預先推想最壞的狀況，並預做周密的準備，使我和家人可能受傷害的程度降至最低。

第6章

前一刻看好，下一秒放空

全心投入研究，練習帶來自信

叫他們把將來豐年一切的糧食聚斂起來，積蓄五穀，收存在各城裡作食物，歸於法老的手下。所積蓄的糧食，可以防備埃及地將來的七個荒年，免得這地被饑荒所滅。

——《聖經．創世記》第四十一章三十五至三十六節

自從約瑟為法老王解夢，認為他的夢境象徵埃及接下來會有七個豐年，以及隨後的七個荒年，期貨契約一直就是保障農人和購買農產品者免於價格波動風險的最佳工具。一直以來，芝加哥都是期貨交易的重心。這是因為兩個位於芝加哥最主要的期貨交易所：芝加哥期貨交易所（Chicago Board of Trade, CBOT）及芝加哥商品交易所（Chicago Mercantile Exchange, CME），最早都是因農產品期貨交易而出名的。

所有交易所，不管位於芝加哥、紐約、費城、波士頓、舊金山，甚至堪薩斯市，說穿了不過是大型的賭場。只要有更多人下單，交易所就能賺更多錢。一般賭場靠著輸贏機率上的先天優勢賺取利益，而交易所則是靠收取會員費維生。這兩者都存在著同樣的特性，只要量愈大，他們就削愈多。這就是為什麼交易所總是像賭場一樣，一直想盡辦法吸引新的玩家，投入期貨交易。

但是在一九七〇年初期，CBOT與CME的交

易量都出現了明顯衰退。主要是因為二次大戰後嬰兒潮中成長的這一代，不再對農產品期貨交易感興趣。他們對於小麥、玉米、黃豆、活牛、瘦豬、豬腩這些商品根本一無所知；就算是那些較精明的交易者，也搞不懂商品期貨。所以，新一代的投資者根本不想玩商品期貨；真的非玩不可的話，他們對那些可以整齊地存放在保險箱裡的玩意兒，可能會更有興趣些。換言之，他們只對股票或債券這類金融工具感興趣，這使得他們的資金往紐約移動。

眼看大筆資金跑到紐約去，身為美國金融重鎮的CBOT與CME若再不做些改變，遲早要把大好江山拱手讓人。一九六九年，李奧．米爾蘭（Leo Melamed）成為CME的新任主席，成為芝加哥在風雨飄搖中的一線希望。他和家人逃過了二次大戰期間納粹在波蘭對猶太人進行的大屠殺、橫越西伯利亞、逃到日本，並幸運地在珍珠港事變前抵達美國，定居在芝加哥。米爾蘭的父母在猶太人學校找到教授意第緒語的工作，而米爾蘭這個標準的猶太人則在CME找到了生財之道，豬腩這項商品更是他致富的關鍵。

不過，米爾蘭可不只把聰明的頭腦放在判斷豬肉價格的波動上，這對CME、CBOT以及整個芝加哥來說，真是一件再幸運不過的事了。米爾蘭很有遠見，他看出在投資人眼裡，CBOT與CME是農人的交易市場。投資人一想到牛或玉米的買賣，會關心的只有紐約老字號餐廳達摩尼科（Dalmonico）的菜單價格。他很清楚，如果不趕快變出一些新把戲，把紐約的資金吸回來，CME很快就會乏人問津，甚至關門大吉。但是，有什麼新東西可以提供給投資者呢？

於是，他在一九六九年就任董事長一職後，積極研發金融期貨的可行性，而且終於等到了期待已久的大好良機。一九七一年八月十五日，美國總統尼克森做出令國際金融市場為之震驚的舉動：宣布美國不再履行將境外美元兌換成為黃金的承諾。

這個出人意表的聲明，象徵金本位制徹底瓦解。而世界上各種原本盯住美元的投資人，轉而盯住黃金（當時每盎司三十五美元），而貨幣幣值也開始浮動。突然間，貨幣也變成一種商品。米爾蘭在他的書《逃向期貨》（*Escape to the Futures*）中這樣寫著：「別再想著豬腩跟農業了，要向錢看——各式各樣的錢——這才是至高無上的商品。」

賭場提供免費大餐，期貨市場有……減稅優惠！

米爾蘭很清楚，一定有人的想法和他一樣，於是決定先下手為強。在一九七二年一月，CME成立了一個專為貨幣期貨交易而設計的交易所——國際貨幣市場（International Moentary Market, IMM）。

在此同時，CME的最大競爭對手CBOT也不甘示弱，聘請加州大學柏克萊分校的知名經濟學者理察·桑德（Richard Sandor）擔任CBOT的總顧問。就好像電影《窈窕淑女》（*My Fair Lady*）裡的亨利·辛吉斯（Henry Higgins）教授一樣，桑德教授的最大挑戰就是如何把CBOT從一個純樸的村姑（只提供農產品期貨）轉型為迷人的都會女郎（提供各種創新的金融期貨）。經由這樣的轉變，CBOT才可望超越CME，並把投資人從紐約拉回來。

桑德教授認為，既然CME已經在貨幣期貨交易上搶得先機，他乾脆把重點放在利率上面。首先，他於一九七五年發展出抵押貸款債券（Mortgage-backed）期貨，但並不十分成功。所以在一九七七年，桑德教授又發展出三十年期國庫債券（Treasury bond, T-Bond）期貨契約。他覺得在美國政府發行的各種債券中，三十年期的公債將有可能把CBOT變成現代灰姑娘。

直到一九七〇年代末期，雖然CME和CBOT分別在貨幣和國庫債券期貨的交易中跟上時代的腳步，也從紐約搶回了一些投資人的資金，但是它們要從傳統的農產品交易所成功轉型，也非一朝一夕之功，市場中的大玩家仍然沒興趣把真正的大錢挪回芝加哥。當你習慣在華爾街和一流企業的菁英分子玩股票和債券的時候，哪會有興趣跟一群農夫和鄉巴佬玩期貨？

最後，讓CME和CBOT得以從業績不佳的陰影中走出來，大賺其錢，靠的是避稅交易——一種盛行於一九七〇年代、由稅務專家為高收入者規避龐大稅賦支出的操作手法。

在美國，投資人不可以在年底最後交易日賣出持股以認列損失（如果有的話），然後在隔年度第一天馬上補回。但是當時，這項限制並沒有涵蓋期貨上的投資。於是，許多搖滾歌星、影星、運動明星等高所得的人，以及像我一樣收入很多的操盤手，都可以在期貨市場利用這個方法，延後繳交上百萬的稅金。這種交易受歡迎的程度，可由美林證券設立獨立部門來服務客戶看出端倪，直到一九八〇年代，國稅局忍無可忍，才把這個漏洞給堵了起來。

國稅局的新措施，等於大大擋了期貨交易所的財路，於是米爾蘭和CBOT的主席列斯・羅森（Les Rosenthal）聯手，去找了來自芝加哥的參議員丹・羅登考斯基（Dan Rostenkowski）幫忙。結果，羅登考斯基利用他在委員會擔任主席的機會，給了這些芝加哥業者一個很不錯的甜頭，在一九八一年的稅制法案中加入一條不起眼的條款，允許自同年六月二十三日起「所有的期貨交易均須在年底以市價評估，任何利得或損失，都必須將其中四〇％以短期資本損益認列，六〇％以長期資本損益認列。」這對期貨業來說，真是天大的好消息。因為，過去如果你在期貨市場交易賺到錢，得按一般所得稅（最高稅率五〇％）課稅，現在則可將其中的六〇％改列「長期資本利得」課稅（稅率只有二〇％）。

這個甜頭真是好得不像話，也違反了所有的邏輯，不過，芝加哥這些傢伙才不在意什麼邏輯。原本灰頭土臉的這些業者，在羅登考斯基幫了這個大忙後不但全身而退，甚至演出大逆轉。在拉斯維加斯，賭場會提供客人免費的食宿、飲料、籌碼和秀場歌舞女郎；現在起，芝加哥的期貨交易所卻能提供更誘人的東西——稅賦減免。

開始在ＡＭＥＸ擔任場內操盤手後，一九七九年我在四個月內賺了十萬美元，一九八〇年賺了六十萬美元，而且一九八一年開始以破百萬美元的速度獲利。我在股票、債券、套利以及非常多的選擇權交易中大撈了一票，其中尤其是提供我高財務槓桿的選擇權交易貢獻最大。

我交易時，部位的進出頻率通常以小時計，有時甚至以分鐘計，所以大部分的收入都是短期資本利得，而且課以普通所得稅率，聯邦和紐約市政府聯手，總共會對我課徵五七％的所得稅。你可以想像，辛苦所得中的五七％得拿去繳稅有多麼令人心疼。於是，我只好轉戰期貨市場。玩得愈大的人，就愈需要考慮期貨交易，因為從期貨交易所裡，你賺到的每一塊錢都可以少繳十八美分的稅（六〇%以長期收益計×稅率二〇%＝一二%；四〇%以一般所得計×稅率五〇%＝二〇%；總計三二%，而非五〇%），這對專業操盤手來說，可是不小的數目！

如果我要在芝加哥進行期貨交易，就得找一個結算公司合作。當時紐約的經紀商都還沒有涉足期貨交易。S L & K是一家在紐約有辦公室的大型結算公司，所以我在一九八二年三月二日正式在那裡開戶，並買了市值十二萬美元的國庫券放在帳戶中充當保證金。期貨契約的總值通常是原始保證金的十五到二十倍，所以我存進帳戶、市值十二萬美元的國庫券，讓我能夠操作總值達一八〇到二四〇萬美元的期貨契約。

如果財務槓桿是二十倍的話，期貨價格只要反向變動五%，我就會把錢輸光；而期貨價格順向變動五%，我帳戶的淨值就會增加一倍到二十四萬美元，我將因而可以操作總值四八〇萬美元的期貨契約。

更令人感興趣的是，如果用國庫券來充作保證金，在操作期貨的同時還可以享受國庫券的利息收入（免稅喔）。這真是世界上最棒的事啦！換作在股票市場，我得拿錢繳股款，這會增加我的（資金）成本，而在期貨市場中，只要我贏錢，就沒有資金成本的問題。

倒在地上喊痛，等於把先機拱手讓人

一九八一年十一月，我的人生陷入嚴重低潮。當時，奧黛莉懷了二十週的身孕（我們的第一個孩子），但產檢時醫生發現她沒有羊水，因此很快就失去了那個孩子。我們簡直不知所措，我的祖父以前總是喜歡唱著：「如果沒有夢，哪來的美夢成真？」但祖父從來沒告訴我們，當夢想硬生生地從手中被奪走時，你會有多心痛！

失去孩子後，我們感歎人生苦短。如果無法享受，賺那麼多錢又有什麼用？該是花些錢及時行樂的時候了。

奧黛莉和我都喜歡位在海邊的房子，可是我們結婚以來卻一直困在一幢兩房的公寓裡。所以，該是買一幢的時候了。一九八二年一月一日，我們用手中擁有的一百二十萬美元其中三分之一，在西罕普敦買了一間海濱別墅。

以財務的觀點而言，把這麼多資金放在這種沒生產力的資產上似乎很蠢，但我心中一直嚮往著整個夏天都待在海邊，每天坐在游泳池邊交易的美夢（我後來發現，在游泳池邊曬整天太陽可真難受，還得圍著一條大浴巾，躲在報價螢幕的陰影下）。

當我被擊倒時，我絕不會等著人家倒數讀秒，一定會馬上站起來。我相信「塞翁失馬，焉知非福」這句話，如果我還倒在地上喊痛，就等於失去先機。

一九八二年四月二十一日，買下別墅的兩個月後，CME宣布開放「標準普爾五百股價指數期貨契約」（Standard & Poor's 500 Stock Index Futures Contact，簡稱S＆P）的交易。這是一個米爾蘭稱為「終極契約」的新金融工具，是以五百家大型企業的股價為基礎的契約。我直覺地認為，S＆P期貨將會是最適合我的操作工具，因為它是從股價衍生出來的工具。而我長久以來用來從事股票交易的技術，例如神奇的T理論、十日移動平均線、動量指標、KD指標都可以用在這個新工具的交易上。這就好像突然間，我可以在所有的二十一點賭桌上下注一樣令人興奮。

一九八二年四月二十九日早上，我下了第一張S＆P期貨的交易單，買進二十口六月的期貨契約，結果輸了三七〇美元。第二天，我又試了一次，在一一七．二的價位買進四十口六月期貨契約。一口S＆P期貨契約的總值等於指數乘以五百，所以我所買進的六月期貨契約總值是二三四萬四千美元（40×500×117.20），但我可以不必動用這麼多資金，因為我存在期貨交易帳戶中那價值十二萬美元的國庫券，足以滿足保證金所需。這才叫作財務槓桿，乖乖！貨真價實的財務槓桿！僅僅幾個小時後，我在一一七．七賣出所有的部位，賺進了一萬美元（40×500×0.50）！

在那年的整個春夏季裡，我不停地用S＆P期貨做試驗。雖然我對這個契約非常有興趣，但仍舊十分小心。當任何一種新金融工具剛上市時，都很不穩定，每個人只抱著姑且一試的心態，使得交易量很不規律，而交易所也很難馬上使交易情況導入正軌。和CME一樣，我把每個交易日都以半小時為單位加以分割，每半小時我就把價格的變動率畫下來。我把盤中的動能看作潮汐一般，有高有低、有漲有退、忽前忽後。如果S＆P指數在三個時間單位中，連續上漲〇．五點、〇．三點及〇．一點的話，我就察覺到價格動能正在轉變，而價格的正弦曲線將要轉而向下，市場的紅燈馬上就要亮了，此時就該換檔、停車（平掉多頭倉），等到綠燈亮時，採取行動，轉頭作空。

我在Ｓ＆Ｐ的市場中看到好多機會。除了迷人的財務槓桿、不需買進一堆現股就能投資五百大企業股價指數這兩大好處外，Ｓ＆Ｐ也是一種絕佳的避險工具。如果我認為股市將下跌但不想賣出現股時，賣出總值相同的指數期貨契約就可以幫我規避掉大部分的風險，同時別忘了，還能節稅呢！

另外，我也發現了另外一種交易輔助工具，那就是道瓊德勵（Dow Jones Telerate，譯註：在臺灣通常稱為美聯社）的報價單機，這對我在國庫債券的交易上確實提供了不少幫助。雖然ＣＢＯＴ提供了一個穩定的國庫債券交易市場，但真正的政府公債現貨卻沒有一個集中交易市場。公債現貨經由聯邦政府發行後，投資人只能經由經紀商從事買賣。當利率上漲或下跌時，公債現券的價格也隨之往反向波動，當某經紀商以一〇一的價位叫出公債時，另一家卻可能以九八叫出同一期公債，各經紀商的出價完全根據自身的部位和籌碼而定。所以債券交易者就得和農人買賣新鮮牧草一樣，必須四處詢價以找出最好的報價。

尼爾・赫奇（Neil Hirsch）曾經擔任肯特債券經紀商（Cantor Fitzgerald）的營業員。他發現，公債現貨市場的玩家們一直希望能有一個提供所有公債報價的服務機構，所以就成立了德勵公司，向各家經紀商收集政府發行各種不同天期公債的最新報價，然後將這些價格立即顯示在德勵出租的單機螢幕上。所有租用德勵報價機的交易者，從此可以很有效率地掌握最新現券報價。

自從我花了更多時間從事ＡＭＥＸ以外的交易後，就租了一部德勵單機。在我們這行中最主要的工作，就是找出市場的不均衡狀態並從中獲利，而德勵的報價機在債券期貨的交易上提供我相當的助益。此外，我本來就很喜歡這些科技產物，也總是在新玩意兒推出後買來嘗鮮。雖然我比較少在AMEX場內進行交易，交易所仍然規定會員必須每天到場內亮個相。有一陣子我還是天天早上去晃一下，但是由於AMEX只有股票交易，在場中並沒有任何的德勵單機可以看到公債行情，所以我總是在下午三點後回到辦公室查看公債報價。公債期貨在下午三點收盤，但是現券市場則只要經紀商想交易都一直有報價，而德勵單機上的公債報價讓我得以藉由這些盤後交易，感受第二天的行情走勢。

努力做功課，果然挖到大金礦！

九月十日，一個星期五的下午，當我回到辦公室查看公債報價時，發現了一些有趣的事。

「奧黛莉，來看看這個！」我說：「我發現，現貨公債和S＆P指數間有一種互動關係耶！」

「我正在忙，等一下。」奧黛莉回答。自從我很清楚自己想成為操盤手，奧黛莉就辭去了工作和我並肩作戰。她幫我繪製技術圖，完成一些文書工作，傾聽我對行情的看法。過不了多久，她已經能夠分辨出我是很認真在討論一個交易機會或者只是閒話幾句。

「不，趕快過來看一下嘛！我想我可能發現了什麼。」

奧黛莉正在做一些文書工作，並不想被打斷。我們才剛剛從市區搬到新買的海濱別墅，她還在適應當中。她很不情願地把椅子滑到剛好瞄得到德勵報價機的位置。「我一直把現貨公債看作是公債期貨的先行指標，」我指著報價螢幕說：「但是，股價也會因為利率波動而漲跌。」這是因為當利率上揚時，企業必須付出更多的資金，因而提高了經營成本而侵蝕獲利。高漲的利率使得消費者不願擴張信用來買東西，這會減緩企業營收而更不利於獲利，股價會因而下跌。

「所以呢？」

「所以如果國庫債券價格在盤後交易中上漲，代表利率在下個交易日會下跌，那S＆P期貨就該上漲。」我拿起一疊技術圖，「給你看個例子，八月三十日，公債現券的價格在最後一小時下跌了〇・七五點。」我又拿出了十日移動平均線圖，「你看這裡，八月三十一日的S＆P指數開盤就下跌了〇・八點。但是上週公債價格上漲了〇・五點，而S＆P第二天開盤就上漲了〇・六五點。」

「那又怎樣？」

「奧黛莉，這會是一個很棒的指標啊！」我感到非常興奮。「公債期貨三點就收盤了，但S＆P期貨要到四點十五分後才收盤。如果公債現貨價格在三點到四點十五分之間上漲的話，我就可以在收盤時買進期指。如果公債現貨下跌，我就賣出期指。」我指著報價機的螢幕。「聽著，前幾個小時公債現券的價格已經上漲了〇・五點，如果我的推論對的話，這表示S＆P下週一會開高。」

奧黛莉看了一下錶，「現在已經四點十分了，你只剩下五分鐘，如果你想試，那就試試吧！」

我走到電話旁邊，「如果公債現券在最後一小時上漲〇・五點，我可能就太遲了。我看一下S＆P的價位……，黛比！」我打給我在SL＆K的營業員，「我是馬丁。十二月的S＆P期貨現在在哪裡？……漂亮！沒有動，幫我市價買進三十口。」

整個週末我仔細地研究線圖，試著找出公價現券在盤後交易的價格變動，和隔天的S＆P期貨價格之間，到底有什麼樣的連動關係，也試著看看我其他的指標能不能提供更多的線索。結果並不算完美，但大致上，只要債券在盤後交易的價格變動很明顯，第二天S＆P指數也會有類似的波動。更重要的是，這些波動都和我的主要指標：T指標、十日指數移動平均線、動量指數以及KD線等配合得很好。

我等不及要看週一早上的開盤。奧黛莉和我起了個大早，在報價機前坐定。我很確定市場會開高，而事實也的確如此，開在一一九．四。「這就對啦！」我馬上打電話給黛比，「全部賣掉！」

連續二十天，每天印鈔票……

接下來幾天，公債現券在盤後交易時段都沒有明顯的波動。直到九月二十日星期一，我的公債現券指標在盤後上漲了9/32。「奧黛莉，」我說：「機會來了，S＆P指數明天會開高。」

「開高多少？」

「我不知道，得仔細推算一下，我認為至少會開高〇．二。」我在四點十分拿起電話，「黛比，十二月S＆P期貨在哪裡？一二三．四……，好，幫我市價買進五十口。」

黛比在四點十一分回報說我成交在一二三．四五，我等於是買進了總值三〇八六二五〇美元（50×500×123.45）的期貨契約。不過，我不需要投入那麼多的資金，只要用我放在期貨帳戶的國庫券充作保證金就夠了。第二天，我買進的期貨契約開在一二三・六五，並且立刻又上漲了〇・七五。我又對了，並且馬上擁有七千五百美元的帳面獲利。我檢查了一下其他的指標，所有的指標都看漲。「我該怎麼做呢？奧黛莉，我該獲利了結，還是加碼買進？」

「先等一下，今天已經開高，所以你有本錢多等一會。」

十二月期指的價格一路漲到一二四・四才暫時打住。我在一二四・三獲利出場，賺了〇・八五點，相當於二一二五〇美元。當天下午，公債現券的價格又在盤後交易中上漲了$^{11}/_{32}$。所以在四點十分，我又買進了五十口十二月S&P期指。第二天指數開高〇・七點，而我又賺了一八七五〇美元，真過癮！

九月二十三日，公債現券在盤後交易時段下跌了$^{12}/_{32}$。這是該試一試反向操作策略的時候了。「黛比，十二月S&P在哪裡？一二三・八五？幫我賣出二十五口。」我看了奧黛莉一眼，她對我點了點頭。「不，重來，我要賣出五十口，市價賣出！」我對黛比喊道。

第二天早上十點零一分，S&P指數開在一二三。我一開盤又賺進了一八七五〇美元。真棒，我的理論在正反兩面都有效。

在九月剩下的交易日裡，我在市場中進進出出，一下買進五十口，一下又反手賣出五十口，利用德勵的報價機大進大出。雖然在那段時間股價指數整體來說根本水波不興，指數在九月十三日開在一一九・四，在三十日收在一一九・三五。但我卻在這段時間內賺了十六萬美元！一個月之內，我們的財產增加了一倍。

那年十月股市簡直熱鬧極了。十月六日星期三，道瓊工業指數以歷史第二高的漲幅向上勁揚三七・〇七點。每一個在AMEX交易的人都欣喜若狂，大賺其錢。交易場內成交單滿到連地板幾乎都找不到，我更利用選擇權交易海削了一票。但是當其他人在收盤後手舞足蹈地去酒吧慶祝時，我回到辦公室看報價機。「奧黛莉！你看公債現券在搞什麼鬼？不知道十二月S&P現在價位如何？」奧黛莉馬上詢問黛比。

「馬丁，S&P指數漲到一二六・四五了，而公債現券價格也正在往上走。」我的情緒也隨之高昂。我們看著公債現券價格在接下來的半小時內持續走高，到三點半時已經上漲$\frac{11}{32}$，三點四十五分已經上漲$1\frac{2}{32}$了，而且漲勢看來沒有要停止的樣子。我得採取行動了，因為四點時公債已經上漲$1\frac{10}{32}$了！

「黛比！幫我市價買進十二月S&P指數期貨一百五十口！不，買二百口！盡快向我回報成交價。這一票夠我們去拉斯維加斯好好度個假了。」我掛了電話，「奧黛莉，如果這次也像以前一樣有效的話，我們又向前邁進一大步啦！」

第二天早上，S&P指數期貨開高在一二八・七，而我以平均價位一二六・五三總共買進了二百口契約（200×500×2.71＝217,000美元）。天啊！這真是我的一項新紀錄！

在整個十月份中，我來回炒作S&P指數期貨。十月二十二日那天，市場謠傳聯準會直到大選前都不會調降貼現率。公債現券價格在盤後交易中重挫，而第二天S&P期指開低一・八五點時，我手中已經持有一百五十口契約。我在開盤時以市價出場，在一分鐘內賺了一三八七五〇美元。到了十月底，我已經賺了一四〇萬美元。我的腿因為雀躍不止而感到痠痛。二月，我們才剛從窘境中爬了出來，而且剛剛花了四十萬美元買了我們的海濱別墅，當時我們的財產淨值只有一百二十萬美元。現在，在一個月之內，我就把它增加了一倍，在這個月中我所賺的比前半生都要多。我無法形容這種感覺。曾經連續二十天，我們每天從辦公室開車回家時都比前一天富有七萬美元。如果我還繼續當證券分析師的話，一年也不過才賺七萬美元。

突然間，我成了一個三十七歲的「數」百萬富翁，同時還擁有在未來累積更多財富的無限潛力。為什麼？只因為我找到了一個適合自己個性的金錢遊戲，而且從中培養出一套屬於自己的獲利策略。

我是第一個發現公債現券價格和S&P指數期貨價格有連動關係的人，也是少數同時涉足股票、債券、貨幣市場的操盤手。大部分交易者都只在個別交易所操作同種類的金融工具，因此無法發現不同市場間的互動關係。我也是最早利用德勵報價機發現額外獲利機會的S&P期指交易人，真感謝德勵公司，我體現了每個賭徒的美夢——未卜先知！

這是運氣嗎？你可能會這麼想，但這可是在我全心投入研究後所得的智慧結晶！我用所有的時間，找出一些別人看不出來的事，現在我可比約瑟要快樂多了。我有能力照顧家人，並且提供他們終生的財務保障了。

這風聲傳到法老的宮裡，說：約瑟的弟兄們來了，法老和他的臣僕都很喜歡。

法老對約瑟說：你吩咐你的弟兄們說，你們要這樣行，把馱子抬在牲口上，起身往迦南地去。將你們的父親和你們的眷屬都搬到我這裡來，我要把埃及地的美物賜給你們，你們也要喫這地肥美的出產。

——《聖經·創世記》第四十五章十六至十八節

第6堂課 需要改變方向時，別猶豫

我下定決心，但是我在兩方面都下定決心。——洋基名教練凱西·史坦格（Casey Stengel）

在交易場內，我總是無法找到所需的所有資訊。通常只有那些支付報價機器租金的報價員，才有權決定螢幕上該顯示哪些報價。「小雞」在他的螢幕上只放梅沙石油，喬伊只放德士古石油，桑坦吉羅只放迪吉多電腦，沒有一個人在他的報價螢幕上放上所有我需要的報價。

「馬丁，我在樓上的辦公室裡有報價機，」桑坦吉羅說：「只要你想用，隨時歡迎。隨你怎麼用都行。」桑坦吉羅也是一個大操盤手，在盤中總是待在樓下的交易場中忙著軋部位，他雇了幾個助手在樓上，幫他管理部分的資金，也做些較小的交易。當桑坦吉羅認定我是會贏錢的場內操盤手後，他覺得把我留在樓上會是一個好主意。他覺得當他在樓下做交易時，他的助手或許可以從我這兒得到一些好主意和資訊。

我感到很滿意。每天午餐時間，當大部分人外出吃速食的時候，我就拎了個三明治到樓上辦公室裡研究線圖，並讓自己在下午開盤前調整好情緒。辦公室裡，有能提供所有資訊的報價機和一個專線電話，當我想下單的時候，可以直接打電話給營業員。

桑坦吉羅的助手們看到我持續獲利，也開始對我友善了起來。我知道桑坦吉羅叫他們在背後監視我，但是既然可以免費用他的辦公室，而且那些小伙子人也不壞，我就待下來了。既然我下我的單，他們也管不了我，那又有什麼好計較的？在他們監視之下，反而鼓舞了我的士氣。

在梅沙股票選擇權後，我開始操作南非金商股票（ＡＳＡ）。當時通貨膨脹率完全失控，各地的金價都急速上揚，這對擅於抓時機的我是再好不過了。

有一天，我下單給我的營業員肥麥克，叫他買進五十張五月的ＡＳＡ買權，桑坦吉羅的助手們在旁邊偷聽。我從不過問他們在幹什麼，也不確定他們有沒有跟著我下單。當麥克回報成交後，我決定走到樓下的交易場內看看盤面情況如何。我對場內的交易員打招呼時，特別留意了一下成交紀錄，「不對勁，」我對自己說：「我得改變部位才行。」於是，我把我的多頭部位平倉並反手作空，然後走回樓上的辦公室。當我走進去時，桑坦吉羅的助手傑瑞正盯著報價螢幕，他看起來非常憂心忡忡。「天啊！馬丁，市場看起來好像不大對勁呢！」

我看著報價機：「我知道，所以我放空啦！」

「放空！你什麼時候放空的？你剛剛不是還作多嗎？」

「是啊，但是剛剛我到樓下去的時候覺得不對勁，就把部位反轉過來了。」

傑瑞的臉漲成了豬肝色。「你這個混帳！」他咆哮著，從椅子上跳了起來。他拿起辦公桌旁的球棒走向我：「我要宰了你！」他那濃濃的愛爾蘭腔顯得十分尖銳。

「傑瑞，冷靜點！」

「你怎麼可以反轉你的部位？」他仍然一直走向我，瘋狂地揮舞著那根球棒。

「我只是做了該做的事。」我迅速躲在椅子後面：「我得照顧家人，而我的家人中沒有愛爾蘭人啊，你明白嗎？」

他平靜下來，把球棒放回原位後，我告訴他：「聽著，傑瑞，我之所以能賺到錢，就是因為我是一個常改變打法的打擊者。就像打棒球的時候，如果球從右邊來，我就往左邊打。如果我發覺市場換邊走，我會馬上改變操作策略。」

如果你是一個著重進出場時機的操盤手，不論作多或作空都要一樣在行。當市場的情勢轉變時，你不能死抱著部位，然後巴望市場會回到原點。如果你對這點還沒有辦法很自然地掌握，那你所能做的只有不斷地練習、練習、再練習了。

這個建議對生手和業餘投資者並不適用，只對充滿抱負的專職操盤手有效。一般的投資人只要學會買進股票就夠了，他們不必放空，也不需要對此了解太多。放空是業內高手玩的遊戲。

第7章

太害怕虧損，就不會有贏家心態

設定停損的知易行難

還記得那是一九八二年的國會選舉日，奧黛莉和我坐在辦公桌前等著開盤。我們剛剛投完票，卻為自己投的票有著深深的罪惡感。我一直是民主黨的支持者，從小，老羅斯福總統的肖像就掛在我家牆上。但自從我開始賺大錢後，就有點忘本了，這回，我投票給共和黨的候選人。

身為紐約市的居民，我每年的收入中有五七％得拿去繳稅。對我來說，政府貪得無厭地A走我的錢之後，又拿這些錢幹了什麼好事？馬路上還是到處坑洞，地鐵兩旁隨處可見髒亂的塗鴉，到處有人被搶，市政府員工還不停罷工。如果他們真的把錢用在刀口上，我不在意繳多點稅，但當我看到他們把稅金浪費或花在不當的地方時，我決定為自己的荷包投一票——而不是為良心投票。天啊，我愈來愈像個共和黨員了！不過當你開始賺錢賺得像我一樣多的時候，也一樣會這麼做。感謝S＆P指數期貨，我可真靠它賺了不少啊。

在同學會上囂張，回家立刻大賠錢……

自從我開始從事S&P期指交易後，幾乎每個月都能獲利——除了六月回母校參加同學會的那一次。

參加同學會，是觀察一個人是否事業有成的最有效指標。通常，當你畢業十年後，多少能看出誰在將來會成功——學醫的人選擇專科並且已經開始實習；學法律的，則選定專業科目和未來的合夥人；那些做學問的人已經拿到博士學位和助理教授的職位，並開始考慮要不要拿終身職；從商的人也已經完成了在生產和行銷部門輪調的階段，到了升部門主管的年紀了；而那些從事金融業的人，則已經完成建立客戶和人脈的工作，開始採取更進一步的行動了。

等到你畢業十五年時，有些同學會漸漸成氣候。他們不是發現新的醫療技術、贏了一件大訴訟、出版了著名的學術論文、升上了副總裁，就是圓滿完成了一筆大交易；等你畢業二十年時，就幾乎能完全確定誰是那功成名就的人了；到畢業二十五年時，一切都已塵埃落定，你不是坐在總裁辦公室裡邊啜飲雪莉酒邊簽著捐錢給校友會的巨額支票，就是躲在同學會的角落裡喝著啤酒，找人拉拉關係，期待著突如其來的好運。

我顯然是同輩中的明星。我對於自己在過去五年來的成就感到特別高興。在我畢業十週年的同學會中，沒有人認為我會有任何成就。那時我還在赫頓公司工作，一文不名，住在自己的小套房裡，連向奧黛莉求婚的勇氣都沒有。可是在畢業的第十五年，我已經創業，成了百萬富翁，住在一幢豪華的東區公寓裡，還擁有一幢海濱別墅，更別提有個美滿的婚姻了。

我挽著奧黛莉，在校園中大搖大擺地炫耀我的鱷魚皮鞋和名貴的勞力士錶，讓每個人知道我混得好極了。然後，當我一回到家裡，馬上在六月份輸掉三萬五千美元。

還好，到了七、八月，我在海濱別墅又找回了自己的手感，並且賺了三十三萬美元。九月份，我因為發現了公債現券和S&P指數價格間的連動關係而賺了十六萬美元，接著在十月當中又賺進了一四〇萬美元。真是不可思議，一九八二年十月，我已經成了AMEX中最出名的快槍俠了。

老婆坐在我旁邊，是我最大的優勢

那個時候，奧黛莉和我在交易所附近一棟大樓擁有一間辦公室，是我的結算經紀商貝爾・史騰公司提供給我們的。辦公室後面，有一堆抽著雪茄的小操盤手擠在一個牛欄似的空間裡，他們和其他操盤手一樣喜歡大呼小叫。「聽著，混球，他媽的給我報價！」「我才他媽的不管你，我要賣出！」「真他媽的爽，我剛賺了一大票！」……真是一群粗俗到了極點的傢伙。我對菸味非常敏感，對奧黛莉來說也不是一件好受的事，但我們受不了行情的誘惑，更何況我們靠這個可賺了一大堆的錢。

我和奧黛莉的桌子擺成L形，好並肩工作。奧黛莉總是靜靜做著自己的事，傾聽我、觀察我的一舉一動，分享我的感受。她像先知一般，能從我些微的動作和肢體語言中，看出我想要說什麼或做什麼。

我常坐在報價螢幕前沉思，察看移動平均線，或說一些話，像：「市場看起來不錯，S&P指數已經到了反轉點了，這是我的買進區。」而奧黛莉就會說：「馬丁，如果你這麼覺得，就放手去下單吧！」有奧黛莉坐在我旁邊，會加強我對盤面的感覺，是我所擁有的最大優勢了。

我預期，這次的國會選舉日會是一個忙碌的交易日。在美國，總統選舉日通常會休市，國會選舉日則照常交易。但往往由於銀行休市，加上選舉結果的不確定性，華爾街會瀰漫著一股觀望的氣氛。再加上，投資者並不真的確定就算共和黨贏了，算不算一項市場利多。

那次選舉，算是對雷根政府滿意度的檢驗。當時，白宮和參議院都是共和黨的天下，而經濟是選舉的重大議題之一。民主黨大力抨擊雷根主政後，創下美國大蕭條時代以來最嚴重的失業率，並且宣稱一旦共和黨獲勝，將大砍社會福利預算。共和黨呼籲選民「維持現狀」，而民主黨則嗆聲說那根本是「維持慘狀」。民意調查顯示，共和黨將在參議院選舉中有優勢，而民主黨則在眾議院保持領先。我認為結果應該相去不遠，也並不期待市場會有什麼出乎意料之外的結果。

但是，令我驚訝的事發生了。

股市一開盤就跳高，而且道瓊工業指數在收盤時也穩穩地收高一六．三八點。成交量從前一天的七三五三萬股上升為一〇四七七萬股，算是非常大的成交量。後來果如預期，選民決定維持現狀，讓共和黨繼續控制參議院而民主黨控制眾議院。顯然，不管哪一黨獲勝，多頭已成定局。

我在那天早上就已經作多，然後在收盤前轉而放空，因為當市場突然勁揚時，我總是在收盤前漸漸作空，等著獲利賣盤出現。當時道瓊工業指數從那年八月以來，已經上漲了三〇%，而且剛剛才破了一九七三年以來的千點關卡。當天S&P指數開盤在一三七．七，走高到一四〇．九，最後拉回收在一三八．八五，以一四〇．九點作收。我所有的指標都顯示市場處於超買狀態，而事實也的確如此，當天股市先漲後回的走勢，讓我的操作得心應手。而當天報價機上的盤後交易中，公債現券價格並沒有顯示什麼明確的結果，所以我不打算留下任何隔夜部位。

「馬丁，我想要買一件新外套。」奧黛莉在我們準備收拾回家的時候說。我並不感到意外，她才剛和我的岳母大人通過電話。「我明天想休息一天，和我媽一起去逛街。她知道有個皮草商正在跳樓大拍賣，我想去挑一件貂皮大衣。」

奧黛莉穿起貂皮大衣來了？這可真像共和黨的格調啊！沒關係，想要就讓她買吧，這是她應得的。何況，我們才剛剛知道她又懷孕了，就讓這貂皮大衣幫她和我們的孩子抵擋紐約的寒冬吧！「當然好啊！」我說：「我想明天不會有什麼了不起的行情，你就休息一天，和媽一起去買件溫暖的大衣吧！」

大家都說會漲，難道就一定會漲嗎？

第二天早上，我輕鬆地開車上班，因為我不認為今天市場會出現明顯的多頭或空頭走勢。股市開盤，漲跌互見，債券則大漲。原先市場上一直猜測，聯準會將會在選後宣布降息，《經濟學人》雜誌也預測貼現率會調降，所以我就買進了十五口S＆P期指。

不過，我一直有點不確定，因為我所有的指標都顯示市場正處於短線超買的狀態，而且誰知道聯準會最後會做出什麼樣的決定。我往椅背一靠，想和奧黛莉說話，才想起她並不在我身後。我真希望她會打個電話進來，但看來機會不大。奧黛莉和她老媽逛街，才不會想到我。

十一點了，我開始感到有點緊張，市場不停地往上衝。我清楚地聽到身後那些粗俗的鄉巴佬又開始製造噪音。「大頭鬼！一定有人給北方電訊（Northern Telecom）綁上了火箭。」「IBM在動嘍！這列藍色火車也該動了！」「你看看電機股，看看證券股，連那麼爛的股票都在漲耶，動得快到報價螢幕都跟不上了！」「快報價給我，你這個笨蛋！」「去你的，幫我市價買進五千股AT＆T！」……。

我看了一下報價機，看到市場迅速上揚。我該怎麼做？「就像昨天一樣，」我自言自語：「我想平倉。指標告訴我市場已經超買，待會兒就會開始回軟。奧黛莉，我該怎麼做？」當然，不會有人回答我。沒有人能告訴我，我是不是真的想這麼做。

我拿起電話，然後開始下單、放空S＆P期指。「黛比，每支股票都在漲，不過我覺得撐不了多久，現在價位在哪裡？一三九．二？賣掉我昨天早上買的那十五口，再幫我賣出另外五十口。」

可是，市場還是一直往上漲。中午過後，我又在一四〇．〇五放空了另外二十五口，到了下午一點十分，又賣出二十五口在一四〇．四。到了下午兩點，市場開始稍微回軟。「黛比，價位現在在哪裡？一四〇．九五？太好了，我就知道市場已經超買了。再賣出五十口。」

沒想到，下午三點，市場來了個回馬槍，向上勁揚。

完全的、不可思議的自我毀滅

在我的報價螢幕上，公債現券也正在飆漲，而S＆P期指則已經鎖在一四三．八五的漲停價。根據交易所規定，S＆P期指一天只能向上或向下波動五點，一旦觸及漲跌停價，當天就不能繼續交易。

我坐在位子上詛咒奧黛莉和我的岳母大人。買件破貂皮大衣，怎麼會需要花這麼長的時間？我愈焦慮，就愈想說服自己我的看法是正確的。我看著報價螢幕，債券價格仍在上漲。那又怎樣？市場不可能就這樣漲到底吧？市場明明就是超買了呀！到了三點四十七分，離收盤還有二十八分鐘的時候，我打電話給黛比。「現在價錢在哪裡？我問你現在價錢在哪裡？該死！」

「馬丁，市場現在仍然鎖在一四三．八五的漲停價。」

「再賣出五十口！」

「在漲停價？」

「你聽到我說的了！不要再跟我廢話，照我說的去做就對了！」我已經失控了。如果奧黛莉在我身邊的話，一定會給我個耳光，阻止我做出在漲停價加碼放空這麼無比愚蠢的事。在這樣的情況下還加碼放空，真是完全的、無庸置疑的、不可思議的自我毀滅。為什麼她沒打電話來？難道我都快被市場多頭幹掉了，她都不在乎？為什麼她沒有在我身邊告訴我：「馬丁，你知道自己在做什麼嗎？馬上停止放空，然後把所有的空單補回！現在就補！」

更糟的是，我的另一項指標明白顯示，市場走勢完全與我的部位相左，儘管這個指標的可信度幾乎無懈可擊，我竟然全然無視於它的存在。當紐約客看到芝加哥的哥兒們靠著S&P指數期貨大撈一票後，跟著也成立了自己的生財工具——紐約期貨交易所（別稱小刀）。雖然它推出了幾乎完全抄襲S&P指數概念的紐約證交所指數（New York Stock Exchange Index, NYSE）期貨，但是交易量從來都沒有辦法趕上芝加哥交易所S&P期指的業績。NYSE期貨的價位變動，大約和S&P期指成四比七的比例，所以如果NYSE上漲了四點，S&P期指就大約會上漲七點，反之亦然。通常我對於這把「小刀」的動靜並不在意，因為它和S&P期指相較，簡直微不足道。

不過現在，S&P期指已經漲停了，要不是有漲停板的限制，價格恐怕不知道會飆到哪裡去？如果奧黛莉現在也在場的話，一定會冷靜地下單到還沒漲停的NYSE交易場內，把我的部位砍掉。但是她現在正和她老媽逛街買貂皮大衣。

過去的就算了？過去的就算了？

到了三點五十八分，根據我的報價機，NYSE期貨上漲了四・〇五，而且因為它的成交量比較小又沒什麼人注意，所以並沒有漲跌停限制。雖然如此，我卻加碼賣出了五十口的S&P期指。

我要讓交易場那些人瞧瞧，知道誰是交易圈的大哥大！雖然S＆P期指實際上可能已經漲了七點到一四五以上，但我還是在漲停價一四三．八五加碼賣出這五十口。我在轉眼間就每口損失了一千美元，總計五萬美元，真是狗屎。

我完全失去理性。對我而言，所有不利的證據都清楚地擺在我面前的報價螢幕上，而我卻拒絕相信。「NYSE期貨的市場流通性太低了，」我咆哮著：「去他的，它的價格不可能是對的！」毫無疑問的，NYSE的價格當然是正確的，我自己其實也知道這點，但是奧黛莉並沒有在身邊提醒我這個事實。她和她老媽上街去買大衣，我真是快氣瘋了。

等到市場終於收盤的時候，我已經持有二百五十口S＆P指數期貨的空頭部位。我真不敢相信這個事實！當我收拾公事包準備回家時，已經頭昏腦脹，我穿上大衣往門口走去。一個坐在我後面叫雷．古拉（Ray Gura）的鄉巴佬，還在他的座位上結算部位。「嗨！馬丁，」古拉說：「你覺得今天的市場怎麼樣？在三天內就上漲了八％，光是今天就飆了四三．四一點。這可是歷史最大漲幅，你一定削爆了吧！」

「是啊！今天可真是個大日子。」古拉是個好人，也是洋基隊的忠實球迷。他比其他那幾個鄉巴佬年紀都大些、也客氣些，而且總是對奧黛莉非常禮遇。

「我們今天看你在座位上跳來跳去一整天。嘿，你還好嗎？你看起來臉色不大好看呢！」

「喔，我很好。我只是忙了一整天，有點累罷了。」

「嘿，賺錢怎麼會覺得累呢？要是我有一天能賺這麼多，再累都沒問題。」

可惜，我是站在和市場對立的一邊！開車回家的路特別漫長。我從來沒有輸過那麼多錢，也從來沒想過自己會輸這麼多錢。如果以每日市價評估的方法來看我的交易帳戶餘額，光是今天，我就輸了六十萬美元。而且由於S&P期貨在收盤前半小時就已經鎖住漲停，而NYSE則一路繼續上揚，所以明天早上一開盤，我的損失還會持續擴大。

我怎麼會幹出這麼愚蠢的事？

「奧黛莉，你怎麼沒打電話給我？」回到家裡時，我大聲咆哮。「我放空了二百五十口期貨，我們可能會輸掉一百萬美元！」

「好啦，過去的就算了。明天我們再去面對、解決問題吧。反正都已經放空了，你今晚再煩也無濟於事。」

「過去的就算了？說得輕鬆啊！奧黛莉，我在一個小時內賠了快一百萬。你為什麼沒有打電話給我？」

「我和媽整天都忙著挑選皮衣。等到你看見我買的皮衣，你一定會愛死。」

妙極了！我被市場剝皮的時候，她正忙著挑皮衣。這正是奧黛莉最教我感到驚奇的地方：她對我所做的交易，從來不會有情緒性的反應。對她而言，金錢好像並不真的存在，賺錢和賠錢只是我做了一堆交易後所產生的結果。而她往往能假設當我做完所有交易後，賺的會比輸的多，就算其中有一筆交易輸了一百萬美元。

馬丁，你只能接受這個事實了

我得找個懂得交易的人談談，而這個人就是佐爾納。

「佐爾納，你怎麼看？我放空了二百五十口S＆P期指，我真的覺得快掛了。我該怎麼辦？」

「馬丁，你並沒有針對問題來思考。你不能還沒把車先排進空檔，就要從倒車檔直接進一檔。你必須改變部位的方向，你一定得馬上停損。平掉所有的空倉，回到沒有部位的中立狀態。只要你把爛部位先清掉，就能把情況看清楚。」

「佐爾納，但是市場就要反轉了呀。我所有的指標都顯示市場已經超買了，我不能現在砍掉部位，市場一定快要反轉回來了。」

「得了吧！控制一下自己，你不可能比市場更精的。你的指標錯了，價格走勢顯示，市場認為選舉已經結束，而聯準會將會調降貼現率。利率一調降，所有的基金經理人就會開始把資金從貨幣市場轉回股市。當然市場可能會向下掉一點，但你可不能指望著這點，你得平掉所有的部位。相信我，接受這次的虧損。你要記住，留得青山在，不怕沒柴燒！」

「謝謝。我知道你是個了不起的操盤手，也知道你是對的。但是一百萬美元的損失……，這可是一大筆錢。」

「馬丁，你只能接受這個事實了。」

我整夜翻來覆去，不能成眠。為什麼在一切都要上軌道時，總是發生這種事？就在幾天前，我覺得自己像先知約瑟，現在我覺得自己像受到仇視的約伯。而奧黛莉是怎麼搞的？她一點也不知道明天一早我們就要損失一百萬美元嗎？她怎麼能睡得那麼四平八穩？

第二天早上，我對於進辦公室後要平掉所有賠錢部位這件事，簡直憂慮不堪。真希望S&P期指能夠開低，這樣我就能夠再觀望一下。搞不好我的指標都錯了，更搞不好市場馬上就要證明自己是對的，它已經嚴重買超了。但不管怎樣，知道奧黛莉會陪在我身邊的感覺真好。

S&P期指開盤跳空在一四五，比前一天的收盤價上漲了一·一五點。「狗屎！不過沒我想的那麼糟。」我說：「當昨天NYSE期指收高四·一點的時候，我推算S&P期指開盤至少會跳高到一四五·五，所以市場好像比我想得要弱。也許我該在這裡再加碼一倍。」昨天的我或許真的會這麼做，但現在起我要聽聽奧黛莉的意見。「趕快減碼吧，馬丁，快減碼！我們已經討論過這件事了，你得做你必須做的事，現在就做吧！」

當奧黛莉站在我旁邊不停告訴我「降低部位，降低部位」的同時，我開始在市場軋平我的空頭部位。我每多買進一口契約，表示自己可能損失的就更少。在開盤後的四十五分鐘內，我把爛部位完全清乾淨了。我一直想著損失了一百萬，但事實上當我軋平所有部位時，我的總損失才八十萬美元而已。而佐爾納是對的，就在我把部位軋平的同時，開始覺得舒服多了，也鬆了一口氣，氣色也好了起來。

接下來的四週裡，我和市場全力奮戰，把損失的錢幾乎都賺了回來。到了十一月底，我的當月損失只剩下五萬七千美元。而在十二月份，我賺了九十二萬八千美元，總計在那年靠期貨交易賺了超過三百萬美元。我的確犯了大錯，當奧黛莉不在的時候，我失去了自我控制，發瘋似的賣出期貨，直到市場漲停了還不罷手。

這並不重要，重要的是奧黛莉和佐爾納讓我了解到自己的錯誤，並在一切還沒太遲前加以修正。如果當時我沒有軋平那些賠錢的部位，恐怕得花好長一段時間才能恢復元氣。

年底假期來臨前，奧黛莉帶著她的皮大衣回家。那件黑貂皮大衣真是美極了，她把大衣從盒子裡拿出來穿上，像個模特兒般走來走去。「瞧！馬丁，好得沒話說吧！」

我走過去用手背摩擦著大衣上的毛皮。毫無疑問，這件黑貂皮大衣正好可以幫我的寶貝們保暖。「棒極了，」我說：「它可是花了我們八十萬美元呢！」

第7堂課 不要在輸錢後，再把更多錢送出去！

每個操盤手都得面對它，卻只有真正的贏家知道如何處理它。在短期內發生一連串惱人的虧損，這種現象總是一再出現，深深困擾著偉大的操盤手。它使你喪失判斷力，逐步消耗自信心。有時候，它能讓你掉到一個永遠無法跳脫的低潮中。你很確定一定有什麼事不對勁，使自己喪失了對市場的敏感度，再也無法在市場中求取勝利。一旦你身陷其中，會覺得一切的不順利像是永無止境。在大部分這類情況中，你的判斷力和市場節奏感都會消失無蹤，這時你唯一該做的，就是暫時停止交易，先冷靜下來再說。

結束一連串虧損的最好方法，就是馬上停損，並且把自尊心完全從這場金錢遊戲中排除。多年前在拉斯維加斯的賭桌上，我就已經學到了這一課。賭場有句老話：「不要在輸錢後，再把更多錢送出去。」雖是老生常談，卻是至理名言。你必須審慎地管理所擁有的有限資源，並且絕不讓自己產生太大的虧損。許多人在輸錢時會加倍賭注，希望下一把骰子能將所有虧損彌補回來，採用這種策略的下場通常都很悽慘。要停止繼續虧損，最好的方法就是停止交易！馬上停損，立刻停止流血般的虧損！休息一下，讓你的理智控制住情緒性反應。任何時候當你準備再出發時，市場都還會在那裡。

但是請相信我，這麼簡單的建議可真是知易行難啊！一九九六年八月，我正陷入交易生涯中最糟的一連串虧損中，更讓我抓狂的是，雖然我很認真檢討那些造成虧損的交易，但是因為太害怕虧損，以至於我無法以贏家的心態來思考。這種對虧損的恐懼使我的反應速度大幅減低，而一旦我的應對愈來愈遲緩，又讓我面臨更大的交易風險。我所必須做的就是暫時退場、重新充電，但是當時我做不到。當時有個傢伙約我去打高爾夫球，我知道自己得休息一下，於是答應和他打個十八洞，但就在我準備出門時，竟不自覺地想做些什麼——我就是無法眼睜睜地看著市場一路上揚，自己卻未能插上一腳。於是我在出門前買進了十口S&P期指契約，然後因為這個爛部位又輸了二千五百美元。不但毀了我愉快的一天，還再度折損了自信心。

你永遠不該在還沒把車子排進空檔前，直接從倒車檔排進一檔。同理，你得先軋平所有的部位，才能使惡劣的交易情況有所改善。你必須懂得停損！當你對虧損的恐懼逐步上升時，情緒會開始使理智短路，而你對自己的所作所為將不再有信心。停止情緒性反應！冷靜下來！並且靠你的理智重建動能。記住，時間永遠是你的盟友。利用時間來放鬆心情、澄清思緒，重新找回你的能量。

一旦已經執行停損，就坦然接受你所承受的虧損，經過一陣準備階段，等你對交易習慣和操作方法再度感到認同後，就能準備好重出江湖了。重新出發的最好方式就是先少量操作，並把重心放在獲利的穩定性上。千萬不要在重新出發時，馬上想大撈一票。

當我回到市場上時，會找一個很滿意的交易機會，然後少量操作，並且設定嚴謹的停損。如此一來，如果我又犯錯，就馬上砍掉出場。我隨時都在提醒自己「賺小錢、賺小錢、賺小錢」，「獲利、獲利、獲利」。這些都是心理層面的問題，我覺得自己在這方面生了病，而應該借著這些方法使自己得以復原。我極需恢復自信心，因為自信心是成功操盤手不可或缺的要素。我在另一天建立了三口契約部位，這對我來說是小到微不足道的部位，但是我最後卻靠著這三口契約賺了一萬五千美元。我靠著這筆錢在次日又把總盈餘增加為四萬美元，突然間，我再度找回了從事交易的熱度，這感覺真棒！

如果因為某些理由使這種做法沒啥作用的話，先停止交易更長一段時間，然後以更小的部位再度進場。在你能找回所有的感覺，並把一連串虧損所造成的陰影拋諸腦後之前，最重要的就是將資本保護好。連串的虧損是這場金錢遊戲中最不幸的一部分，但如果你是一個紀律嚴明的操盤手，懂得在操作不順時先讓自己退場觀望的話，虧損就會結束，而帳面上就又會出現令人欣喜的獲利了。

第8章

我爹地是冠軍操盤手！

為自信與自尊而戰

在《老千騙局》（*Liar's Porker*）一書中，麥可・路易士（Michael Lewis）提到操盤手總是喜歡想像自己是「賭場裡最神氣的贏家」，但直到一九八三年為止，一般大眾還是無法看出，到底誰才算得上是真正的贏家。

一九八〇年代早期，操盤手是一群活在狹小、隱密又具有宗教神祕色彩生活圈中的人。對一般大眾而言，我們並不存在。我們在市場中殺進殺出，在短短數小時內用別人一輩子都不會拿來做交易的錢，在市場中搏鬥，但這一切並不為人所知。偶爾有一些特殊的案例，像杭特（Hunt）兄弟或比利・索依斯特（Billie Sol Estes）這些人，其實都是在市場輸了大錢才會被媒體報導出來。大致上來說，我們的所作所為都是在別人無法知曉的狀況下進行。除非我們破產或大發特發，否則無法得到一般大眾的注意。

可是在一九八三年，我卻在一份金融期刊裡看到了這樣的一篇廣告：

誰是全國最頂尖的經紀人、投資顧問及操盤手？

和全國最棒的好手一起爭奪這個榮銜吧！

比賽簡章：經紀人、投資顧問或投資大眾均可參加。參賽者將於二月一日被指派一個交易帳戶，如果操作績效優良，可提出個人交易的損益評估表以供評鑒。領先者名單於每月公布，並自二月一日起，以交易帳戶市值增加的百分比作為評審的標準。在交易帳戶的金額方面，股票、股票暨選擇權，以及商品期貨三個項目的參賽者帳戶起始餘額為五千美元，選擇權項目參賽者則為一千美元。

想參加比賽嗎？請電金融操盤手協會。

電話：（213）827-2503

看第一眼，我就知道這是一場為我而辦的比賽。這真要感謝我那值得信任的德勵報價機，它讓我確信沒有任何人像我一樣能成功地操作S＆P指數期貨，而這個比賽將給我一個機會向世人證明這一點。我喜歡競爭，也需要競爭來為我的生活製造活力。我已經準備好向全世界宣示，自己就是那個最神氣的贏家。

我打電話給主辦單位，對方說：「金融操盤手協會您好，我是諾姆．查德（Norm Zadeh）。」

我從來沒聽過查德這號人物，也壓根兒沒聽說過金融操盤手協會這個組織，我確信整個華爾街也都沒聽過，但那又怎樣？「查德，」我說：「不管你是誰，我要報名，我是全國最棒的操盤手，而且也準備好痛宰每一個參賽者。」

後來我才知道，諾姆．查德活脫就像是交易界裡的唐．金恩（Don King，拳壇傳奇經紀人）。就像金恩，禿頭的查德也是一個擁有良好背景又天生擅於自我推銷的人。查德曾經被《賭博時報》（*Gambling Times*）譽為「全國最著名四大賭徒」之一，他曾經是跑馬場的職業賭客，也是職業撲克牌及運動項目賭徒。他在一九七四年出版的《撲克牌必勝賭技》（*Winning Porker Systems*）一書，曾被許多撲克牌玩家視為經典名著。查德曾經引起拉斯維加斯媒體的廣泛報導，不過由於加州大學洛杉磯分校大力延攬，所以他決定待在學術界裡當一名打著領帶的數學家。

根據一篇一九八九年七月十日發表在《巴倫週刊》、由約翰．李休（John Liscio）所寫的文章中指出：「舉辦股票投資競賽的構想，是在一九八〇年代早期由查德提出，他是加州大學洛杉磯分校的客座教授。查德有感於財務學術界人士的實際貢獻非常微不足道，於是決定用這個方法讓那些迂腐的老學究們，了解他們所珍愛的效率市場理論是完全錯誤的。他開始教授一門交易實務課程，利用一個實際存在的期貨交易帳戶讓他的學生操作。當這個交易帳戶的保證金餘額成長了一四〇%，選修這門課的學生人數也由原來的十人增加為八十五人後，查德從此開啟了一道嶄新的大門。」查德把他所舉辦的全美交易及投資大賽分為四大專案：股票、選擇權、股票暨選擇權，以及真正屬於重量級的期貨組。

我參加了期貨和股票暨選擇權這兩個項目的競賽。

就算沒參加比賽，對我來說交易本來就像是一場職業拳賽。我把自己的一天從早上九點債券市場開盤，到下午四點十五分Ｓ＆Ｐ指數期貨收盤為止，分為十五回合。這種想法是模仿ＣＭＥ的做法。ＣＭＥ把每個交易日用半小時為單位來區分時段，並在每個時段結束時，公布該時段中交易所許多的統計數字。由於成交量常會在整點或半點的統計數字將要發布前提高，所以每一個在ＣＭＥ從事期貨交易的人，不論持有部位時間的長短，都習慣以每半個小時為單位來思考當天市場的動態。

我的交易手法，就像一個專打拳賽的拳手一樣，掌握時機是我最重要的致勝關鍵。我會在開盤時以市價敲進、發動攻勢，然後跳回原位。殺進、殺出，在這裡賺一些、在那裡又賺一些。我絕不在市場瘋狂似的波動時進場，因為我從來都不想做危及家庭財務安全的事。我藉著在每一筆交易中獲取勝利，以累積出優於市場表現的操作績效，如果我能的話，絕不輕易把自己陷在一個容易被掃出場的情況中。

我採用的，是一種安全而又一點也不特別的操作方式，藉著這個方式，我既不會有太多大金額的獲利，也不會有太多大金額的損失。在一年中大約兩百個交易日裡，我是累積著合理的小虧損和金額相當的獲利，在這兒賠個五千美元、在那兒賺個六千美元，一輪接著一輪，每天二十、三十、四十次的交易著。而在其他的五十個交易日中則靠明確而一致的決斷力，從債券賺個七萬五千美元、從股票又削個十二萬五千美元，在Ｓ＆Ｐ期指又砍個十五萬美元。時間的累積使我成為一個大贏家，保持每年賺五百萬美元的實力。

你告訴喬，我要給他一點顏色瞧瞧

其實查德設計的這個競賽規則，是違背我的交易邏輯的。這個比賽是開放給所有人，而且規則中限定交易帳戶中的起始金額：在期貨、股票、股票暨選擇權等三個項目中是五千美元，而在選擇權項目中是一千美元。以這麼低的起始資金，在短短的四個月裡，再加上參賽者不限資格，任何一個門外漢都可以把他的五千美元孤注一擲，期待自己能逮到一次好運。

門外漢可以把我不會承擔的損失風險置之度外，放手一搏。當然，我也可以為參賽而操作一個小金額的帳戶，試著用孤注一擲的方式得勝，但那意味著我得改變操作手法，這也是我所不願意的——這種操作方式曾經讓我連續九年屢戰屢敗、虧損累累。現在我已經發展出一套適合我個性的操作方法，不論是五千美元或五十萬美元的資金，我都決定要用自己的方法。

參加比賽的報名費，從股票組的一五〇美元到其他三組的一九五美元不等，第一次比賽只有七十四名參賽者，所以查德沒有因為舉辦這個比賽所收取的報名費而撈到什麼好處。當我問他，如何防止參賽者作弊時，查德告訴我，除了每個月要將操作的損益評估表交回主辦單位外，每個參賽者在進行交易時，都必須打電話到主辦單位，並在電話錄音中留下交易紀錄。

啊！想必這就是他真正想要的東西了。查德真正想做的，或許就是找出國內最棒的操盤手，然後跟著他建立部位。但我哪會在乎這一點？或許除了在CME交易場的那些小伙子外，任何人都沒法從我這裡偷走任何東西。查德或許會想從我這裡偷學些什麼，但是當他發現我在S＆P期指進出的速度有多快、交易的次數有多頻繁之後，他就免了我必須每天打電話報告進出場紀錄的要求，只需每個月交回我的損益評估表就可以了。

在第一輪的比賽結果裡，我在期貨組排名第三，在股票暨選擇權組也排名第三。七十五名參賽者中得到第三名，也不算壞了，可是對我而言顯然不夠好，我要當世界重量級冠軍。於是我馬上參加了第二輪的比賽，時間是從一九八三年的八月一日到十二月一日，共有一百三十三名參賽者，我以六九．二％的報酬率在期貨組中排名第六（第一名是一個門外漢，他的報酬率是三三八．四％）。但是我贏得了年度獲利金額最高獎，而根據最後結算，我所賺的錢比其他所有參賽者的總合都要多。查德不放過這個宣傳的機會，在《巴倫週刊》、《期貨月刊》（*Futures Magazine*）、《投資人日報》（*Investo's Daily*）、《股票與商品雜誌》（*Stock and Commodities*）以及《華爾街通訊》（*Wall Street Letter*）等媒體裡刊登一篇廣告宣布比賽的贏家，並且遊說參賽者參加下一輪的比賽。我喜歡看到自己的名字出現在媒體上，但仍然不滿足，我一定要成為一個貨真價實的「冠軍操盤手」。

榮登一九八三年最佳操盤手寶座的，是四十二歲的法蘭基．喬（Frankie Joe）。他是在紐約證券交易所場內工作的接單員，在期貨組的競賽中以一八一．三％的報酬率得到第二名，在股票暨選擇權組則以七〇．六％的報酬率得到冠軍。我不知道他投資了多少或賺了多少，我只知道他將因此而可以大吹大擂。

我一定要幹掉他！我打電話給查德，告訴他我要報名參加下一次比賽：「你告訴喬，我要給他一點顏色瞧瞧。」

如果你不能相信自己會贏，就不該進這個圈子

自信心，是從事交易時最重要的元素。如果你不能相信自己會贏，就不該進這個圈子。但要注意的是，自信心很快就會轉變成強烈的自尊心。自尊心就像一個疲憊的戰士，需要被按摩、撫慰，並且受到溫和的照顧。而查德這個集騙子、賽馬賭徒、撲克賭徒以及數學家幾種身分於一身的傢伙，對此顯然非常清楚。取得勝利本身就是對自信心受損的最佳止痛劑，但是只有功成名就，才能最有效地撫慰自尊心。

這項全美冠軍操盤手大賽已然成為華爾街的熱門話題。在一九八四年二月一日開始的比賽裡，參賽者多達一百八十五人。《紐約時報》在二月十八日當天的商業版頭版，也大幅報導這項比賽。這篇文章的標題是：「為了趣味和獲利而投資」，並把喬和我的相片刊登出來，標明我們分別是一九八三年的冠軍操盤手以及最賺錢的操盤手，並附上我們的聯絡電話。喬臉上帶著詭異的微笑，而我的相片看起來是個苦瓜臉的猶太人。至於查德，才是這篇報導真正的明星人物，報導中描述他是一個「來自加州的數學家」和「前大學教授」，並說他創辦了這項交易競賽，藉著報名費賺錢。

我才不在乎呢！文章中也有一整段提到我——在「一九八三年全美操盤手冠軍賽交易中賺到最多錢——一四〇萬美元——的人是馬丁・舒華茲。他的期貨交易帳戶成長了一七五・三％。舒華茲

先生是三十八歲的前證券分析師，目前在美國證券交易所擁有一個交易會員席位。他向本報表示：『成為一個贏家的先決條件是，先學會如何輸錢！』」

有一句義大利俗諺說：「報復的最好方法，是為仇人端上一盤冷掉了的好菜。」我迫不及待地想把《紐約時報》上的這篇報導影印數百份，然後把它們很醒目地貼在金字塔公司的各處，我要確定他們看到這篇報導，希望他們在知道我有機會為他們賺到那麼多錢，可是他們卻在背後捅我一刀、把我趕走時，會痛哭流涕。可是我其實並不需要這麼做，因為二月十九日我接到了內線史基尼的電話。史基尼和金字塔公司的人通過電話並知道了一切。「馬丁，我跟你講一個笑話。那個大祭司和先知兩個人正在商量，怎樣可以讓你幫他們操作一些資金呢！」

「告訴他們，如果哪天他們把紅海分開的話，打個電話給我。」好一個查德，謝謝他辦了這個比賽，這真是長久以來對我的自尊心最棒的撫慰。

這項比賽後來愈來愈受歡迎，以至於查德開始每個月在著名的財務金融期刊上刊登廣告，報導比賽現況。這個做法吸引了更多人的興趣並創下知名度，特別是我和喬開始為冠軍頭銜而激戰的事為人所知後。

我們的成績非常接近，艱苦纏鬥了幾乎三個月。直到五月中旬，喬打電話給我——在這之前我們從來都沒有交談過——「馬丁，」他說：「我受夠了，我投降，我一定得去度個假才行。」這回我贏了！我跟奧黛莉說：「我們去慶祝吧！喬現在要去度假，我們也可以跟著休息一陣子、度個假了。」

但我萬萬沒想到的是，原來喬用卑劣的手法偷襲我！他在號稱投降、跑去度假的這段期間內，其實一直繼續交易，在只剩下一天比賽就截止的狀況下，他領先了我〇・一個百分點。〇・一％？這看來令人不敢相信，但已經夠讓他拿來大肆宣傳了。我再度被人從背後捅了一刀！我打電話給查德：「我正式宣戰！」查德當然高興得不得了，他馬上打電話給《華爾街日報》，說我和喬之間的纏鬥已經演變成私人恩怨了。

最後一個比賽日，我全力反擊。直到四點十五分收盤為止，我不停地放空S＆P指數期貨。當收盤鐘聲響起時，我以三・四％的差距擊敗了喬。經過四個月的交易，我將原先帳戶裡四十八萬二千美元的起始資金，增值為一百二十萬美元，總報酬率二五四・九％。喬則將他原來五千美元的資金增值了二五一・五％。一九八四年六月七日，《華爾街日報》在一篇報導中以下面這句話作結語：「查德先生計畫在八月一日開始下一輪競賽。喬，這位四十二歲的職業操盤手說他可能不會再參賽了，他表示『我的內心已經像一個八十六歲的人一樣蒼老了』。但是舒華茲先生將再度試圖衛冕，他說：『我將會擊敗所有人！』」

我的確辦到了！我在下輪比賽中以期貨項目四四三・七％的報酬率擊敗了二百六十二名參賽者。喬並沒有參加那次的比賽，並在不久後因為心臟病而過世。從事交易是一件充滿壓力的工作，尤其當你知道每個人都盯著你的一舉一動時更是如此。看來，喬所說「內心已經像八十六歲那般蒼老」的話所言不虛。不管在任何時候，每個操盤手都有相同的感受。

把他鎖在一個房間裡，再給他幾支電話……

隨著日子一天一天過去，我發現，查德不只是利用比賽、跟在別人後面建立部位，在舉辦這個全美交易競賽後，他很快便在全美國人面前成為研究成功操盤手的專家。擁有這個名聲，至少可以為他帶來三大好處：第一，他可以藉著替投資人媒介資金操盤手而收取高額費用。第二，他成立了自己的基金，並且招攬參賽的年輕操盤手幫他操作募得的資金。第三，他發行了一份名為《頂尖操盤手彙報》（*Summary of Top Winners*）的市場行情分析刊物。

但我一點也不在意他幹了什麼。因為藉著這項比賽所建立的名聲，我在一九八九年也成立了自己的基金。當我開始操作投資大眾的資金後，就放棄繼續角逐冠軍了——操作OPM（Other People's Money，別人的資金）對我來說，已足以提供我所需要的激勵。一直到一九九二年，我決定重出江湖。

我打電話給查德，告訴他我將像所有偉大的拳手一樣重新回到擂臺上，準備贏回我的冠軍頭銜。李休在《巴倫週刊》上宣布我重回戰場的消息，在報導這件事的專文結尾寫道：「在花了一個星期的時間和馬丁閒談並觀察他的交易狀況後，令人無可置疑地，這個曾經被大家推崇為S＆P期指交易場內的巴比．費雪（Bobby Fisher，世界西洋棋冠軍）的人，依然是一代宗師。只要把這位偉大操盤手鎖在一個房間裡，給他幾支電話、幾個報價螢幕和少量的現金，一天之內（通常不需要那麼久），他仍將擊敗對手、登上頂峰。」

他是對的。一九九二年我重出江湖，並在五十萬美元資金以上的期貨交易專案中，再度奪回我的重量級王冠——全美投資總冠軍。查德仍然不改他完美的宣傳者作風，總是不停地在各個項目上再衍生出更多的小項目，因為更多的贏家意味著更激烈的競爭、更多的參賽者，和更多的收入。奪得這次的冠軍頭銜後，我決定正式退休，急流勇退。

沒多久，查德也突然毫無預警地把這項比賽給停辦了。根據一九九六年十二月二十六日，一篇刊登在《華爾街日報》上標題為「馬路消息」的文章中指出，「證管會對於該項比賽主辦單位的一連串調查，和競賽的停辦時間相當接近。一般相信，證管會的調查是造成競賽停辦的主因。」很顯然地，查德之所以引起證管會的關切，是因為他「未能對投資人的財務狀況深入了解，就引薦給資金經理人」。此外，他對外宣稱交易競賽的結果都是「可資查證」這點，也替他惹了麻煩。

在交易競賽進行期間，查德自己也是交易圈裡的主要玩家。但由於他同時扮演了多重角色——比賽的主辦者、投資顧問、資金經理人、行情報導刊物的發行人，以及投資者——留下太多值得讓人仔細調查或批評的地方了。查德，這個被《華爾街日報》形容為「一個在史丹佛大學和加州大學洛杉磯分校擔任客座學者的應用數學家」，承認他在查證競賽結果時可能產生了一些疏失，「但查德先生堅稱他個人的多角化事業並不影響比賽的客觀性。」

我才不在乎呢！許多財務金融專業刊物裡有介紹我的文章，我的名字廣為社會大眾所知；而對我的自尊心最具安慰作用的，是我在競賽中的表現讓自己在家人、朋友及投資界裡都奠定了深厚的名望。查德將我從黑暗、孤獨的辦公室裡猛然推向舞臺中心，成為眾人注目的焦點。

一九八九年七月，我剛結束在亞斯本（Aspen）的假期，正在紐約拉瓜地亞（La Guardia）機場大廳等著拿行李袋。我拿起一本《巴倫週刊》不經意地翻閱時，看到一篇由李休所寫的專文，介紹查德的交易競賽，頁面正中央有一張我坐在辦公室裡的大幅相片。我把那張相片拿給我的兩個孩子看，他們分別是四歲和六歲，正好大到會開始奇怪我為什麼不像別人的爸爸一樣穿著西裝、打著領帶，做著「正經的工作」。而我問他們：「那是誰？」他們說：「爹地！爹地！」

當他們漸漸長大，別的孩子開始問起他們的老爸是做什麼維生的時候，他們可以回答：「我爹地是冠軍操盤手！」這才是我最介意的事。

第8堂課 贏之前，先找到自己的「認輸點」

最棒的交易工具之一就是停損。停損表示你能將情緒性反應和自尊心分開，並且承認自己的錯誤。大部分的人在做這件事時都相當困難，而通常他們不會把輸錢的部位賣掉，反而雙手合十、期盼市場會反轉回來，照他們認為「應該出現」的走勢發展。這種態度通常會造成自我毀滅，因為就像資深技術分析員喬．格蘭威爾（Joe Granville）說過的：「市場根本不知道你作多還是作空，它對此毫不在乎。」你是那個唯一會對自己的部位滲入情緒性反應的人。市場的走勢，只不過單純反映供給與需求的變動而已。如果你為市場的走向而歡呼，就必然有某個人在市場走勢不利於你的時候歡聲雷動。

接受虧損是一件非常困難的事，因為停損不啻承認自己犯了錯誤。但是在金融市場裡，犯錯是不可避免、必然會發生的事。在進行每一筆交易的同時，你一定要預先設立「認輸點」，只要這個價位一到，就停損出場，而你必須要修練自己在這個點達到時，切實執行停損。

有一天，我和朋友出門打高爾夫球，打球時他不停為自己在海灣網路（Bay Network）這支股票賠了大錢而唉聲歎氣，一直表示他不知道哪裡做錯了。他在那支股票的市價還在三十幾美元時就聽到風聲，但是在他忙著找這檔股票的各種報告研究時，股價已經漲到四十幾美元。他在股價拉回到四十三美元時進場承接，在股價續跌至三十五美元的時候，他犯下了操作大忌，加倍加碼買進。然後就坐在那兒無助地看著他心愛的股票，跌到十幾美元一股的價位。「更讓我氣昏的是，」他說：「這檔股票在跌勢中曾經強勁反彈過幾次，而我卻沒有砍掉部位，只是坐在那兒看著我的錢縮水。」

「你原來的計畫是什麼？」我問他。

「我的計畫？我要抱著這支股票直到它回到五十元為止啊。不然要怎麼樣？」

這就是門外漢的問題所在了。他們只有一半的計畫——簡單的那一半。他們知道自己預計要賺多少錢，但是對於準備輸多少可是一點概念都沒有。他們就像上錯了馬路的鹿，眼睜睜看著迅速接近的車燈發愣、不知所措，只是呆呆地站在原處等著被車輾過去。他們對處於虧損部位的唯一計畫就是：「老天爺，求求你！讓我能夠逃過這一劫，我再也不會犯同樣的錯了……。」但這完全是狗屎！因為如果好死不死他們的部位又回到原價，他們馬上就會把老天爺忘到九霄雲外，開始覺得自己真是天縱英明、交易奇才，然後再度犯下同樣的錯誤。這表示他們一定又會再度套牢，而且被套得更慘。

大部分人沒有辦法了解的一點，就是當你正在輸錢的時候，也正開始喪失客觀性。就好像在拉斯維加斯的骰子賭桌上，當你正在輸錢時，一個穿著亮片裝的胖女人搖著骰子準備出手，而你下定決心不讓她贏你的錢一樣。你忘了她才不管你是輸是贏，只是在玩她自己的骰子賭戲罷了。不管任何時候，當你開始感到嫉妒、情緒化、貪婪或憤怒時，你的判斷力就會大打折扣。市場就像那個搖著骰子的胖女人，它才不在乎你在幹什麼呢！這就是為什麼當你到達停損點時就該放下自尊、軋平賠錢部位的主要原因。如果你和大多數的人一樣，在這方面有無法克服的困難，就該學學希臘神話裡的奧德修斯（Odysseus），把你自己綁在船的桅杆上，利用自動執行的停損指令來幫你把情緒阻隔在這場遊戲之外。（譯註：奧德修斯把自己綁在桅杆上，以防被海妖迷失心智而跳海。）

停損可採兩種方式執行：在你的經紀商那裡放一個設定價位的停損指令單，或在你自己心中設定一個價位，不管發生什麼事，只要價位一到就執行停損。不論你使用哪種方法，停損是一種自我保護的投資，因為只要你對行情的看法是錯誤的，停損將使你免於因保留虧損部位而遭受更嚴重的損失，讓你不至於掉進一個可能愈挖愈深的無底洞，更可以保留東山再起的實力。停損會自動把你的腦袋從負面思考拉回中性的思路中。雖然在停損後，你的錢不會回到原點，但是心智將回到能夠重新組織和產生新點子的狀態，不再因為虧損部位而使腦筋停滯不前。

你在一筆交易中虧損愈多，客觀性就變得愈低。迅速地從一個賠錢的交易中脫身，可以使頭腦清醒，並使客觀性得以重建。在片刻的喘息後，如果你能夠客觀而理性地證明原先的想法依然可行，可以重新建立同樣的部位，但要隨時提醒自己，市場上多的是機會，不一定非要單戀一枝花。藉著停損，你的交易資金得以保護周全，你也因此爭取到下一個高獲利、低風險交易機會的參與權。

| 第9章 |

保護自己，避免提早陣亡

什麼事都可能發生的期貨市場

「所以，舒華茲先生，如果我們批准了您的申請，您計畫採用什麼方式來付每月的管理費？」說這話的人，是公園大道大廈住戶管理委員會的主席。

每月的管理費？他到底在說什麼？我們正打算砸下三百萬美元的現金來購買一個位於七樓、有十二個房間的公寓，而現在這傢伙竟然想知道我們是否負擔得起每個月的管理費？

「您從事商品期貨交易的工作，」這傢伙繼續發表高論：「那不就像賭博一樣？我們只是想確定這裡所有的屋主財務狀況夠穩定，我們不想到時候得要您搬出去。」

我望著奧黛莉。她臉上憂心忡忡的表情，就像看著我去玩高空彈跳時一樣。

我深深吸了一口氣，然後說：「從我的申請表裡，你可以看出我在過去五年來每年都維持七位數的收入，而我們的淨值目前是九百萬美元，我一點也不覺得在未來會出什麼差錯。」

「不過，什麼事都可能發生啊！市場是非常難以捉摸的。」天啊！我真討厭這種悲觀論者，他們都是標準的輸家。「這樣吧，」我說：「如果會發生什麼事的話，我想你只好要求我們搬走。畢竟，你得做該做的事嘛！」

那是一九八四年十一月，我們坐在那個主席家的客廳裡，在座的還有住戶委員會另兩位資深委員。這三個老傢伙是新住戶資格審查委員，如果沒有他們的批准，誰也別想搬進這幢大樓。他們在深度鏡片後面瞇著眼看，像老船長挑選水手一樣地打量著。如果我們被接受的話，奧黛莉和我就會是這幢大廈裡最年輕的住戶。

我知道自己夠有錢，而且我以為這場面談只是來拜拜碼頭。但這下我懂了，他們想讓我們知道誰是這裡的老大，而且不是任何人都有資格成為這裡的住戶。

「是的，」主席說：「如果你們沒有辦法按時繳交每個月的管理費，恐怕我們就得請你們搬走。」其他兩位委員也點頭表示贊同。「既然大家都把話說清楚了，就讓我們歡迎兩位成為本大廈的新住戶吧！」

享受辛苦工作的甜美果實

奧黛莉那時已經懷了三個月的身孕，那是我們的第二個孩子，也是為什麼我們決定搬家。

老實說，把三百萬美元的現金——相當於所有資金的三分之一——用在買這幢公寓上，不是太聰明的財務決策。但話說回來，這也不是我們第一次幹這種事了。在過去的兩年中，我常常對自己說：「哎呀！我怎麼會把三分之一的資金用來買那棟海濱別墅？如果我把這些錢拿去投資基金，現在就增值到一百萬美元以上了。」

這是一個許多操盤手常會掉進去的陷阱：大部分風雲人物型的操盤手在真正到達事業頂峰前，很少有機會嘗到辛苦工作後的甜美果實。而且在大多數的例子中，他們根本從來都沒有機會享受交易的成果。對他們而言，賺錢本身就是最大的回報了，因為在他們的心目中，金錢就代表了力量，而這種力量是滿足自尊心的唯一方法。

但我對權力可一點興趣都沒有，我只想在一路向上攀升之時，同時享受我努力的成果，所以一點也不介意花大錢。我想，這有什麼大不了的？我在S＆P期貨交易中找到了我的印鈔機，而且我印鈔的速度愈來愈快。當有一天你拿著自己親手賺來的錢，大把大把消費時，就會知道那感覺有多棒。老實說，我一點也不介意讓別人知道我的確賺了很多錢。

一九八五年四月四日那個星期四早晨，是我們預定搬家的日子。排在那天搬，是因為第二天是復活節假日，市場都停止交易，我可以利用這個機會把新家整理好，以便在下週一就可以用來做交易。但沒想到，公寓的原住戶通知我，搬家工人沒來，希望我能延一天再搬進去。

我是那種在和別人簽了契約後就言出必行的人，不過顯然不是每個人都如此。我們雇的搬家工人帶著家具，呆坐在公寓大樓外，我能怎樣？我簡直氣壞了，他們一天沒搬走，我們就一天沒辦法搬進新家，而我也沒辦法在下週一開盤前把辦公室準備好，而且還得聯絡電話公司和報價系統公司的工程人員重新安排架線裝機的時間。照這樣看來，我下週末能開始在新辦公室工作就該偷笑了。

幸好，我本來就不打算在那段期間做太多的交易。經驗告訴我：不要在老婆生產前一個月到後兩個月之內做太多交易。當老婆的荷爾蒙發生重大變化的時候，你得把自己保持在最佳狀況。如果你是一個好丈夫，不會在那種節骨眼，還在晚上回家後研究圖表和技術指標。在她生產前一個月，你得陪著她去上拉梅茲無痛分娩課程，學著在生產時要面對的種種狀況。在她生產後的兩個月內，孩子變成你生活的重心，日常的生活規律都因此不正常。你沒有時間吃晚餐，沒有辦法睡得好，什麼事都沒辦法做。一個晚上要起床二至四次，你也搞不清楚有沒有把尿布穿反了。你總是感到疲倦，同時也無法集中意志思考。我們的女兒是在一九八三年六月七日出生的，而我在五至七這三個月份中，總共輸了十五萬美元。

現在，不但第二個孩子即將出生，我們還正為了搬家的事忙得天昏地暗，亂成一團。但我們終於還是在星期五的下午搬了進去，奧黛莉已經懷了八個月身孕，但整個週末她還是馬不停蹄地打開紙箱、挪動家具、發號施令，試著在小傢伙誕生前把家整理好。

我漸漸開始感覺到，這個房子可真要花掉我一大筆錢才能搞定。不過我並不擔心，只要一切安頓妥當，讓我可以重新開始交易，我確信可以從S＆P指數期貨這棵搖錢樹上，賺到我的新廚房、新浴室、新窗戶，還有每個月都得付的管理費。

有人找我打架，結果原來是要我去芝加哥做期貨

有一個老掉牙的笑話說：「某天有人找我打架，結果原來他是要我去芝加哥做期貨。」芝加哥基本上仍然是草莽氣息很重的地方，CME的交易規則也不像拳賽規則那樣明確，交易場內的那些傢伙更不是什麼善男信女。作風強硬和人脈良好，比為人誠懇和名校學歷更重要。

此外CME也不是局外人玩得了的。如果你不是圈內人，常常就得付出代價。在紐約，如果你是金主，就自己進行交易；而如果你是經紀商，就替客戶下單然後賺取佣金，這是紐約的遊戲規則。

但是芝加哥可就完全不是這麼回事了，芝加哥的交易所允許一種名為「雙重交易」（Dual trading）的行為，所以一個經紀商可以同時扮演金主和經紀人的角色。就因為他們可以同時擁有自己的帳戶，並接受客戶的下單委託，其中就造成了嚴重的利益衝突，並且使得一種名為「偷跑」（Front running）的交易手法大行其道。

所謂偷跑，就是經紀商偷偷把自己的交易指令，比委託客戶的指令更優先執行，通常他們會找一個自己人站在身旁作為內應，在確定客戶的委託指令排在自己的指令後時，從旁接應圖利。最簡單的例子，就是當經紀商從客戶那裡接到一個買進十口S&P期指的委託後，那個內應馬上就會在同樣價位喊價買十口，只要買到了，馬上可以用同價位賣給接到委託的經紀商，最糟的狀況下，那個內應也可以損益兩平。可是如果在他買到後價位往上漲，則他馬上就有一筆無風險的獲利，而客戶則會收到經紀商最常給的「未成交」（Nothing done, ND）交易回報——這時那個內應想必已經

和同謀在分錢了。（譯註：此經紀商是指「場內」經紀商，而非仲介經紀商。）

所以，你常常會在下了單後，明明看到價位被觸及好幾次，但是那份蓋著大大的「未成交」的交易回報還是會到你手上。長此以往，大把的鈔票就進了那些傢伙的口袋，直到你換掉經紀商為止。如果你的經紀商有點良心的話，可能會回報部分成交，這起碼表示他還有幫你盡點力。

你或許以為，場內經紀人一定會使出全力幫你執行交易指令，因為他們應該是靠執行交易來賺取佣金才對，但其實他們以偷跑的方式賺到的錢，可比幫你執行交易所拿到的佣金多太多了。在紐約，偷跑是很罕見的行為，但在芝加哥，這種行為簡直已經發展成為一門藝術了。

在CME剛推出S&P期指的頭三年裡，價格波動並不像現在那樣迅速，而我總喜歡使用一種我稱之為「手風琴」式的操作策略。當我認為市場價格已經接近我的買點時，我會放一個五十口的買單，分成十筆，以每筆間隔的方式，試圖在市場探底時在不同價位逐步建立部位，而不是把所有的單量都放在同一價位上。如果在多頭部位建立後，市場果如我所料的上漲，我就會設定一個合理的目標價位，並且也以分批分價的方式獲利了結，試著讓市場的最高價恰好只高過最後一筆賣單一點點而已。我甚至可能在獲利價附近用同樣的方式漸近放空期指，然後在低檔再以同樣方式獲利了結，並一再重複使用相同的方法進行交易。如果指標正確的話，我都會使用同樣的分批分價方式從事交易，分批分價式的操作手法是可行的賺錢妙方，而且如果我的核心部位方向正確的話，它的操作風險是非常低的。

狗屎！站在我背後的是你小舅子！

我曾經和一個名叫東尼（Tony D.）的經紀人合作，他有個叫桑尼（Sonny J.）的小舅子，是東尼身邊的內應。在我們合作不久後，我就開始懷疑當我使用分批分價交易時，桑尼總會在我之前搶先建立部位。我盯著報價螢幕，看到我設定的買價成交了好幾次，但是東尼卻一直沒有打電話回來做成交回報。

這種情況不斷發生，我開始奇怪為什麼我下的單總是最後才成交。我並不是菜鳥，我在AMEX交易場內做過好幾年交易，但是在AMEX做交易和芝加哥比起來，就好比玩賓果一樣單純。在CME場內，並沒有像「小雞」那樣的作價者創造市場價格，所以在CME你根本沒辦法確定交易指令是否按照秩序在執行。

場內經紀人的偷跑行為，只是你想在CME賺錢所必須面臨的障礙之一。在CME，所有的交易都透過公開喊價的方式完成的，場內操盤手都會喊出他們的買賣價，並利用手勢來進行交易。這種交易方式造成許多糾紛，特別是在市場變動非常劇烈的時候。「藍尼，我們不是已經成交了嗎？」「沒有啊，我剛剛是和你身後的那位老兄成交耶！」「狗屎！站在我背後的是你小舅子。」交易所的會員就因為如上的糾紛而衝突不斷，各種醜陋和不規矩的行為時有所聞，但這是你在那裡做生意一定得付的成本，如果不小心防範，那些傢伙可真會找機會狠狠咬你一口。

在CME還設有交易場內委員會，成員通常是由那些交易所內的大人物擔任，並藉由委員會來制裁不法的行為。可是很不幸的，這就好像讓球員兼裁判一樣荒謬。

有一天，我認為市場即將見頂，所以打電話給經紀商叫他幫我放空，「在〇・五幫我賣出十口」，我看著報價螢幕顯示著〇・五五成交、〇・五五成交，表示市場已經至少在〇・五五成交了兩次，但是我卻一直沒有得到成交回報。然後，就如同我的指標告訴我的，市場價格開始下滑，〇・四、〇・三、〇・二……。我那十口空單是怎麼搞的，為什麼沒有成交？不能在最好的價錢成交是一回事，可是一口也沒成交就太離譜了！何況，市場價格已經跑掉了。

足足有十分鐘，對我來說就像一輩子那麼久，沒有人能告訴我到底委託指令成交了沒有。我對著電話那端的經紀人瘋狂地大吼大叫，因為市場已經跑了那麼遠，而我竟然還沒辦法知道我的部位到底怎麼樣。最後，我的場內經紀人告訴我那兩個在〇・五五價位的成交已經被「取消」，而且我放在〇・五價位的委託單也沒有成交。

我打電話給CME的法務部門，告訴他們我受夠了被他們惡搞，並且要求這件事列入紀錄。他們說會調查，不過可想而知，我並不是他們那個圈子裡的人，當然石沉大海。

從事交易這三年，我了解到CME是個自成一格的獨立世界，而我也開始接受一個事實，那就是除了賺錢養活自己的家庭外，我還真幫助了很多芝加哥家庭呢！除非我搬到芝加哥，並且親自到CME交易場內做交易，否則對我所面臨的狀況可是一點辦法也沒有，還是得在交易時承擔相當的交易差價。這種交易差價，就是你在芝加哥做生意得付出的代價。

第一年，就成了期指交易場的大玩家

為了要在CME從事交易，我還得找一家結算公司。一直以來，想要找一家理想的結算公司就不是一件容易的事。在期貨市場裡，所有的交易都是以市價評估的方式處理，也就是說在每一天收盤後，結算公司將當天所有的交易都傳送到交易所的中央結算所進行結算，並將所有的帳戶都以現金基礎加以結算。如果你產生虧損，帳戶就會被扣帳；如果你今天有獲利，則帳戶中就有進帳。不同於股票交易的是，你是否還持有部位並不會造成任何差異，因為每天每個帳戶都是以現金基礎結算，到了次日，所有的帳戶損益狀況都將歸零，依該營業日當天的損益再做市場評估，然後結算。這種現金結算的功能，也是S&P指數期貨之所以能夠推出的主因。試想，如果沒有現金結算制度，我們怎麼可能在期貨到期時，拿一個S&P指數的股票組合進行實物交割，那可是一個包含了五百檔股票的投資組合呢！

黛比在SL&K這家結算公司真的做得很好，也幫了我很多忙，但是SL&K的佣金收費實在太高了。在我從事期貨交易的第一年裡，我已經成為S&P期指交易場內的大玩家。我總共成交了二萬五千口的來回交易（round turns，一趟進出稱為一個round turn），這是當年S&P期指年成交量的〇．五％，一個十分驚人的數字。我就是靠著在市場裡不停進出操作而獲利，SL&K收我每個來回二十五美元的佣金，一年下來總額超過六十萬美元，相當於我從事S&P期指交易獲利的二〇％。第一年過後，我向他們要求更優惠的費率，但是SL&K不答應轉換成別人願意提供給我的低費率，所以我只好換個結算公司。

事實上，在場內交易商的成交差價和經紀商的高額佣金之下，我仍然能夠淨賺三百萬美元，正代表了我的交易方法有多麼好。S＆P期指是我最擅長的遊戲，芝加哥也成了我不得不交易的地方。我在一九八三年拿下一席指數選擇權交易會員（Index Options Membership, IOM）資格。對一般的操盤手，CME在每一筆成交後都收取一美元的規費，而一個交易會員席位的收費是五萬三千美元，這對我這種交易量龐大的操盤手而言真是划得來，因為以每筆交易收一元計算，我一年就能把會費賺回來。不過就算具有交易會員的資格，我還是得找一家結算公司來結算我的交易。

一個在期貨市場播種的農夫

有一些小型的結算公司經常打電話給我，想跟我做點生意。基本上，你只要在交易所買下一個交易會員資格，弄幾支電話，再籌足一些營運資金就可以開一家結算公司。所以許多CME裡的小操盤手都乾脆自己開結算公司。藉著這個方法，他們就可以省下自己交易時的手續費，同時還可以從別人的交易中賺上一票。我卻喜歡把我的錢放在一家大型、資本雄厚，並且設在紐約的結算公司裡，而且這家公司愈少涉足期貨市場愈好。對那些不懂期貨的大型結算公司而言，期貨只不過是西部農夫在搞的玩意兒。而我正是一名農夫，一名正打算在芝加哥期貨市場開始播種的農夫。

一九八四年三月，我接到黛比打來的電話。她已經回到她的老家芝加哥，並在當地一家小型債券操盤手馬庫錫（Marcucci）兄弟所成立的結算公司工作。這家公司的名字叫做拉薩爾（Third LaSalle Services），之所以取名叫拉薩爾，大概和芝加哥最重要的金融區地標拉薩爾街有關，而這條街就是以十七世紀法國籍的開拓者拉薩爾（Sieur de La Salle）命名的，他靠著奪取原住民的動物毛皮，建立了芝加哥的交易典範。

拉薩爾公司同時擁有CBOT和CME的交易會員資格。黛比和馬庫錫兄弟認識也有相當長的一段時間，她告訴我，這家公司的人都是好人，絕對不會占便宜。所以我和總裁傑克．馬庫錫談了一下，他告訴我如果把單子下到拉薩爾的話，他們就指定黛比為我的專責場內接單員，而且每一趟來回交易只收七．五美元。這可是我在芝加哥所知道最好的價錢了，更何況我和黛比這些年來合作愉快，也清楚她的人品和能力，更無法抗拒這麼有吸引力的費率。

雖然芝加哥那些傢伙在華盛頓頗有影響力，但是期貨交易的主管機關商品期貨交易管理委員會（Commodity Futures Trading Commission, CFTC）很清楚芝加哥那種草莽氣息。在該委員會批准期貨交易可以採用現金結算而不一定要實物交割後，他們很擔心投資人會被結算公司給坑殺了。大部分小規模的結算公司都以有限的資金設立，肩負著保證期貨市場財務穩定的重責大任。CFTC要求每個投資者存入履約保證金來保證帳戶資金充足。這種履約保障金分成兩大部分，其中一種是用來結算實際交易的現金帳戶。這種帳戶不受法令規範，這表示雖然帳戶中的現金屬於客戶，但是結算公司卻有權動用。

結算公司對於一筆資金最好的投資方式，就是從事「附買回交易」（Repurchase Agreement,

Repo）。所謂附買回交易就是一個投資者藉著買進證券，並事先約定在未來到期時，借錢的一方將以較高價格買回該證券的方式進行投資。許多銀行和存貸款機構都利用附買回交易，來配合美國聯準會的存款準備金和相關規定。這些附買回交易都非常短期，通常是隔夜的交易行為，但它們倒是為結算公司提供了另一個賺錢的管道。

第二種型態是「履約保證金」（regulated account），這就屬於主管機關所管轄的範圍。這種帳戶是以在結算所裡存入證券的方式存在，一旦現金帳戶的資金不足以結算當天收盤後的帳戶損益，或客戶保證金不足時，結算所就有權動用這個帳戶。在這個法令管制下，帳戶內通常都以短期國庫券為主，所以穩定性相對較高。此帳戶可算是期貨市場的救生艇，如果市場發生嚴重財務危機，帳戶中的國庫券就提供了各種款項的支付保證，而且根據ＣＦＴＣ的規定，芝加哥的傢伙可沒有辦法動用這些帳戶裡的任何一毛錢。只有在客戶沒有按時支付追繳保證金時，結算公司才可以動用這個帳戶。

除了較低的稅賦和較高的財務槓桿外，履約保障金是期貨交易更吸引我的另一個重要因素。我是個一直保持獲利的贏家，所以從來都不必在現金帳戶中放一毛錢，而根據我和拉薩爾公司達成的協議，我可以和他們協商存在法令管制帳戶中的最低金額。以我的個案為例，我只要存一百二十萬美元的國庫券在帳戶中，更棒的是，我還可以從這些國庫券上面賺取利息。如果我操作的是股票，就得付錢支付價款，因而產生了資金成本負擔。但是在期貨市場裡，只要我保持獲利，就一點也不用擔心資金成本的問題。對我來說，這可算是一個雙贏的結果：我一方面從充作保證金的國庫券中賺得利息，同時又在期貨交易中保持獲利。

在我搬到公園大道公寓後的那年，都是和拉薩爾公司合作，我對於彼此之間的關係也相當滿意。像黛比這麼好的場內接單員實在沒什麼好挑剔的，她盡責、有效率、夠悍，並且一直站在我這一邊。如同她向我保證的一樣，馬庫錫兄弟果然對我很照顧。傑克是公司的主事者，同時也是個穩定的經營者。他在我開始和拉薩爾公司合作後，特地到紐約拜訪我，並且請我和奧黛莉到餐館享用了一餐義大利美食。耶誕節時，他送了我們一箱酒。那可不像其他華爾街的傢伙送我們的那種跟果汁差不了多少的劣酒，而是頂級的義大利葡萄酒，是你甚至還可以從中品嘗出釀酒農人血汗的那種好酒。

當傑克忙著加強和客戶之間的關係時，強尼便在交易所場內盡全力幫客戶執行交易。強尼是個六呎五吋高、體重二百八十磅的大塊頭。每當黛比在執行交易時發生問題，就會馬上通知強尼到場內把事情擺平。這個大個子在執行交易方面非常在行，他好像有二百八十種方法來說服對手承認在交易時犯了錯。有傑克、強尼和黛比三個人為我的帳戶工作，我真是享受到了一流的服務品質。

糟糕，出事了……

一九八五年四月十一日星期四，我們搬進新公寓已經一個星期了，我該重新開始工作。在打了一大堆的電話和安排下，我的報價機終於設定完畢、電話也通了，所以我在家裡拿起專線電話，直接打到交易場內找黛比。「黛比，近來可好？……是啊，我們搬進來了，但是這個地方可讓我花了不少錢呢！奧黛莉列了一份採購清單，好像快有一哩長耶！看來，我得回來多賺點錢了。」

「馬丁，」黛比說：「我們今天不能交易。」

「什麼？」

「你最好和傑克談一談。公司發生了一點問題。這一定和畢維爾．布列斯勒有關。」

「畢維爾．布列斯勒？你在說什麼？」

「畢維爾．布列斯勒（Bevill, Bresler & Schulman）公司，那是一個在紐澤西州專做政府證券的公司，它剛剛宣布倒閉。你沒看今天《華爾街日報》的頭版嗎？傑克和他們有些生意上的往來。」

「搞什麼鬼？黛比，那我的錢呢？我要我的錢！」

「馬丁，冷靜一下。打個電話給傑克。你得和他談談，他說每一個客戶的錢應該都沒問題。」

「好吧，見鬼了。我對芝加哥的那些傢伙一點也不信任。我要拿回我的錢！」我氣得摔電話，然後拿起另一線電話，撥到拉薩爾去，總機小姐聽起來似乎相當忙亂而且緊張，好像隨時等著被打電話去的人大吼一番似的。這點她倒是對了。「我是馬丁．舒華茲。傑克死到哪裡去了？」

「很抱歉，馬庫錫先生不在。」

「那把強尼找來！」

「很抱歉，他也不在這裡。如果你不介意的話可以留話，我會請他們盡快回電。」

「留話？我當然要留話。告訴那兩個渾球，我不知道也不管他們在搞什麼鬼，我要我的錢，叫他們馬上把錢匯回來給我。」

我把電話摔回原位，氣得雙手顫抖。這到底是怎麼一回事？

其實，我在拉薩爾公司的現金帳戶裡一毛錢都沒有。我在搬家前已經軋平所有的部位，並且把錢轉到貨幣市場基金，以便在這個週末賺一點利息。現在留在拉薩爾公司裡的，只不過是我存在保證金帳戶那些面值一百二十萬美元的國庫券。感謝CFTC的規定，除非我沒有履行追繳保證金的要求，否則結算公司一點也沒有辦法碰我那些國庫券。如果拉薩爾遇到了財務危機，那他們只可能動用到客戶現金帳戶中的資金。所以，看來我應該是安全過關了，但是在芝加哥，除非你已經把錢穩穩地裝回自己的口袋裡，否則永遠無法確定自己是否全身而退。

我到樓下櫃檯拿我的《華爾街日報》，因為黛比告訴我，有關畢維爾．布列斯勒公司的事都刊在上面。恰巧住戶委員會的主席也正在拿他的報紙，「早安，舒華茲先生。」他說：「一切都好嗎？」

「是啊，當然，一切都好。」媽的，他是不是聽到了什麼風聲。「怎麼會不好呢？」

「搬家總是一件很麻煩的事兒，更何況你太太又快要生產……」

「一切都很好，好得不能再好了。謝謝您的關心！」我抓起我的《華爾街日報》迅速衝回電梯。這個老裁縫師是我最不想見到的人，他一定在等著把我們趕出這幢大廈。

根據《華爾街日報》上的說法，畢維爾．布列斯勒公司是一家以政府和市政公債市場為主的合格經紀商，他們的總部設在紐澤西，和姊妹公司——資產管理公司（Asset Management）與全國各地的許多小型存放款機構從事附買回交易。資產管理公司在四月八日因為無法履行和客戶的附買回協定而宣布破產，畢維爾．布列斯勒公司和它所有的分支機構也都在週三宣布進入受破產管理人監管的狀態。證管會控告該公司及其負責人涉嫌詐欺，並指稱他們「取得客戶帳戶中證券的控制權，加以利用以牟取私利」。

這裡是芝加哥，什麼事都有可能發生

我不知道拉薩爾和這些小丑之間的往來有多密切，但是馬庫錫兄弟本身就有債券生意，而且必然會透過拉薩爾公司的名義從事附買回交易。但是在附買回交易之中，拉薩爾會把現金交給對方，然後取回國庫券作為保障。如果我受到波及的話，最可能的就是他們在從事反向的附買回交易時，把我帳上的國庫券交給對方換取現金，但卻把現金虧掉了。

不過照理說他們應該無法這麼做，因為我的國庫券是放在法令管制帳戶中。但話又說回來，這裡是芝加哥，什麼事都有可能發生。

我心裡思考著各種可能，我不斷試著和傑克聯絡，最後終於和他連上了線。「傑克，這到底是怎麼一回事？我要你馬上把我的國庫券匯回來給我。」

「馬丁，你冷靜一下。一切都沒問題，坐下來喝一杯我送你的好酒放鬆一下。」

「去你的爛葡萄酒，傑克！我要我的錢！我那些國庫券都是放在法令管制下的帳戶裡的，你這渾球怎麼可以動用它們？這是違法的！你馬上把國庫券匯回來給我，否則我把你那該死的頭給砍下來！」順道一提，傑克的身材和強尼一樣，都是大塊頭。

「馬丁，我們電腦當機了，強尼會盡快搞定，相信我，一切都會沒問題的。」

「放屁！我告訴你……」

嘟嘟嘟……傑克把電話掛了。媽的！我感覺得出來，他們一定把我的國庫券給吞了。我不能損失這一百二十萬美元，至少不能在這個節骨眼。我們才剛搬進這豪華公寓，而且奧黛莉馬上要生了，我要怎麼去弄到那筆每月管理費？百般無奈，我又打電話給ＣＭＥ的法務部門。

「是你們核准這些傢伙的註冊申請的，」我暴跳如雷：「你們必須為他們的行為負責，你們得馬上擺平這件事，這是你們的問題。」他們草率地敷衍我，說他們會「重視這件事情」。

我打電話給我的律師：「我要告這些渾蛋！我要拿回我的錢！我要他們好看！」律師建議我，沒掌握直接證據前先稍安勿躁。

我也打電話給從前在貝爾．史騰公司的經紀人麥克．馬格里斯（Mike Margolis），因為我知道他們公司在芝加哥的生意不少，我也知道貝爾．史騰的大老闆之一吉米．凱恩（Jimmy Cayne）和米爾蘭是老哥兒們。「馬格里斯，你一定要幫我這個忙。芝加哥的那些渾球想坑我一百二十萬美元。請你找凱恩打幾個電話，幫我問問這一切到底是怎麼回事？」馬格里斯答應他會幫這個忙。

我在一片混亂下試圖找出事情的來龍去脈，但直到那天很晚的時候，還是一點也不能肯定是不是能再看到我那價值一百二十萬美元的國庫券。我一夜無法成眠，第二天一大早開始打更多的電話。

在這一行，有污點是家常便飯……

「黛比，事情怎麼樣了？有新消息嗎？」

「傑克和強尼什麼都沒說，但有很多傳聞。看起來拉薩爾公司好像是宣告倒閉了，他們所有的帳戶都已經轉到其他結算公司去了，今天的《華爾街日報》上報導得很詳細。」

「可是我的錢呢？」

「唉呀！馬丁，我也不知道。」

我到樓下大廳去拿《華爾街日報》，那老先生又正好站在旁邊。他正和另一個住戶委員聊天，兩個人邊看著金融投資版邊搖頭。該死！他們一定正讀到有關畢維爾．布列斯勒公司這件事。他們知道我的經濟狀況出了問題，而且準備要把我們一家全都趕出去。我躲在一座屏風後面等他們離開。

等他們走了之後，我趕緊拿了報紙跑回樓上。那篇有關拉薩爾公司的報導，讀起來像是芝加哥商會的新聞稿。「拉薩爾公司，一家小型的政府證券交易商。該公司和畢維爾．布列斯勒公司從事附買回交易時產生了一百至二百萬美元的虧損。……在拉薩爾公司的請求下，該公司所有客戶的帳戶都已經轉到其他芝加哥地區的結算公司。……交易所表示在拉薩爾公司將客戶帳戶轉往其他結算公司的過程中，所有客戶資金都沒有任何問題。……商品期貨管理委員會的發言人表示，所有的跡象顯示，該公司客戶的資金都完整無缺，並未遭到不法挪用。」

我打電話給ＣＭＥ的法務部門。「《華爾街日報》上說所有拉薩爾公司客戶的帳戶都轉到其他結算公司，而且客戶的資金都完好無損，未遭到不法挪用。那我的帳戶現在是在哪一家結算公司？我的一百二十萬資金又在哪裡？」他們說不知道，交易所和CFTC都在「深入了解中」。

「少跟我來這套！」我對著電話大聲叫：「我的錢是放在法令管制的帳戶裡，應該誰都沒辦法動用。你們要知道，你們不是唯一在華盛頓特區有影響力的人。如果你們在今天下班以前沒把我的錢還給我，我就打電話到CFTC，告訴他們你們這些傢伙在這裡幹的好事！」

我打電話給律師、打電話給馬格里斯、打電話給黛比、打電話給佐爾納，甚至打電話給AMEX的桑坦吉羅，問他們是否還知道有誰可以聯絡幫忙。終於，在五點之前，有人打電話給我，他是索爾．史東公司（Saul Stone & Co.）的業務代表，是芝加哥的一家結算公司。這傢伙聽起來是個爽朗的人。他說他們接管了我的帳戶，而我那價值一百二十萬美元的國庫券也轉到他們公司，他們也願意請黛比繼續擔任我的場內接單員。

「馬丁，我們很高興能和你做生意，你明天一大早就可以開始交易了。」

我簡直不敢相信這是真的。兩天來，我第一次覺得全身緊繃的情緒鬆懈下來，我終究還是毫髮無傷。我拿起了專線和黛比聯絡。「是啊，黛比，他們把我的錢找回來了。看來我們又可以重新開工了。你現在為索爾．史東工作啦！」

「什麼？」

「我的帳戶被轉到索爾．史東公司去了，我告訴他們如果不是你來合作，我就不跟他們做生意，所以你就和我的資金一起轉到他們那裡了。你同意嗎？」

「好啊，我想沒問題，馬丁。但這到底是怎麼一回事？」

「我也不知道，我想你也不會想知道。大概有某個人為了某種原因做了這一切。這一百二十萬對他們來說算得了什麼？他們早晚會從另一個傢伙身上削回來的。他們這麼做只是要讓這些遊戲能夠繼續下去罷了。」

我一直都不知道到底是誰幫了這個忙，但無論如何我總算把錢拿回來了。我不知道這是否意味著其他拉薩爾的客戶無法拿回他們的資金，不過在我的想像中，一定是CME裡的大人物找到那些結算公司，然後把一切搞定。他們無法承受交易所名聲被毀損的後果，所以就和那些結算公司找出這樣的解決方法，讓我的錢回到帳戶裡。

那天晚上我睡得像塊木頭似的。第二天早上我下樓去拿日報時，那位老先生站在走廊上。「早安，早安。」我用非常愉快的語氣向他問候。

「早安，舒華茲先生。」當我經過時，他說：「所有的東西都搬好了嗎？」

「是啊，是啊，一切都很好。我又重新開工啦！」

至於傑克和強尼後來還是回到這個行業來。他們的結算公司是倒閉了，但他們還在CBOT從事債券期貨的交易。在職業生涯中留下小小的污點，說起來也是在這行業打滾的人的家常便飯吧！

第9堂課 問問自己，是否具備這三項特質

我有個朋友馬克．庫克（Mark Cook），是住在俄亥俄州的農夫，同時也是一個很好的操盤手，他甚至發展出一些有趣的交易策略，並透過傳真服務把這些策略賣出去。我很喜歡和其他優秀的操盤手聊天，因為我熱切想和他們交流資訊。我一點也不介意在得到資訊的同時，分享我所知道的給別人，而庫克也會把他的傳真稿給我，我們會根據這些策略進行交易。

一九九七年一月二十三日，我收到了一封庫克的傳真稿，那篇稿的標題是：「什麼東西使人成為成功的操盤手？」一般人總是喜歡問我，要怎樣才能成為偉大的操盤手，所以我非常有興趣看一看庫克對這件事有什麼想法。

根據庫克的說法，想要成為成功的操盤手，你必須：

一、全心投入，並且全職從事交易

你必須將操盤視為職業，因為如果不這麼做，其他把操盤當職業的人，就會在很短的時間內把錢從你身邊拿走。庫克整天都盯著市場行情，從開盤直到收盤為止，並且保有一本有時甚至長達四十個要點的交易日記，不間斷地記載著每天行情的變動狀況。如果他不這麼做，獲利就

會顯著衰退。「在操盤手這行裡沒有任何捷徑，如果你鬆懈懶散，市場馬上就會發現。」

二、要將你自己的個性融入操盤習慣中

如果你是一個對事情很容易做情緒性反應的人，那就承認自己是情緒化的人，並將你的交易習慣架構於這點之上，讓你的情緒成為交易的助力，而非阻力。如果你生性貪婪或膽子很小，都將影響你從事交易時的決策力。如果你無法察覺出左右情緒的原因，決策將會發生錯誤。庫克是一個有恐懼傾向、膽小的人，每當他最感到恐慌而裹足不前時，都因為他對自己情緒的認知，總能克服心理障礙而大膽作多。「無論何時，每當我快抵擋不住恐懼時，我受過的訓練會告訴我作多，而我深信訓練和紀律一定會勝出。如果做不到這點，任何人都注定失敗。」

三、計畫是交易行為中最客觀的一部分

事先模擬好最糟結果，並針對它進行充分的演練。在你執行每一筆交易前都保持最客觀的心態。一旦你已經執行交易、建立部位後，情緒將掌控一切，你必須在這之前就將計畫準備好。知道什麼樣的條件可以證明自己已經犯錯，並在那些條件成立後馬上承認錯誤。「軋平部位、撤退，保留實力準備另一天的戰鬥。這些做法看起來怯懦，卻能有效防止你在市場上陣亡。」我完全同意。

另一個我常想問的問題是，到底操盤是不是一種天生的行為，還是一種可以經由學習而得的技能？我的答案是——兩者皆是。從天性來看，我對數字向來感覺敏銳、個性喜好競爭，而且好賭。大學的教育讓我學會如何努力工作，哥倫比亞大學商研所給我完整的商學知識，而海軍陸戰隊則訓練我在槍林彈雨下如何因應狀況。

一個偉大的操盤手就和一個偉大的運動員一樣，必須具有先天的條件，但也必須訓練自己如何以最有效的方式運用它們。

第10章

第一次買畫就上手

進軍藝術品市場

一九八五年八月五日，奧黛莉生下了我們的兒子，一個漂亮、六磅十一盎斯重的小紳士。同年十一月，奧黛莉被醫師診斷罹患了乳癌。這個打擊，就如同我們在一九八一年失去第一個孩子一般沉重。

但我們也因此更加確信一件事：人生在世，要及時行樂。在接下來的春、夏季裡，奧黛莉決定把家全部重新裝潢。她打掉牆壁、放進了一個新廚房、重新裝修浴室、把所有窗戶換新，並全部重新粉刷。這次整修，花掉大把的鈔票，但我並不在意，我仍然是冠軍操盤手，仍然能夠賺得比花得快。

事實上，我正準備要花更多錢。

一旦你往上爬到某個高度，就絕對不會缺乏一些昂貴的嗜好。泰德．透納（Ted Turner）為自己買了一艘十呎長的比賽用遊艇，喬治．史坦布瑞納（George Steinbrenner）為自己買下洋基隊，韋恩．牛頓（Wayne Newton）為自己買了正統的阿拉伯種馬，而查爾斯王子則替自己找了個情婦。但是我對遊艇、職業棒球隊、種馬都沒興趣，加上有奧黛莉在身邊，市場就是我唯一的情婦。如果我要投入一大筆錢在某個嗜好上的話，我希望把錢花在藝術品上。

用最好的價錢，買進最好畫家的最佳作品

小時候，母親會帶著我到紐約市，然後我們會花一整天的時間參觀現代藝術博物館、大都會博物館、古根漢博物館以及惠特尼博物館。雖然我比較想去柯漢家的地下室玩牌，但是這些經驗卻在我心中種下喜好藝術的種子。父親會買一些仿名畫家如莫內、馬奈等人的畫作回家，把它們掛在房子裡。所以我習慣在家裡看到牆上掛著名家畫作，就算不是真跡也無所謂。

現在，我賺了那麼多錢，我想是買點真跡來收藏的時候了。家裡的整修一完工，奧黛莉和我馬上去找佛雷斯哥與柏雷特畫廊的老闆——亞爾．佛雷斯哥（Al Fresco）和克利夫．柏雷特（Cliff Palette）。佛雷斯哥是我在哥倫比亞商研所的同班同學，他和柏雷特是表兄弟，兩人從長輩的手中接管這家畫廊。他們的祖母和美國早期的印象派畫家約翰．托契曼（John H. Twachtman）有親戚關係，後來嫁入杜邦（Du Pont）家族，所以佛雷斯哥和柏雷特有足夠的天賦和鈔票，來經營這家位於高級商圈的畫廊。

當我在一九八〇年代開始賺很多錢之後，奧黛莉和我便開始在週六下午到各個畫廊去探訪，佛雷斯哥與柏雷特畫廊成了我們常常造訪的地方。當時雖然我們很喜歡那裡的藝術品，但是我的財力

還不夠。但現在，可就不能同日而語了。

一九八六年十月，我們用十萬美元向佛雷斯哥與柏雷特畫廊購買了厄尼斯特．勞森（Ernest Lawson）的《冬季的投影》。以勞森的作品而言，這幅畫作算是相當昂貴的了。另外，我們又以四萬美元的價格買下羅伯．沃諾（Robert Vonnoh）的《花園裡的農夫》。在另一個下午，我花了五十萬美元買下了兩幅畫。為了感謝我這筆五十萬美元的生意，佛雷斯哥送了我一本書，書名是《美國的印象派作品》，這本書的作者是紐約市立大學研究所的藝術史教授威廉．哲茲（William Gerdts）。

從小，我就特別喜歡印象派畫家的作品。一九八四年，奧黛莉和我第一次去歐洲旅行，我們在巴黎雇了一位司機，要他帶我們去參觀莫內的家和吉維尼（Giverny）的花園。那是五月初，我和奧黛莉就像那些十九到二十世紀初的畫家一樣，盡情飽覽法國的田野風光。可是當我們回到紐約，想要找一些值得收藏的作品時，才知道想收藏法國最高級印象派名家畫作的點子是多麼愚蠢——我怎麼可能付得起那麼高的價錢去買像馬奈、雷諾瓦、竇加或莫內這些一流畫家的作品？

如果一定要買，我只能找次一級的法國畫家作品，或是那些已經深得法國名家畫風精髓的美國本土印象派畫家，像希歐多爾．羅賓森（Theodore Robinson）、斐德利克．佛利錫克（Frederick Frieseke）、溫斯洛．霍姆（Winslow Homer）、瑪莉．卡塞特（Mary Cassatt）以及羅伯．沃諾等，他們的作品就在我的財力範圍之內。

在參觀更多的畫廊和仔細研究過哲茲的書後我下了一個結論，那就是所有畫家們就和其他人一樣，都經歷過好與不好的時期。至少在我眼中，瑪莉・卡塞特鼎盛時期的作品，和竇加在他未達顛峰時的畫作相比，只有過之而無不及。加上法國畫家的作品更具有滿足虛榮心的吸引力，所以一幅一流美國畫家作品的售價，通常只有法國二線畫家作品售價的三分之一。

換言之，美國的印象派畫家就像我早些年在ＡＭＥＸ操作的選擇權，或是一九八〇年代早期的Ｓ＆Ｐ期指契約一樣，正好符合我的作風和個性。它們的價格合理、具有增值的潛力，仍然處於新興市場之中，而且我了解它們。如果我準備進軍藝術品市場的話，美國印象派畫家的作品會是我最想介入的標的。

當我開始花更多時間在佛雷斯哥與柏雷特畫廊後，發覺佛雷斯哥和柏雷特具有和我非常相似的市場哲學，他們只會以最好的價錢買進最好畫家的最佳作品作為存貨。由於總是有一大堆想要買最高級藝術品的富有客人來畫廊參觀，因此這個策略使他們的庫存品享有很好的變現性。

當我從事交易時，一定會以大型藍籌股作為我主要的交易標的，因為這些大型績優股提供最佳的流通性和變現性。如果我賣了五萬股的ＩＢＭ、全錄或杜邦股票，卻在一個小時後改變了對市場的看法的話，我可以在市場上很輕易地把手中持股拋出，因為這些股票的交易總是夠熱絡。這就是佛雷斯哥與柏雷特畫廊的生意經，他們手中總是保有和藍籌股一樣具有良好流通性的存貨，以便於隨時可以出清。

我唯一的問題是，畫廊總是以零售方式出清庫存，而我與生俱來的猶太人天性告訴我，該去

「大盤商」那裡買進我要的東西才對。我知道自己在找什麼樣的作品——美國的印象派名家畫作，而且我沒打算要收藏什麼特別了不起的玩意兒，只想以最好的價格買到最好畫家的最佳作品。這表示：我必須到拍賣會場去。

選畫，就像選股——先剔除你不喜歡、不熟悉的標的

在五十九街與公園大道交叉口的佳士得（Christie's）和在七十二街與約克街交叉口的蘇富比（Sotheby's）是美國本土藝術品最主要的兩個拍賣公司。其中，蘇富比每年會舉辦兩次美國印象派畫家作品拍賣會，一次在十二月初，另一次在五月下旬。我們決定要參加蘇富比在一九八六年十二月四日舉辦的拍賣會。

對我來說，藝術品拍賣會是一個全新的戰場，要面對一大堆藝品拍賣身經百戰的對手，我非常沒把握，因此在拍賣會舉行的三週前，我跑去找佛雷斯哥和柏雷特。「奧黛莉和我想要開始建立美國印象派畫家作品的收藏，但是我們不能一直向零售商買，付那麼高的零售價。」我說：「我們想參加蘇富比舉行的拍賣會，因此我們需要你們的建議。我的想法是這樣的：如果你們可以教我，我可以幫你們買下一些你們感興趣的作品，如果將來哪天你們有客人對這些作品有興趣，你們可以來找我買。你知道，我是一個操盤手，只要價錢合適，我們就可以做些買賣。這麼一來，你們可以把現金先放在別的地方，而不需要先購買這些存貨，你們覺得怎麼樣？」

這個提議，顯然很合佛雷斯哥和柏雷特的胃口。他們不但願意教我，而且我們在拍賣會中可以和他們坐在一起，甚至可以協助我們喊價。我要離開畫廊時，佛雷斯哥從抽屜裡拿出一本有關這次蘇富比拍賣會的全新型錄。「拿去吧，」他說：「好好研究！」

這就像是教授把期末考考卷發到我手中一樣，我馬上回家坐在奧黛莉身旁說：「在這次的拍賣會，我們將和佛雷斯哥和柏雷特坐在一起，他們希望我們先把這本型錄看過一遍，並選出所有喜歡的作品，然後他們會幫我們決定該針對哪一個作品出價。」

奧黛莉和我在接下來的兩個星期，很仔細地研究了那本型錄與裡面列的所有美國印象派畫家，試著找出一些最好畫家所畫的最佳作品，尤其是那些底價很合理的作品。找一幅好畫和找一檔好股票非常相似。在一九八六年的蘇富比拍賣會型錄中，列有三百四十九項藝術品，其中包括多項雕刻作品，以及大約有五十幅美國印象派畫家的作品。就和挑股票一樣，我們馬上就排除掉大部分的作品。在選擇股票時，我們可能不喜歡某家公司的獲利性、不滿意它的產品、不滿意它的市場占有率，也或許我們不欣賞它的管理階層。而當我們在選擇一幅畫時，我們可能不滿意它的價格、不滿意它的色彩組合、不喜歡它的出處，也可能不喜歡那幅畫的創作者。

經過了一個星期的研究，我們把目標縮小到五幅畫：哈桑姆（Child Hassam）的《往大海的路》（底標四十五萬～五十五萬美元）、羅賓森的《夏日的山坡風光》（底標十五萬～二十萬美元）、蔡斯（William Merritt Chase）的《塞考克的風景》（底標十五萬～二十萬美元）、普倫德加斯特（Maurice Braxil Prendergast）的《花園》（底標十四萬～十八萬美元），以及佛利錫克的《在河面之上》（底標二十五萬~三十五萬美元）。

挑好作品，該是我去找佛雷斯哥和柏雷特談談的時候了。

拍賣會舉行的日期是在十二月四日星期四，我在十一月二十八日週五收盤後到佛雷斯哥與柏雷特畫廊待了一下。正如我所預期的，佛雷斯哥和柏雷特對於奧黛莉和我所挑中的那幾幅畫簡直瞭若指掌。「你們的眼光真不錯，」佛雷斯哥說：「不過你們不能光憑型錄上面的介紹就做決定，一定要親眼鑑定過才行。」

所有的拍賣品都將在十一月三十日到十二月三日公開展示。《花園》是所有我們感興趣的作品中，唯一沒有放在蘇富比展示的，它當時正在東八十二街的柯克（Coe-Kerr）畫廊中展示。奧黛莉和我在週六時到柯克畫廊看了那幅畫，它遠比在蘇富比型錄中所看到的要好太多了。我們不只希望在拍賣會中出價，甚至開始想像一個星期後把這幅畫掛在我們家牆上的美好景象。

第一次參加蘇富比拍賣會

第一次走進蘇富比在約克大道的總館時，我一點也不知道接下來該怎麼做。我原本以為，參觀畫展的人會放輕腳步、輕聲細語，但事實上完全不是這麼回事。走進蘇富比展覽館的大廳，就像走進了一九四八年的共和黨年會般吵雜。一堆看起來像是長春藤名校學生的白人虛情假意地互相打招呼，在展覽廳中四處走動，設法讓大家都認為他們是行家。「不必懷疑，這一定是瑞菲爾德最好的一件作品。」「這是裴克斯頓雙眼視覺法的最好範例。」「沒錯，注意看他的焦點有多特別，而且他從遠景轉移到近景的手法簡直讓這幅畫活了起來。」「看看這幅《少女與狗》當中所展現出來的活力和強度。」「羅賓森把平凡無奇的東西給處理得多麼棒啊！看看他對空間的濃縮處理手法，這柔和的光線是怎麼畫出來的？他的筆法真是不可思議。」真是鬼話連篇——但這些鬼話至少比我每天在華爾街所聽到的要好聽多了。

佛雷斯哥和柏雷特不停地揮手和人打招呼，畢竟這是他們的市場，而且他們認識在這個市場裡的每個人。他們也不停地把我介紹給不同的人，但我可不是來這裡搞社交活動的，我到這裡是要研究畫作和觀察周遭的人，就像在水道賽馬場研究馬匹，或是在AMEX觀察那些作價員行為的道理一樣。

我仔細看著每一幅我們選出來的畫，並詳細地傾聽其他參觀者如何評論，然後把他們所說的加以歸納，試著從中找出任何可以依循的脈絡。

回家後，奧黛莉和我坐下來一起翻著我們的筆記，做最後的回顧。我們已經為明天的拍賣會做了萬全的準備、確定明天的策略、檢查我們的價格調整點，並且設定進場和出場的價位。我希望我那陸戰隊式的作戰原則能清楚地放在腦袋裡，並希望在拍賣會開始前準備好——從事交易，本來就必須在一切發生前，先做好心理建設和沙盤演練。拍賣是一種競標者情緒充斥的遊戲，所以在競標時絕對不能失控，一定要設定明確的退出點，並且堅守此一計畫。

就寢前，我們拿起那本已經翻爛並做滿筆記的型錄，小心地把最後決定要出價的三幅畫所在的頁角折起來，做上記號。

眨眼、摸鼻、點頭、擊槌間，幾十萬美元的交易，完成！

蘇富比舉行的拍賣會分為兩個階段。上午時段從十點十五分，開始進行編號一到一五〇號的拍賣，下午兩點則開始進行一五一到三四九號作品的拍賣。所有的藝術品都是以年代遠近的順序排列，所以美國印象派作品屬於第二時段，不過我還是想利用上午時段來熟悉拍賣會場的環境。我們在週四早上走進約克大道的蘇富比公司總部，在警衛的指引下來到大廳，和佛雷斯哥及柏雷特會合，然後跟著他們上樓，來到拍賣會場所在的大廳。

我們進入一個和百老滙街底小戲院差不多大小的房間，並且在前排找了四個位子。佛雷斯哥安排我坐在柏雷特的左邊，因為他負責喊價。佛雷斯哥自己坐在我的左邊，而奧黛莉則坐在佛雷斯哥的左邊。在我們的正前方有一張上面放了很多電話的桌子，旁邊坐著六位年輕男女。

「那些人是接受電話喊價的人員，全世界的收藏家都可以透過電話參加競標。」佛雷斯哥告訴我。年輕男女的左前方是一個電腦控制的電子滙率揭示板，上面明列著所有貨幣的滙率，以便出價者能很方便地換算成本國貨幣，其中包括：美元、英鎊、法國法郎、瑞士法郎、日元以及德國馬克。我們的前方則有一個架高的展示箱，裡面有光亮的腳燈由下往上照射，而它的四周都以毛氈包覆著。「那就是他們展示畫作的地方。」佛雷斯哥說：「這個展示臺分成三個部分，當一個拍賣品正在競標時，他們就在布幕後面把前一個拍賣品拿下來，並把下一個拍賣品準備好。」展示臺的右邊是一個講臺，現在是空著的，但顯然那是拍賣員要站的地方。

大廳的兩旁及後方都有以深色玻璃隔間的小包廂，我猜想那一定是為拍賣會的大買主所準備的房間。拍賣會場裡的人都在聊著天，場面顯得有些鬧哄哄的，但是當十點十五分一到，每個人都立刻就座並且安靜了下來。接著蘇富比的首席拍賣員約翰・馬里恩（John Marion）走上講臺。場中只有蘇富比公司的工作人員站著，分布在拍賣場四周監督著一切。

馬里恩以一種上流社會人士的語調，將拍賣的相關規定做了簡單的介紹，他檢查了一下麥克風並確定每個工作人員都就定位後，便開始第一件拍賣品的喊價。在一陣如連珠炮般的喊價聲中，巴特渥斯（Butterworth）那幅《擊敗英國戰艦的五月花號》（畫著兩艘在怒海中航行的單桅帆船）被放在一個旋轉的展示架上拍賣。每個與會者都把身子往前傾，以便能看得更清楚。那些年輕的電話接單員則對著電話輕聲講話，匯率揭示板也開始顯示各國貨幣的兌換匯率，而負責監視的工作人員則開始四處穿梭，突然間整個房間裡充滿了緊張的氣氛。

「有人出價六千了，有人出價七千嗎？」那個充滿磁性和高貴氣息的聲音大聲宣布。「七千美元，有人出價八千嗎？好的，謝謝您，八千。現在，有人出價九千嗎？」不停地有人提高投標價，但是我一直沒有辦法看出來這些買盤是從哪裡來的。

這裡一點也不像AMEX，沒有人會搖著他的手大聲喊價，出價的動作是以非常安靜且不引人注目的方式進行的。「九千美元，第一次……，第二次，……成交！」砰地一聲，馬里恩用一個金屬材質的槌子敲打在桌面上。展示架的轉軸仍然在轉動，匯率揭示板也繼續運作，在我把第一筆交易記錄下來之前，馬里恩已經開始第二個拍賣品的喊價了。

在上午的時段中，柏雷特對幾個作品出過價。根據蘇富比印行的型錄中所附的「未來買主指南」的規定，出價是經由舉牌方式進行，不過很顯然這並不適用於那些職業買家。佛雷斯哥與柏雷特畫廊的牌子，一直沒有離開過柏雷特的衣服下襬。柏雷特只要眨個眼、輕拍一下鼻子、拉個耳朵、點一下頭、拉拉領帶或是做一些其他的小動作，馬里恩那銳利的眼睛都看得到。我緊張得動都不敢亂動。就在這眨眼、摸鼻、點頭和擊槌的動作間，二十或三十萬美元的交易就完成了。這樣的景象讓我有很深的親切感：電話、數位、揭示板、出價、成交確認的動作以及金錢的快速流動，在我眼中簡直就像一個乾淨又文雅的ＡＭＥＸ，而馬里恩看起來就像交易場裡的桑坦吉羅，只不過馬里恩穿著較好的衣服，又一副彬彬有禮的樣子。馬里恩用他的金屬槌敲定交易，而桑坦吉羅則靠他的蠻力完成交易。

上午時段結束後，我們出去吃了一頓簡便的午餐，但是我太緊張，根本食不下嚥。上午時段的大部分拍賣品，都以比型錄上底價更高的價位成交。「天啊，柏雷特，你會不會覺得我訂的價位太低了？」

「你永遠不會知道，」柏雷特說：「有的時候你訂的價位恰到好處，而有的時候你又和你要買的東西擦身而過。我想最好是先看看下午的情況，再決定是不是要改變出價策略。」

耶！只花二十四萬美元，我們就加入「文化人」的行列了……

我們在一點五十分回到座位。兩點整，馬里恩準時回到展示臺上的講臺旁。砰！開始第一五一號拍賣品的出價。第一五一號是約翰·拉法吉（John La Farge）的《審美家》，底價是四千到六千美元，結果以一萬三千美元拍出，比預期價格多出兩倍以上。這對我來說，可不算是好消息，得標價錢都偏高。匯率揭示板繼續翻動，展示架也不停轉動，每件美國畫家的作品都像旋轉木馬，平均展示兩分鐘就被賣出。它們流通的速度，比梅沙股的選擇權還要快。

十二分鐘後，第一七六號作品《往大海的路》被推出來放在展示架上——該是我把這幅哈桑姆的畫買下來的時候了。我們為這幅畫所訂的最高出價是二十萬美元，而這也是蘇富比型錄中較高的預估價。「有人出價十五萬嗎？」馬里恩雄厚的嗓音喊道。柏雷特拉了一下自己的耳朵。「有人出價十五萬了，有人出價十七萬五千嗎？」馬里恩這傢伙真懂得怎樣抬高價碼，「有人出價十七萬五千了，有人要出價二十萬嗎？」

「是那些希臘人出的價。」佛雷斯哥低聲說。

「有人出價二十萬！有人要出價二十二萬五千嗎？」會場一片安靜，「有人願意出價二十一萬嗎？」

柏雷特看著我，等著我的許可。「去吧，去吧，給他們二十一萬。」我小聲地說。柏雷特對前面眨了一下眼。

「有人出二十一萬了，有人出價二十二萬嗎？有人出二十二萬了！」

「這是那些荷蘭佬。」佛雷斯哥說。

「放手去做！」我喃喃低語。柏雷特摸了一下鼻子。

「有人出價二十三萬，好的，請問有人出價二十四萬嗎？」

「又是那些希臘人。」佛雷斯哥說。

狗屎！我不能讓那些希臘人贏過我。可是當我正想告訴柏雷特出價二十四萬美元時，我感覺到奧黛莉正用她的指甲掐著我的大腿。「放棄吧，」她說：「這幅畫沒有那麼好看，更何況你還有另外兩個競價對手。」真是見鬼！但奧黛莉是對的，接下來我們一路看著希臘人和荷蘭佬把價錢哄抬到二十八萬美元。靠，這個拍賣會還真不是鬧著玩的！我不喜歡輸給別人，但小輸總比濫賭輸光後被丟出場外來得好。

七分鐘後，現場開始第一九〇號作品的拍賣，那是羅賓森的《夏日的山坡風光》，以四十七萬五千美元拍出。這個價錢真的滿高的，但還好它至少還在蘇富比型錄的預估範圍內，而且看起來真的是一幅好畫。三分鐘後，編號一九六號，蔡斯的《塞考克的風景》以三十萬美元的價位賣出，整整比蘇富比型錄中預估的價位高出五〇％。這對我來說是個壞消息，「慘了！」我輕聲地說。「別擔心，」佛雷斯哥說：「這是英國漢普敦來的傢伙，他是個情緒化的買主，他們出的價太高了。準備好接下來的出價吧！」

我的心怦怦地跳。二〇一、二〇二、二〇三號拍賣品都成交了。「第二〇四號，普倫德加斯特的《花園》，」充滿磁性的嗓音再度響起：「十四萬，有人出價十四萬嗎？好的，十四萬，有人出價十六萬嗎？謝謝您，十六萬，現在，十八萬呢？有人出價十八萬嗎？」柏雷特點點頭，「十八萬，謝謝您，現在有人出價二十萬嗎？有人出二十萬了，二十二萬呢？」

「那是費城的一家畫廊，」佛雷斯哥輕聲告訴我：「可能是為他們自己或某個客戶在出價，我不是很確定。」

「我才不管他們是為了誰出價。這幅畫我要定了，幫我出價吧，柏雷特。」馬里恩看著柏雷特，柏雷特對他點頭。

「二十二萬，有人願意出二十四萬嗎？」會場一片安靜。「這是一幅很好的佳作，有人要出價二十三萬嗎？」馬里恩向會場後方看著。「二十三萬，謝謝您，現在有人出二十四萬嗎？」他又回頭看著柏雷特。

「還是那些費城來的傢伙，」佛雷斯哥說：「沒有其他的競標者了。」

柏雷特看著我，我看著奧黛莉。她點了點頭。

「放手出價吧！」我說。柏雷特拉了拉自己的領帶。

「二十四萬，有人出價二十五萬嗎？」我把拍賣品型錄放在膝上，把頭埋在雙手之中盯著這幅畫，它正在我的面前閃閃發光。拜託！請讓我買到這幅畫。「二十四萬元，第一次……，第二次……，成交！」

砰地一聲，拍賣臺上的槌聲，讓我興奮地站了起來。

這是我這一生中最瘋狂的一次搶購行動，我彎過佛雷斯哥身前，緊緊擁抱著奧黛莉，然後趕忙握佛雷斯哥的手，再轉身去握柏雷特的手。我們座位後面的人，都向我和奧黛莉恭賀著。這感覺真不賴，只花了二十四萬美元（當然還得另外加上給蘇富比的二萬四千美元），我們就加入了文化人的行列了！

砰！糟糕，我忘了我們還在拍賣會場。編號二〇六號的作品剛剛成交，而佛利錫克的《在河面之上》已經被拿到展示架上了。奧黛莉小聲說：「這真是燦爛亮麗的一幅畫。」她並沒有參加前一天晚上的展示會，所以在這之前，她還沒有機會看到這幅畫的真面目。「買下它！買下它！」她命令著。

嗯！我是一個優秀的陸戰隊員，而現在我接到了一個向前推進的命令。「現在有人出價二十四萬元，有人願意出價二十六萬元嗎？」柏雷特開始拉拉扯扯地做手勢。「二十六萬，……二十八萬，有人要出價二十九萬嗎？」「買下它！買下它！」我說。柏雷特急急忙忙地動作，扯動身體各個部位，好像得了癲癇症似的。「一次，……，二次，……成交！」拍賣槌砰地一聲敲下。終於，我們擁有了這幅《在河面之上》。我可以感覺到人們在後面拍著我的背，恭賀我們買下了第二件優秀的作品。

這真是令人難以相信，二十九萬美元（外加二萬九千美元佣金）以及二十四萬美元（外加二萬四千美元佣金），在我這一生中，還從來沒有在這麼短的時間裡花這麼多錢呢！

買畫，讓我學到禮貌、謙遜和人性

六個月後，佛雷斯哥和柏雷特來拜訪我。「馬丁，」他們說：「我們有一個你可能會感興趣的建議。我們有一個大客戶，願意以七十萬美元買下你那幅沃諾的畫，我們認為以沃諾的畫而言，這是一個很好的價錢。」

「我也這麼覺得。」我說。那是我們九個月前花四十萬美元買進的一幅畫，持有九個月後能享有七五%的報酬率，這對奧黛莉和我來說是很不錯的績效，所以我們把《花園裡的農夫》賣給了那位收藏家，現在那幅畫正掛在法國的美國藝術博物館中。

在這些年當中，只要價錢合適，我們也透過佛雷斯哥與柏雷特畫廊賣出其他的畫作。好的藝術品，是一種投資標的物，一種可以像金融工具一樣被買賣的商品。蘇富比和佳士得這兩家公司很清楚這點，而其他數以千計和佛雷斯哥與柏雷特畫廊一樣的藝品商也是如此，他們是真正造就這個市場的參與者。但藝術品不只是一種投資標的，它們具有更高尚的意義。不同於買賣債券、期貨或其他證券，在我買進一幅畫之前，我就已經知道擁有這幅畫的前手是誰，而在我打算把一幅畫賣掉前，我也希望知道誰是買主。這是一種情感、道德上的差異。

我買的畫就像家裡的客人一樣。一早醒來我就可以看到厄尼斯特．勞森的畫，我和斐德利克．佛利錫克的畫一起共進晚餐，我看書的時候則有溫斯洛．霍姆和查爾德．哈桑姆的畫作為伴，而在我的座位旁則是普倫德加斯特、威廉．格列肯斯和瑪莉．卡塞特的作品。正如同我母親在很多年前就知道的一樣，這些畫教給我許多在艾迪．柯漢家地下室或交易場中沒辦法學到的事——禮貌、謙遜和人性。這些畫，讓我了解到賺錢並不是這個世界上最重要的事；這些畫，造就我成為一個更好的人。

在我們搬進公園大道的幾年後，我被選為大樓管理委員會總幹事，隨後又馬上當選管理委員會主委。有一天，我在辦公室裡接到一通在大樓裡住了二十多年的住戶打來的電話。「舒華茲先生，」他說：「我可以去拜訪你嗎？」

我們在我家的客廳坐了下來。「舒華茲先生，」他眼睛看著地板，然後說：「我最近發生了一些不順利的事，我相信只要給我一些時間，事情就可以解決。但是以目前的狀況，我恐怕沒有辦法按時支付這個月的管理費了。」

起初我不知道該說些什麼。我實在很難相信能住在這棟大樓裡的人，會沒有辦法按時付他們的管理費。就法律上的觀點，我可以對外宣布他無法付款，並逼他賣掉資產來支付積欠的管理費，這是那些管理委員在七年前會採取的行動。但是我是一個從紐海文來的街頭小子，和那些人大不相同。當他們擁有權力時，隨時可以修理我，可是當我擁有同樣的權力時，我會用人性化的做法相待。因為我曾經被別人欺壓，我知道被欺壓的感受。

「這樣吧，」我說：「您已經在這幢大樓住了有二十五……還是三十年？慢慢來，先把你的事情處理好，不用擔心你欠的管理費。我相信你有能力解決問題，然後再把管理費付給我們，我們在合理的時間內，不會向你追討這筆錢。」

他大大鬆了一口氣。當他站起來準備告辭時突然停住片刻，仔細端詳我的客廳。那時掛在牆上的畫，價值比我們所住的公寓還要高。「您的畫作收藏真是一時之選。」他說。

「謝謝誇獎！」我說：「我的家人喜歡這些畫，而保有這些畫也是一件好事，你知道，尤其當有什麼意外發生的時候。」

第10堂課 沒帶武器，千萬別上戰場

當你從事交易時，隨身攜帶武器是很重要的一件事。你不能兩手空空就在華爾街闖蕩，尤其當你對地形也不熟悉的時候，你就只能等著送命了。

這就是為什麼我每天要花那麼多時間來研究自己的操作方法，並且每次進場前要和我在AMEX交易場內的朋友海斯．諾爾保持聯繫的主要原因。可是很不幸的，我在一次赴芝加哥的旅途中忘記了這條守則。

記得那是一九八七年的春天，奧黛莉和我開始跨足藝品收藏領域的六個月之後，我們正準備參加一場藝術界的宴會。當佛雷斯哥和柏雷特告訴我們，如果我們提供相當的捐款，就可以受邀參加芝加哥風城博物館（Windy City Museum）的開幕式時，我馬上就把支票簿和筆掏了出

來。這座博物館的發起人和他太太是著名的美國印象派畫作收藏家，而這座博物館的開幕式可說是藝壇的年度盛事。滿場都會是繫著黑領帶、來自世界各地的藝文界人士。我送出了支票，擦亮了我的鱷魚皮鞋，準備好要去參加這場盛會了。

我們在開幕式舉行的前一晚住進德瑞克飯店，由於第二天早上無事可做，我決定到CME去，順道拜訪一下我的場內接單員黛比。在過去五年中，我已經成為S&P期指最大的個人操盤手之一，可是我卻從來未曾到S&P的交易場參觀。更何況，去看看那裡的傢伙在幹些什麼，應該會是一件很有趣的事。我叫了一部計程車到威克大道，然後在CME門前下車，抬起頭來仔細端詳這幢雙座、外層包覆著花崗岩的四十層大樓，心中不禁想著：「我是這個地方的主宰者！」

我昂首闊步地走到會員服務臺前。「我是馬丁．舒華茲，是交易所的會員，我可以領取我的會員徽章嗎？謝謝。」我以為服務臺後面那位小姐，在聽到我報出舒華茲的名號後，會有什麼特殊的反應，但相反的，她白了我一眼，然後說：「舒華茲？這個字怎麼拼？」嗯！她能知道些什麼？她又不是市場的玩家。等我走到交易場裡，那些人可就要抬起頭來把注意力放到我這邊來了。

我穿著亞曼尼西裝、鱷魚皮鞋，戴著那閃亮的新徽章走進交易場內。我的天，這個地方可真是大！這裡就像一座足球場一樣大，我根本不知道要怎樣才能找到黛比。市場已經開盤，每個人都以瘋狂的速度在交易場中進行交易。這裡看起來就像尖峰時段的中央車站一樣人潮洶湧。我得找人幫個忙，所以就抓住第一個從我身旁走過的跑單員。「嘿！我是馬丁．舒華茲！到底S&P期指的交易場在哪裡？」

「嘿！我才不管你是誰，不過S&P期指的交易場在那裡。」他很快地走開，並向人群中擠了進去，設法走過這個擁擠的交易場。我身旁是一個個十角形的高臺、向中間以階梯形式級級下降的個別期貨契約交易場。這就是所謂的交易圈（pits）。每個人都在大聲吼叫，揮動著手臂瘋狂地打著手勢，借著所謂的公開喊價方式進行交易。掌心向內就是買進，掌心向外就是賣出，而手指則不斷比畫著買價和賣價。「〇．〇六買十口」，「給我六月豬腩的報價」，「我要九月活豬的報價」……看來我到了肉品期貨的交易區。我繼續在交易場裡漫無目的地走著。「瑞士法郎的報價在哪裡？」，「〇．〇〇八五我要叫出三十口德國馬克」，「披索到底在搞什麼鬼？」……終於，我聽到了一些熟悉的東西。

我終於找到S&P期指的交易區了。

要找到黛比不是一件很困難的事，因為在CME的交易場中，女性接單員的人數實在是屈指可數。她開始向身旁的人介紹我，而更令我高興的是，人們開始注意到我的存在。我就好像進了大觀園的劉姥姥一樣。「你好啊！」「很高興見到你，聽過很多關於你的事。」「這是你第一次到交易場內參觀？」「想做些交易嗎？」

我能說什麼？在過去的五年裡，我在S&P指數期貨市場簡直像秋風掃落葉般地超越大部分交易員的表現。我像是西部出手最快的快槍俠，而現在每個在交易場裡的人都等著看我露一手。「那有什麼問題，看我的！」我走到黛比身邊。根據交易所的規定，我並沒有得到在交易場內交易的許可，所以還是得透過黛比和她所屬的結算公司進行交易。

整個市場為之沸騰，而突然間我才意會到自己惹了大麻煩。我這個快槍俠這回可是忘了把槍帶出門，我身邊沒有線圖、報價器、移動平均線、隨機指標或是強弱指標。這裡所有的人都準備好對我掏槍，而我的處境就像光著身子站在大街上一樣無助。我對市場唯一的感覺只能來自於交易場中充斥的喊叫聲和手勢，但我對那些喊叫聲和手勢可幾乎是一點兒也看不懂。就我所看到和聽到的來觀察，市場似乎正在上漲，但走勢又似乎搖搖欲墜。「〇．二叫進五口，」有個滿臉面皰的小子從交易場的另一邊向我喊著。「得了吧！舒華茲，你是來看戲的，還是來做交易的？」

去你的，渾球！我低聲喃喃自語。那該死的五口！「黛比，讓我們來教訓那個小混混。五十口！〇．二叫出五十口！」如果那個傢伙想作多，我就偏偏要做空。

交易場中響起了一片同調的聲浪。「成交！成交！〇．二叫進十五口。」「〇．二叫進十口！」「〇．二再多叫進二十口！」「嘿！舒華茲，再多賣出一些給我們嘛！」「對啊！來嘛，紐約仔。讓我們看看你有多大的本領。〇．二再多叫進二十口！」「舒華茲，你想做做看九月的契約嗎？〇．六叫進二十口！」該死！這裡到底是怎麼一回事？

接下來的一個小時，對我來說簡直度日如年。我一直執意堅持我的空頭部位，但是我已經彈盡援絕了。市場簡直一去不回。當我的虧損累積到九萬美元時，我軋平所有的部位，然後宣布投降。當我努力推擠著走出交易場時，一個老操盤手對著我大喊，「嘿！舒華茲，你給我回來！這麼些年來你一直透過電話交易賺盡了我們的錢，我們要當面跟你要回來！」

一九八九年，我再度到CME拜訪，但是這回我拒絕再在交易場裡做交易。我已經得到了應得的教訓，那就是如果你忘了把你的槍帶出來，就千萬別站到槍林彈雨的火線上。市場不是一個用來娛樂任何人的地方，如果你想要使人印象深刻，唯一的方法只有站穩腳步、保持原則，並且依照自己的理性來從事交易。把我捐給風城博物館和在交易場裡輸的錢加起來一算，想在芝加哥當大人物的念頭花了我十萬美元。

第11章

那一仗，我打敗索羅斯

黑色星期一，你在幹嘛？

當年在華爾街，你最常會聽到人們問的問題是：「一九八七年十月十九日那天，你在幹嘛？」

那天，我手上持有的是多頭部位，結果也證明是錯的。可是如果還有機會重來一遍，我還是會作多，還是會犯同樣的錯誤。

那正是蓬勃發展的一九八〇年代，就算沃爾克於一九八二年從墨西哥灰頭土臉地撤退，市場還是一路持續多頭走勢。在一九八二到八七這五年中，道瓊工業指數從七九〇點上漲到二千六百點，共飆漲了二三〇％——光是八七年的前九個月，就上漲了六五〇點，相當於三三％的漲幅。華爾街就像西班牙奔牛節的情景一樣，每個人都跟著牛群跑。我在那年賺了八百萬美元，在那樣的多頭市場中賺錢是多麼容易，只有傻瓜才會認為多頭市場即將結束。

我手上的持股不但多，而且數量持續加大。我對市場非常有信心，所以在哥倫布紀念日的那個週末我帶著奧黛莉，與職業網球選手安德列和他老婆蓋比一起到天堂島度假。紀念日當天市場正常交易，但AMEX裡那些猶太和義大利裔的操盤手通常不上班，只有北歐裔、英裔和愛爾蘭裔的操盤手不放假。八年來，我自己則一如往常地交易，並不休息。所以當奧黛莉、安德列和蓋比坐在海洋俱樂部的吧臺上喝著雞尾酒時，我拿著電話繼續進行交易。「再幫我買一萬股的田納科（Tenneco）。……什麼？你說市場傳聞田納科就要被別的公司購併？那再幫我買進二萬股。幫我買就對了！……等一下，奧黛莉，賭場什麼時候開始營業？」

在這個哥倫布紀念日，市場狀況相當敏感。週四（十月八日）道瓊跌了三十五點，並在週五（九日）接著跌三十四點；緊接的週一（十二日）跌十點，週二（十三日）漲三十六點，週三（十四日）重挫九十五點，週四（十五日）跌五十八點，接著就來到了黑色星期五（十六日）。後來《華爾街日報》這樣描述週五破歷史紀錄的跌幅：「道瓊以破紀錄的一〇八．六五點跌幅重挫，成交量也創下史無前例的三億三千八百萬股。這是道瓊指數連續第三天重挫，但部分技術分析師表示，從週五的跌幅與成交量來看，顯示未來盤勢將有機會出現較佳表現。」

純種狗和雜種狗有什麼不同？

這就是大部分市場專家對週五那種戲劇性跌幅大致上的共同看法。大家都認為，週五的走勢是多頭向下修正的末跌段。

貝爾．史騰公司的傑克．所羅門（Jack Solomon）宣稱「市場的大幅下跌總是以死亡性的殺盤作結束」，奇德公司（Kidder）的鄧尼斯．加瑞特（Dennis Jarrett）的意見則是「市場已經到了『投降點』」。大部分的分析師都同意，星期五盤中的走勢是一種典型的「空頭頂峰」。

至於我自己呢？我也認為市場已經見底了，雖然在我自己設立的交易法則中顯示，週五出現的跌勢通常都會延伸到下個週一，但我還是在週五收盤前開始建立多頭部位。畢竟，下檔還能有多少空間？市場還能跌到哪裡去嘛！週五收盤前我打電話給黛比：「幫我用市價買五十口S＆P期指。」她幫我買進了，成交價在二八三．五。這對我來說根本不算什麼了不起的大部位，但是直覺告訴我在這樣的市場狀況下五十口已經夠了。

可是接下來的週末，發生了兩件使我真的緊張起來的事。

週五晚間，我如同往常一樣快累垮了，奧黛莉幫我煮了豐盛的晚餐。我躺在沙發上邊吃邊看電視上由路易士．洛基瑟（Louis Rukeyser）主持的「華爾街週報」。洛基瑟向當天的來賓、著名的基金經理人及市場預測專家馬提．崔格（Marty Zweig）詢問對週五這一〇八點的重挫有什麼看法，崔格說：「市場目前正在很危急的狀況中，我認為在短期內將往下跌至少五百點。」

崔格和我住在同一幢大樓裡，所以星期天一大早我就打電話給他，他下樓到我的公寓談了大約一個小時。當時債券價格也已經在很短的期間出現重挫，而且他說所有的貨幣市場指標都明顯偏壞，他再一次以相當肯定的態度表示，市場將再下跌至少五百點。

當然，他說這個結果可能在未來幾個月內發生，我們萬萬沒有想到，這一切竟然在接下來的二十四小時內成真。

另外一件令我感到不妙的，是美國財政部長詹姆斯・貝克（James Addison Baker）在週末指責德國當局任由馬克利率走高的一席話。貝克一直以來都想藉由控制美元的匯價，來改善美國貿易赤字問題，也認為波昂當局所採取的行動已經違反了他在當年二月和德國達成的協定。貝克的強硬談話等於向市場放出美國即將調高利率的風聲，令市場相當不安。所以當我聽到貝克的談話後，就知道麻煩大了。

星期一開盤前我很緊張。在崔格發表對市場的看法以及貝克對德國開罵後，我認為當天的市場從一開盤就不會讓人好過。我通常對任何部位都會設一個「認輸點」——我心中的停損點，但現在的問題是：我有沒有足夠的勇氣承認自己犯的錯誤並停損。在心裡設下停損價位是一回事，而真正執行它，在市場把多頭部位砍掉並實現一大筆的損失是另一回事。在華爾街，切實執行停損就像分辨純種狗和雜種狗有什麼不同一樣的困難。

開盤鐘聲響起，市場馬上進入瘋狂狀態，道瓊工業指數好像垂死般，在開盤十五分鐘內立刻下挫了一五〇點。我坐在辦公室陷入恐懼中，因為我手上那四十口S&P指數期貨、一卡車的選擇權和兩卡車的股票，轉眼間都跌破了我心裡的停損點，我的部位已經虧損太多了。我沒有辦法動手執行停損，也無法做任何因應動作。陸戰隊的教育告訴我，在戰場的火線下，不管前退或撤退，千萬不能停滯不前。總之，不要呆坐原地等著挨炮彈。不過他們所教的只適用於一般的戰鬥，而我現在卻像是被核子彈轟炸了一樣。

我的眼睛從一個螢幕換到另一個螢幕，天哪！所有的線圖和技術指標都直直向下——道瓊在半個小時內跌了兩百點；S＆P指數一開盤就重挫了十九點，而且還正在極速下滑中。NYFE指數？幾乎崩盤了。那斯達克指數？就像滿目瘡痍的戰場。芝加哥交易所的選擇權？全倒！我喃喃自語：「搞什麼鬼？這不是真的！下一個支撐在哪裡？反彈吧！寶貝，你一定得反彈！」

終於在十點半左右，市場暫時停止下滑，甚至出現了小幅反彈。我開始到處打電話打探市場狀況，試著為我的部位找方向。「今天的成交量是多少？」「買進和賣出家數是多少？」「有多少買家？他們只是在建立新倉，還是軋平部位？」「狗屎！你能相信默克（CMEk）竟然跌了十二美元，到了一七二美元一股嗎？再看看迪吉多，下跌了二十美元，到一五二美元一股。這些都是多好的價位啊！一定有很多人會進場搶進。」在下個鐘頭裡，道瓊指數回穩，並從低點向上回漲了一百點。

我開始採取行動了。我打電話到芝加哥，「黛比，把我那四十口S＆P期指賣掉。市價賣掉。現在就賣！」我賣在二六七．五，當場賠了三十一萬五千美元，但那是我這一生中最棒的交易之一。

我一向以擅於掌握市場的進出時點而自豪，但萬萬沒想到這次賠錢，會是我這一生中時點掌握得最棒的一筆交易。我在只比當天最高價低一．五點的價位，賣出了那四十口S＆P期指。從我賣出的價位開始，市場再度陷入快速跌勢當中。我開始努力作空，賣出所有的部位。到了當天上午十一點半，我除了在哥倫布紀念日度假喝雞尾酒時所買進的那幾個選擇權外，幾乎清乾淨了所有部位。我不是不想清掉那些選擇權，而是因為它們那時已經停止交易，根本沒有任何買盤了。

到了中午，道瓊指數又下跌了大約一五〇點。我想我已經賠了大約兩百萬美元，這可是一筆大數目，但是至少我已經停損出場，不會再輸更多錢了。這回我受了重傷，但我當機立斷地幫自己止血。根據海軍陸戰隊的訓練，即使撤退也可視為一項具攻擊性的行動，因為你藉由撤退而保留了來日再度反攻的實力。這正是我當時的做法，我從市場中撤退，保留了他日再進場放手一搏的實力。

氣氛詭譎，銀行快要倒了……

問題是，我從戰場上撤退得夠遠了嗎？我開始擔心，整個金融體系是否就此一蹶不振？情況會不會像一九二九年那次一樣糟糕？我一邊想著經濟大蕭條可能來臨，一邊浮現出父親的樣子——為了讓家裡收支相抵，他同時兼兩份工作，卻還是入不敷出。我開始思考：我得採取什麼行動來保護我的家人？

對我來說，保護家人永遠是最重要的一件事。我離開辦公室直接回到家裡。「奧黛莉，」我說：「市場要垮了。我要去把黃金領出來。」

奧黛莉開始測試我的心理狀態。「馬丁，你真的認為情況已經糟到這個地步了嗎？」

「市場重挫了一五〇點。我覺得情況還會更糟！」

「那你的部位怎麼樣？」

「除了一些已經暫停交易的選擇權契約外，我已經把所有的部位都軋平了。」我看得出來奧黛莉正回想起一九八二年那次，在海邊度假時我逼她去把黃金提領出來的舊事。該死！那些黃金還真是重得不得了，我真不想再做一次同樣的事。

我走進臥室，看到兒子吸著手指、正在小床裡睡覺，再想想自己目前面臨的狀況，如果一切真的如我想的那麼糟糕，進而危害家人的話，我該怎麼辦？如果孩子們知道我可以在事前做好防備措施而沒做時，我有什麼臉面對他們？

我還是決定把黃金提領出來。

我跑到衣帽間，拉出一個破舊的皮箱，然後往電梯走去。我是個操盤手，對於所有事情都相信自己的直覺，而現在直覺告訴我，市場快崩潰了。如果我是對的，雷根就可能像胡佛在一九二九年所做的那樣，宣布銀行暫停營業，而我的黃金將被困在銀行裡，我得先下手為強，把銀行的保險箱都清乾淨。

「你要去哪？」奧黛莉說。

「去把黃金領出來。」

「如果你真的覺得不對勁，就去吧！不過一切小心啊！」

我們的公寓坐落於六十五街和公園大道的轉角上，而東紐約儲蓄銀行則位於六十四街和第三街的交叉口，就在下一個路口。我在這麼一個美麗的秋天午後衝出門，急忙地向那個街口走去，皮箱在我身旁晃來晃去。大通銀行的董事長大衛・洛克斐勒（David Rockefeller）在搬到紐澤西賽鐸市（Saddle River）前，也在六十五街的南邊擁有一幢加寬式的房子，就位於尼克森住過的房子旁。大約十二點半左右，我走到洛克斐勒的房子旁時，看到屋外有六部大轎車兩、三排地停放著。

「喔！」我自言自語：「發生了什麼事？他們一定在開什麼緊急會議。」

在這種狀況下，我很容易就可以想像到像副總統布希、季辛吉、喬治．舒茲（George Shultz）、密爾頓．傅利曼（Milton Friedman）、馬格莉特．柴契爾（Margaret Thatcher）、海慕特．柯爾（Helmut Kohl）等人都可能正齊聚在洛克斐勒的房子裡，商量如何在真正拯救全世界前，先保住老本。我加快了腳步趕到保險箱前，這些混球只要從這幢房子打一通電話到白宮，就足以讓銀行從此關門大吉。

當我回到所住的公寓大樓時，胸前皮夾裡放了二萬美元的現金，而我臉上則掛著詭異的笑容。「一切都好嗎？」門僮對我問候：「您剛剛離開時看起來心情不太好呢！」

「一切都好，很好！」我說：「到了明天，住這棟大廈裡的人恐怕有一半以上都沒有辦法付得出下個月的管理費了，但我可不會這樣！」我拍著胸前的皮夾。「銀行馬上就要倒了，而我可一點都不在乎，因為我身上有的是現金。」

我把現金和黃金一起放在家中的保險箱裡，時間是下午兩點半，我查看了一下市場的狀況。正如我所預期的，下跌了四〇九點，並持續下滑中。我抓起電話打給哥哥：「傑瑞！你只剩下半小時的時間了，現在馬上去銀行把現金領出來！明天這些銀行可能都沒辦法開門營業了。」

「馬丁，我現在沒有時間趕去銀行。我很忙，手邊有一大堆客戶。」

「傑瑞，去那些客戶的！你得聽我說，銀行現在正面臨結構性的問題。它們就快要像三哩島核電廠的爐心一樣熔解掉了，你一定得去銀行，現在就去！」

「馬丁，你聽起來好像有點歇斯底里。回想一下一九八二年那次，你發了瘋似的叫我們去提領黃金那件事吧！我現在沒空跑銀行，手邊有太多事要做了。」

「好吧！可是如果銀行真的都關門大吉，而你手邊一點錢都沒有的話，怎麼辦？」

「我會到你家向你借。」喀搭一聲，他掛上了電話。

在市場向下跌五〇八點作收之後，我打電話給佐爾納。「佐爾納，你怎麼看？」

「我不知道，但是你知道我一向怎麼說的：『當市場的狀況壞到你覺得反胃到極點時，或許就是該加碼的時候了！』」

把手放在口袋裡，盯著報價螢幕看

星期二早上，市場狀況就像颱風過後，人們開始巡視海邊並評估災情。到底市場的跌勢是一時的，還是長期結構性的？謠言充斥華爾街，有人說紐約證交所可能暫停開市、CME也可能暫停開市、所有的交易所今天都暫停開市等等，而最天大的謠言，則是所有投資銀行的龍頭老大——摩根．史坦利可能要宣告倒閉了。

我馬上打電話給內線史基尼。

「馬丁，那些傢伙……」史基尼用尖銳的音調說：「他們手上持有一大堆的套利部位，他們放空現股，然後作多S＆P指數期貨，可是由於市場出現恐慌性賣壓，所以他們就虧大啦！指數期貨契約的價格出現四十點的逆價差（期貨價格低於現貨價格），可是股票根本有行無市。他們欠了

ＣＭＥ高達十億美元以上的保證金，更糟的是，他們沒有能力支應追繳保證金的壓力。」

我打電話給黛比，探一探ＣＭＥ那邊的狀況。ＣＭＥ就像瘋人院般，黛比過去從來沒有看過這樣的情況。交易場委員會光是為了處理錯帳和交易糾紛，就搞得臉都綠了，一大堆操盤手不承認他們所成交的交易。在我和黛比說話的同時，米爾蘭正在Ｓ＆Ｐ期貨的交易場上，向大家宣示一切沒問題，可是沒人相信他的話。許多經紀商和操盤手乾脆不來了，許多交易所的會員席位都在跳樓大拍賣——因為有不少會員指望拿賣席位的錢去支付保證金的追繳。

在股票市場中，作價員創造市場價格，但是如果買盤和賣盤相差太遠時，他們也可以暫停交易，而這正是星期一當天很多檔股票所面臨的窘境。指數期貨是利用公開喊價的方式進行交易，在Ｓ＆Ｐ指數期貨的交易場中並沒有作價員。所有的交易指令都集中在交易圈內，市場中總有人在不同的價位叫進或叫出，這就是Ｓ＆Ｐ期指之所以會和現貨指數出現如此巨幅價差的主要原因。操盤手會針對目前市場上叫出的賣盤喊出叫進的價格，但是這些價格都比現貨指數的最後成交價來得低。用來計算Ｓ＆Ｐ指數的股價，都只是星期一收盤時所取得的最後價格而已。

在這麼一個供需完全失衡的市場中，我決定停止交易。如果現在跳進Ｓ＆Ｐ期指市場的話，那我真的是頭殼壞去了。在那個市場中價格波動得愈厲害，場內操盤手就愈有機會惡搞你。就算在平常一切都沒問題的狀況下，我都免不了被他們瞎整一番，更何況在一個像今天這麼亂的市場，他們不把我咬成碎片才怪呢！整個星期二早晨，我都把手放在口袋裡，盯著報價螢幕看。股票市場以極大的成交量上下振盪。黛比在十一點三十分時打電話給我，米爾蘭和ＣＭＥ的主席傑克．山德納

（Jack Sandner）剛剛才走進S＆P指數期貨的交易場，宣布暫時停止所有的交易活動。他們擔心紐約證交所可能馬上會宣布停止交易，而如果這件事真的發生，CME就會成為操盤手蜂擁而上、全力摜壓的地方。

但是中午過後，道瓊新聞社開始報導，許多績優藍籌公司已經開始買回自家的股票。這個利多消息馬上讓所有的藍籌股強勁反彈，而CME隨後也重新開始交易。那天道瓊工業指數收盤上揚一〇二．二七點，是有史以來的單日最大漲幅。

我完全錯過了這一波漲勢，因為我整天都在場外觀望。我在當時仍然擁有六百萬美元的年度獲利，而且我的神經不再緊繃，最重要的是，我的黃金都放在保險箱裡。這就像在拉斯維加斯大贏之後的心情：我得休息一段時間才行。

一手加碼買進，一手把黃金領出來

星期三，有更多股票跟隨藍籌股的漲勢上揚，到了下午三點，股市已經上漲了一七五點，輕易超越了星期二的單日漲幅紀錄，並且收復了星期一那五〇八點跌幅的大半失土。市場進入瘋狂狀態。

我一定得回到這場遊戲裡。

我看著我的神奇T指標、移動平均線、相對強弱指標和趨勢軌道線，在市場經過了我一生僅見的巨幅波動過後，我的指標都無法使用了。在我的指標中顯現不出半點規律、沒有任何對稱的形態，也毫無高低價的限制。現在市場的價格波動，就像暴風雨中飄浮在大海裡的救生艇一般劇烈。我得靠自己的市場感覺來操作，而我對市場的直覺告訴我，這個戲劇性的強勁反彈不可能一直持續。

「黛比，」我大喊：「幫我用市價賣出一些指數期貨，然後看看接下來會怎麼走。」

接下來發生了什麼事？市場繼續往上漲，而我持續不斷地以一次一到兩口的數量加碼放空，交易所場內的那些傢伙不斷地延遲我的成交回報，一路在執行我的交易指令前偷跑，在這兒偷我〇．一點，在那兒又偷我個〇．一五點。S&P指數期貨收盤在二五八．二五，而我在當天收盤時總共賣出了十二口契約，平均放空成本價為二五五美元。這對我來說算是小事一樁，我平常每天收盤時總會作多或放空個一百或一百五十口的期貨契約，但是在這種市場狀況下，我才不這麼幹呢！

到了下午五點，我打電話到艾略特波浪理論學會（The Elliot Wave Theorist）的熱線去聽聽看鮑伯．普瑞契特（Bob Prechter）怎麼說。普瑞契特住在喬治亞州的甘斯維爾（Gainesville），他印行了一份名為《艾略特波浪理論學家》（*The Elliott Wave Theorist*）的市場行情分析報導。普瑞契特曾經成功地預測了一九八二年開始的大多頭市場，並因此成為一九八〇年代市場的大師級人物。他擁有一大堆信徒，唯他馬首是瞻。除了那份市場分析報導之外，他還設立了一個每週一、三、五下午五點更新一次內容的熱線電話。在一九八七年十月二十一日星期三那天的熱線電話中，普瑞契特表示悲觀的看法。根據熱線電話中的內容，雖然市場歷經了兩天的強勁反彈，可是行情仍然無可避免地要再度開始下挫。

星期四早晨開盤，我和黛比通電話。普瑞契特是大師中的大師，只要他說市場會往下跌，就很可能會成為事實。不管市場是上漲或下跌，在這麼巨幅的波動行情中，我可得要時時加以掌握。

噹！開盤的鐘聲響起。「馬丁！」黛比在電話中高聲叫著：「席爾森（Shearson，大型投資銀行）剛在市場裡下了一個一千口的賣單，他們賣出！」

「價位！價位！該死的！給我一個報價！」

「二四〇叫出！」

「狗屎，昨天不是收在二五八的嗎？這到底是在搞什麼鬼啊！讓我想一下，我得好好想一下。」我已經賺了多少？十二口成本在二五五的空頭部位，而現在市場上是二四〇叫出。12×500×15＝90000。「馬丁！現在是二三〇叫出！二二五叫出！」

「契約量呢？二二五叫出多少口？」如果以二二五來計算的話，只要我馬上軋平那十二口部位，就已經穩賺十八萬美元了。「到底叫出多少口？」

「馬丁，市場上沒有任何買盤，我不知道有多少口叫出！二二〇叫出！二一五叫出！」我的老天！這到底是怎麼回事啊？S＆P指數期貨的交易場成了無底洞，沒有任何人叫進。在我從事S＆P期指交易的五年來，從來沒有見識過如此陣仗。「二一〇！二〇五！馬丁，市場剛剛在二〇二成交！」

「多少口？到底成交多少口？」

「我不知道，我沒看清楚！二〇〇成交！又成交在一九八！」

「平倉！」我大喊著。場內那些傢伙已經開始買進了。「軋平我那十二口契約，然後馬上把成交紀錄輸入結算所的電腦裡。我不要那些渾蛋把我的成交紀錄拿去亂搞！」在市場出現如此劇烈的波動時，不管是無心或是故意，這些傢伙會常常忘掉一些他們執行過的交易。「馬上幫我執行！」喀搭，我掛上了電話。

我轉頭看著報價螢幕。上面出現了二〇二這個價位，接著是二〇〇，然後是一九八、一九七、一九五。過了一分鐘後，一九七、二〇〇、二〇四。市場已經開始轉向了。但這都沒有關係，我一定已經在二〇〇以下的價位軋平所有的部位了，我又大賺了一票！

鈴……，「黛比！黛比！你幫我軋平了嗎？」

「我在二〇〇幫你軋平了五口，但是他們不給我另外七口的成交回報！」

「現在市價在哪裡？二一〇嗎？價格變動得太快了，如果他們還不把那七口在二〇〇成交的單子回報給你，就馬上用市價幫我買進另外五口。現在就買！」那些天殺的渾蛋！他們拿我的交易指令去應付另外七口單子，讓我在這七口契約上每口起碼少賺了十點，等於三萬五千美元，搞不好，他們還要吃我更多點數。

鈴……「馬丁！我拿到成交回報了，五口成交在二一〇，而另外二口成交在二一五。這是我能做到最好的價格了，市場價格變動實在太快了。」

我激動得發抖，我不知道該感到高興還是不爽。我在這次十二口契約的交易中，總共賺了二十九萬美元，而那些在CME交易場內的傢伙則假借所謂「執行差價」的名義從我口袋裡拿走了五萬美元。僅僅靠著十二口契約就賺了二十九萬美元，真是不可思議！市場到底是怎麼回事？

最後大家才知道，席爾森那一千口的賣單是幫操盤高手喬治・索羅斯（George Soros）的量子基金下到交易場的。很明顯，索羅斯對市場的看法和普瑞契特相同，並決定把他的基金所持有的二千四百口S＆P期指契約，在開盤時以市價殺出。根據《巴倫週刊》事後的報導，當那第一波為數一千口的賣單下到交易所時，「交易場內的操盤手們聽出了鯨魚陷入困境的叫聲」。

他們把所有的買盤撤掉，直到叫出價格掉到大約二〇〇時才開始發動攻擊。索羅斯的部位大部分都軋平在一九五到二一〇之間，而在短短幾分鐘之內，市場價格又彈回到二三〇附近，讓一大堆新誕生的百萬富翁在交易場內狂歡慶祝。這是CME歷史上最著名的一筆交易，而許多相關細節都是日後由美國地方法院的芝加哥分院傳出來的，因為索羅斯控告席爾森公司並求償一億六千萬美元（隨後雙方於庭外和解）。根據內線史基尼的說法，索羅斯實際上損失了八億美元。「馬丁，他老早就已經作多了，而且是在不得已的狀況下被迫停損。」我只記得那一天我的操作績效「超越」了偉大的索羅斯。

二十三日星期五，我把那些黃金又存回了東紐約儲蓄銀行。當我獨自站在銀行專為貴賓客戶所闢的房間裡，把黃金一塊塊放回保險箱時，不禁想到，這是我第二次把黃金提領出來。在這兩次經驗中，市場都回到正常狀況，而我也因此賺了不少。或許佐爾納說的對，當情況壞到我們想把部位不計一切拋出時，反而應該把部位加倍加碼。我已經有十年沒有這樣的感覺了，但是當下一次我的直覺告訴自己世界末日將要來臨時，或許我會真的照樣加倍加碼，然後還是要把我的黃金領出來。

第11堂課 別鐵齒，市場永遠是對的

鮑伯・普瑞契特是所有市場分析師中最有天分的一位。他以全額獎學金進入耶魯大學就讀，並在一九七一年拿到心理學學位，然後花了幾年的時間自學技術分析的相關領域，這使得他在美林證券得到一個技術分析專員的職位，就在那時開始接觸並學習洛夫・尼爾森・艾略特（Ralph Nelson Elliott）。

艾略特原本是會計師和技術分析者，他在一九二〇和一九三〇年代中發展出一套波浪理論來分析市場，並在一九四六年出版了他一生中唯一的嘔心瀝血之作《自然的法則：宇宙的祕密》（*Nature's Law: The Secret of the Universe*）。從那時開始，波浪理論的操作哲學吸引了一群為數不多、但忠誠度頗高的追隨者，其中包括了哲學家、數學家、心理學家、理則學家以及投資者。一九七七年時，普瑞契特從美林證券辭職，搬到喬治亞州的甘斯維爾市，開始發行市場行情報導刊物《艾略特波浪理論學家》。一九七八年，他和佛洛斯特（A. J. Frost，一名會計師，同時也是波浪理論的資深信徒）合寫了一本名為《艾略特波浪理論》（*Elliot Wave Principle*）的書，並在其中以神奇的精確度，成功預測出一九八〇年代的大多頭行情。

我也訂閱了《艾略特波浪理論學家》，因為我總是不停地找尋一切有助於改進操作方法的資訊，而艾略特的波浪理論正好彌補了神奇T指標的不足。波浪理論根基於數學理論之上，正好滿足我對於對稱、漲潮、退潮和宇宙規律等課題的好奇心和想像力，對一個像我這樣的操盤手而言，它就像宇宙的奧祕一樣吸引人。

一九八三年秋季某一天，我打了一通電話給普瑞契特。普瑞契特也參加了查德舉辦的全美冠軍操盤手大賽，所以認得我的名字。我很喜歡他提出的看法，而隨後我們也達成了一個協議，由他提供諮詢服務，而我則每月付他些許費用。我真的非常敬重普瑞契特的智慧，所以每天都和他談好幾次話，就像以前每天和佐爾納交換意見一樣。

一九八七年的股市大崩盤前，他認為那是大多頭市場的結束，並對前景轉為完全悲觀。雖然市場在稍後回穩並開始上漲，但仍然無法改變他的看法。他認為我們正處於波浪的頂峰，而市場的情勢就像大浪即將打在岩石上一樣危急，我們根本沒有辦法做任何事來加以挽救。

一九八九年，普瑞契特榮任金融市場技術分析師協會（Market Technicians Association）總裁，這是一個由全國依技術分析方法從事交易的專業人士所組成的團體，而他邀請我和另一名頂尖的操盤手保羅．都鐸．鐘斯共同參與一項市場分析座談會。當時普瑞契特長時間站在空方，所以漸漸失去了人氣，在那次座談會開始之前，我把他拉到一邊。我說：「就算市場真的會崩盤，你也等一等再發表看空的想法吧！等到市場真的下跌了，再告訴他們你看空。」

不過他似乎沒聽進我的話。他強烈認為我們現在正處於浪潮的頂峰，並且應該抱持居高思危的想法，隨時要有跳進救生艇裡的心理準備。我仍然對普瑞契特的智慧相當尊敬，但是在那之後我們就不那麼常聯絡了。我是一個操盤手，不能什麼都不做，坐等世界末日的來臨。一九九五年，普瑞契特送給我一本他所寫的新書，書名是《在浪潮的頂端》（*At the Crest of the Tidal Wave*），書中對後市的看法消極且悲觀，但是卻相當具有吸引力。普瑞契特真是天才，也是一位極具說服力的作者。我有一個朋友讀完了這本書之後，甚至嚇得一個星期都上不出大號。可是這又怎麼樣？市場還是繼續上漲。

讀那本書時，我不斷思考，普瑞契特真的是瘋了。或許你很確信自己的想法沒錯，但市場卻永遠是對的。只有在你不得不做時才該把沙袋堆在河邊，而不是在之前就動手。華爾街可不會買裸體國王的帳，或許他又老又肥，但是人們可對這些一點也不感興趣，他們想看到的是他坐在王位上尊貴威嚴的模樣。只要他們一直覺得國王是這麼高貴，他的形象就會一直維持下去，因為人們會持續地認同他（買進）。那麼，這個大球就會繼續滾動下去。

普瑞契特就是那種典型認定自己對、而市場錯的人。他的理論冠冕堂皇，他的聰明才智足以贏得諾貝爾經濟學獎，而我也希望他哪一天真的能得獎，但是市場才不在意這些呢！普瑞契特現在總算公開承認他在這麼長的一段時間裡的確看錯了，他對於自己找尋市場頂部的能力失去了自信，但是在他認同追隨市場潮流才是獲利的較佳做法前，他還是會坐在湖邊，靜靜地等待著浪潮的來臨。

第12章

野心變大，開始替別人操盤

代客操作新體驗

市場剛剛收盤，我正忙碌地補畫技術線圖和計算技術指標。我在趕時間，因為門僮隨時會通知我，商品公司（Commodities Corp.）派來的大轎車是否已經在樓下等待，準備好載我到普林斯頓去。我知道自己會待到很晚才回家，所以得趕快把手邊工作做完，不然明天交易可就會大受影響了。

通常，我在工作日裡都不會在晚上出門。想成為一位成功的操盤手需要休息，而且至少需要在晚上工作三個鐘頭來完成充分的準備。不過今晚算是例外。今晚是商品公司每半年舉辦一次的操盤手晚宴，這是讓所有頂尖操盤手齊聚一堂的難得機會，我可不想錯過和其他頂尖操盤手互相較勁的大好良機。這是我第一次參加這種晚宴，正期待藉著這個機會去發掘偉大操盤手的成功祕訣，並讓他們知道我也是一個和他們一樣棒、甚至更棒的操盤手。

「鈴……，鈴……」門鈴響了起來。加長型的禮車已經到了。我穿上那套新買的亞曼尼西裝外套和

Bally鱷魚皮鞋，繫緊Missoni領帶，然後站在鏡子前檢查自己的穿著。好極了！我已經準備好去和那些頂尖高手過招了。一個半鐘頭後，我們駛進紐澤西州的普林斯頓。我是在耶魯大學的地盤——康乃迪克州的紐海文市長大的，這是我一生中第二次造訪普林斯頓。普林斯頓讓我回想起像安默斯特（我是在那裡讀大學的）那樣的新英格蘭式小城，我實在很難想像在紐澤西州也會有這麼棒的地方。

禮車緩緩駛進商品公司雄偉的總部大樓，秋天夕陽的光芒正逐漸消失在晴朗的天空中。精心布置過的樹上閃耀出紅色和金色光芒，反射在商品公司超現代化大樓的玻璃帷幕上。然而當我走過那扇超大玻璃門時，卻覺得胃好像打結般難受。這種晚宴總讓我感到緊張，我不喜歡和陌生人談無聊話題，平常都是奧黛莉幫忙應付這些場合，但是商品公司這場半年一度的操盤手晚宴只限男性參加，配偶並未獲邀。

為自己操盤，太大材小用了

我在門口環視著會場，試圖找出熟悉的面孔。第一個被我認出來的人，是麥可·馬可斯（Michael Marcus）。馬可斯畢業自約翰·霍普金斯大學，擁有克拉克大學心理學博士學位，是第一個被商品公司延攬成為旗下操盤手的學院派人士，在接下來的十八年中，馬可斯將他最初只有三萬美元的部位，成功擴大為總市值八千萬美元。目前住在南加州一幢可以俯瞰一片私人海灘的豪宅裡的他，現在手上拿著一瓶礦泉水——或許有人告訴他洛磯山以東的水受到嚴重污染吧！我在幾個月前才和他共進過一次晚餐，很好奇他是不是已經度過了危機，但你永遠無法知道這些操盤手心裡在想什麼。我們這類人，通常都在某些方面有著奇怪的想法。

商品公司的總裁巴布．伊斯頓（Bob Easton）上前來和我寒暄。伊斯頓以前曾經在美國律師協會任職，畢業於普林斯頓大學，擁有哥倫比亞大學企管碩士和喬治城大學法學博士學位。他本身並不是操盤手，是那種無論在何種社交場合都能輕鬆愉快地應對的人，他的社交手腕就像商品公司那幢大樓外面的玻璃帷幕一樣平順圓滑。伊斯頓向我介紹布魯斯．考夫納（Bruce Kovner），他是市場上最有名的操盤手之一，然後伊斯頓就溜到一旁去歡迎其他不擅交際應酬的操盤手，試著讓每個人在今天的晚宴中都能有賓至如歸的感覺。

就跟馬可斯一樣，考夫納是另一位被商品公司網羅的學院派操盤手。這位前哈佛大學和賓州大學的政治學教授在一九七〇年代中期，從學術領域跳到金融市場。考夫納相信他在經濟學和政治學方面的專業知識，在從事期貨市場分析時很有用，事實證明他的想法是正確的。光是在一九八七年，考夫納就幫自己和投資者賺進超過三億美元。

考夫納滔滔不絕地敘述著自己如何喜愛在殖利率曲線（yield curve）方面的研究，以及他如何把市場的研究工作和利率期貨操作相互配合，但我的心思已經飛回到去年的秋天。那時剛好有個席爾森公司的經紀人哈利．丹尼（Harry Denny）試著說服我和商品公司談談，商品公司付給像丹尼這樣的經紀人相當多的佣金來找尋像我這樣的操盤手合作。這並非因為我需要和任何人合作，而是由於我在查德所舉辦的全美冠軍操盤手大賽中取得了一連串的勝利，再加上一九八八年二月十五日發行的《巴倫週刊》裡有篇專文以「市場上最棒的」標題來介紹我，讓我在華爾街享有相當的聲望。

有段時間我曾經考慮過操作別人資金的可能性。對我來說，操作別人的資金會是一件好事，因為雖然我開始操作自有資金以來一直相當成功，自己還是覺得並沒有把所有該賺的錢都竭盡所能地賺到。我在挑選進場時機方面通常都能做出正確的決定，但是對於損失自有資金的恐懼和急於實現獲利的心理，卻使得我無法創造最佳的操作績效。如果我是用別人的錢進行操作的話，我確信自己會採用更積極的手法進出，並持有獲利部位更久。這就是為什麼丹尼來的正是時候。當他告訴我商品公司有意找我操作部位，並想和我談談的時候，我一口就答應了。

在快速成長的一九八〇年代過後，大型基金簡直成了大怪物。共同基金快速成長，退休金計畫的相關規定和國稅局，將數以百萬計的新投資人推向市場。一九八〇年代早期後，通貨膨脹相當嚴重，所以大筆投資基金都尋求高額的報酬率。新的金融工具一直被發明出來，而那些擁有大筆資金的人，也一直都在向外找尋有能力操作這些新金融工具的專業操盤手，像我這樣的冠軍操盤手，當然就是最好的人選了。

商品公司長久以來一直都是海默・威瑪（Helmut Weymar）的腦力創作。一九六九年，在他三十歲那年，威瑪從一個麻省理工學院畢業的電腦專家，成為納貝斯克（Nabisco）公司的商品經濟學者。威瑪是首先發現商品交易資訊特別適合利用電腦來分析的少數人之一，在那之前，大部分的商品交易都是經由類似早先倫敦金屬交易所（貴金屬）、芝加哥期貨交易所（穀物）以及芝加哥商品交易所（肉品及牲口）所採用的老式人工方法來進行的。那些老操盤手大部分靠直覺，而非理論來從事交易。他們會注意一些事物，像是氣候、政治以及經濟狀況，作為操作的指標。他們沒有辦法分析影響商品價格變動的神祕市場力量，而這也是為什麼商品市場是如此波動劇烈且難以預測。

威瑪覺得自己可以利用電腦的模型，為他的操盤手帶來更多的優勢。他的計畫是徵選一批有天分的操盤手，把他們放在擁有最先進科技支援的環境下，提供一筆操作資金，借由這個方法訓練出新品種的操盤手——能夠充分利用現代科技帶來的優勢，而非採用老式做法的人。他的計畫相當成功，到一九八八年時，商品公司已經成為全球商品市場最大的交易者了。

玩別人的錢，跟玩自己的錢完全不一樣

一九八八年四月二十六日，我和我的律師柯恩斯坦一起開車到普林斯頓，和伊斯頓、依蓮・克魯克（Elaine Crocker，負責為商品公司募集操盤手的人）以及其他幾個衣著光鮮、彬彬有禮的商品公司人員共進午餐。直覺告訴我，這些人都不是市場的玩家。他們都太斯文了，根本不像操盤者——他們只是幫商品公司招攬像我這種操盤手的業務人員。

他們陪伴著柯恩斯坦和我進入一間布置豪華的貴賓室，我們享用了一頓由專屬廚師精心調製的美味午餐。商品公司的品味和美國股票交易所，顯然有很大的差異。在交易所裡，我的午餐通常是從工作服口袋裡掏出來的牛肉三明治。

柯恩斯坦和我在享用午餐的同時，伊斯頓和業務員們輪番告訴我商品公司是怎樣的一個好地

方，如何善待旗下的操盤手。我想知道的只是他們到底要付我多少錢，以及我得為他們賺多少錢。所以當我吃完第三份甜點後，我說：「好吧，你們的條件是什麼？」

「由於你是新加入本公司的操盤手，」伊斯頓說：「我們會提供二十五萬美元的保證金給你，然後你能得到操作獲利的三〇％。」

我大聲笑了出來。「二十五萬美元，」我說：「少來了吧！我光操作自己的資金一年就可以賺進六、七百萬美元了。我明白告訴你們吧，我給你們二十五萬美元讓你們來替我操作好了。」

「馬丁，拜託聽我說。」伊斯頓拉了拉他的名牌領帶，說：「馬可斯、考夫納，甚至保羅．都鐸．鐘斯都是從這麼小的金額開始的。這是我們公司一直以來的做法。」

「這對他們來說管用，」我說，然後站起來，從椅背上拿起了西裝外套。「我現在要去洗手間，等我回來的時候，希望你們已經考慮清楚，再給我一個更好的提案吧！」

柯恩斯坦給了我一個眼色，暗示我「你在幹什麼？你快要把這筆生意給搞砸了」。但我是一個操盤手，我知道自己是對的。這些傢伙需要我比我需要他們更多，而且更令我確定的是，當我回來的時候他們一定會提高條件。

果然，商品公司最後讓我為他們操作一千萬美元保證金的部位，而我仍然可以得到這個部位總操作獲利的三〇％。我離開之前，他們要我和公司創辦人兼總裁威瑪見一面。威瑪也是一個操盤手，很喜歡我的操作方法。「電腦是很棒的工具，」他告訴我：「但是你還是得親自動手處理這些資料。」

六月中旬，我正式開始為商品公司操盤。但我很快就感到不對勁：擁有如此龐大的資金，迫使我必須改變操作風格，以及持有部位的時間長短。

如果我在操作自己的部位時犯了任何錯誤，會馬上軋平並實現虧損，但是當我持有數以百計的契約部位時，我就會傾向等待更長時間、並給部位更久的觀察期。不幸的是，如果我犯了錯，這其中造成的損失將高達數十萬美元，甚至數百萬美元，而我就必須重新開始，努力把賠掉的錢賺回來。

此外，我不喜歡別人仔細檢查我的操作績效。當我虧損的是自己的錢時，只要接受賠錢的事實，然後繼續操作就可以了，可是當我賠的是別人的錢，就覺得好像全世界的人都在盯著我的虧損看。

我為商品公司做了幾筆小額交易後，就幾乎沒有為他們的帳戶做任何交易了。有一天下午，我接到一通威瑪打來的電話，他在丹佛機場準備前往亞斯本中心度假的路上。「嗨，馬丁，」他說：「怎麼搞的？你都沒有為我們做一筆交易。」

「我試過用你們的資金做交易了，但是我得用一種不同的風格來操作，我得持有更長期的部位，而我對於這一點感到不怎麼舒服。我一直都是一個短線操作者。」

「你想太多了！就用你操作自有資金的方法來操作我們的帳戶就好了，」他說：「這才是我們請你來的原因啊！」威瑪接著和我講了一大堆有關他們對我有多大的期待、他們認為我是最棒的操盤手，以及透過共同合作我們可以賺多少錢之類的話。

「好吧，」我說：「我會再幫你們試一次。」

威瑪說的話正是我所需要的。在接下來的兩個月中，我為商品公司的帳戶賺進了七十萬美元。

我的表現，使我立刻成為商品公司的大紅人。在他們每半年一度的操盤手晚宴中，我覺得自己成了會場中的高手。考夫納正在發表高見：「在目前的經濟情勢以及景氣循環中，利率理論告訴我們近天期的期貨契約價格應該高於遠天期的期貨契約，」突然間，他停了下來，看著窗外說：「那是什麼？」

悄悄埋下石油市場的大地雷……

會場內每個人都往商品公司超摩登大樓的大型玻璃窗移動。一架直升機正降落在大樓外的草坪上，機身上的燈光在傍晚的夜色中閃閃發亮。

「那是鐘斯。」有人以崇敬的語氣說著。

鐘斯到達會場了。我必須承認，鐘斯是一個重量級人物，不只因為他是一個偉大的操盤手，同時也因為他是很會表現自己的人，一個斯文、外表好看又總是走在時代尖端的南方佬。

鐘斯從一九八〇年開始從事棉花期貨的交易，並從中賺到了數百萬美元，但是在這場商品公司半年一度的晚宴餐會之際，他最為人所知的事蹟是他在一九八七年的股市崩盤中，反讓自己的資產增加了一倍。鐘斯喜歡研究一套他稱之為類比式的數學模型，而他的技術圖形在一九八七年的十月份顯示出市場將會出現和一九二九年一樣的崩盤走勢。結果，他從十月十九日起一路放空，而當市場真的開始崩盤時，他更趁勢加碼放空來加深市場的崩跌。我從來都不相信鐘斯的那一套模型，尤其是我們根本就沒有出現像一九二九年那樣的經濟大蕭條，而且經濟狀況也仍然不錯。但是鐘斯的模型的確為他賺進了大把鈔票，所以人們都很崇拜他。

鐘斯走到接待區，場面就像著名影星勞勃．瑞福走進會場一樣轟動。每個人都想湊到他身邊，他八面玲瓏的樣子和伊斯頓頗為相似，而精明幹練的模樣則和威瑪不相上下。當然，他可不是專程來吃頓晚餐的，他是要搭直升機回去契莎皮克灣（Chesapeake Bay）那幢占地三千畝的豪宅，經過這裡順道進來致意罷了。鐘斯可不需要向這個會場裡的任何一個人假以辭色，他的財力足以買下這整座大廈。

到了準七點半，當鐘斯的直升機起程飛向夜空後，伊斯頓請我們進入商品公司的餐廳。我不想坐在一些言語乏味的人旁邊，所以就抓著路易士．貝肯（Louis Bacon）不放。貝肯和丹尼在席爾斯是同一間辦公室的同事，但他在當時並不是什麼知名人士。如果那時我夠聰明的話，就該馬上雇用貝肯，讓他幫我分擔部分資金的操作工作，可是貝肯和鐘斯一樣，是來自美國南方的男孩，而我對這些南方佬可是一點都不了解。雖然鐘斯非常成功，但我還是直覺地認為他們說話慢、思考也很慢。

我萬萬沒想到在接下來的五年中，貝肯的獲利竟然凌駕於我九倍以上。如果我當時就雇用他，他現在已經幫我賺進幾百萬了。

伊斯頓舉起了杯子。「威瑪和我誠摯地歡迎諸位蒞臨晚宴，」他宣布著：「感謝諸位傑出的工作表現，使我們擁有另一個豐收的年度。」伊斯頓接著說我們是一個多麼優秀的團隊、如何在市場中扮演主流的角色，以及我們如何利用電腦交易系統成功地預測市場走勢，並成為佼佼者。「你們是世界上最棒、操作規模最大的團隊。」他在結論中說：「根據我的統計，國內商品交易市場有一半以上的資金是由這個屋子裡的人所操作的。」這真是令人印象深刻。我懷疑有沒有其他的產業，可以像今天的晚宴這樣把五〇%的參與者齊聚一堂。

伊斯頓說完，我們享受了一頓美餐，其中包括：塞滿了魚子醬的雞蛋、大蒜奶油焗生蠔、鹿肉排……。穿著燕尾服的侍者不停地在我們的杯中加滿最高級的法國葡萄酒。當巧克力甜點送上來的時候，伊斯頓再度起身並舉起酒杯。「這是商品公司在每次餐會中的傳統，」他說：「每個人都有機會發表演說，並告訴我們他對自己所專精的市場最近有什麼看法。」就這樣，他開始依照桌次向每個人詢問他們對不同商品市場的看法，其中包括貨幣、穀物、糖、豬腩、牲口、黃金、白銀、精銅、歐洲美元、國庫券、長期政府公債以及股價指數期貨等等。每個操盤手依序作答。

商品公司從事一百三十五種商品交易，照這個情況看來，我們好像真的得把所有市場的狀況都聽一遍。

終於，輪到油品期貨的操盤手發表意見了。我覺得這個話題應該會很有趣，因為石油價格在最近呈現崩跌的走勢。原油價格目前大約在每桶十二．五美元，這是自石油輸出國組織（ＯＰＥＣ）成立後所出現的最低油價，而更有趣的是，沒有人想得出來油價到底為什麼下跌。市場上有些投機客謠傳可能是中情局向沙烏地阿拉伯施壓，造成石油過量供給以幫助美國平衡國際收支帳，或是藉此來扯俄羅斯、伊朗或伊拉克的後腿。誰曉得事情是不是真的這樣？

談到原油市場，伊斯頓點名某個從德州來的牛仔發表高見。在我看來，這傢伙就像電影裡典型的西部牛仔——穿著高統馬靴和裝飾著小金屬片的絲質襯衫，鈕子扣得很低，胸前敞開，一條斤兩十足的金項鍊掛在脖子上。他那滿是橫肉的臉漲得血紅，還不停冒汗。「我不是很清楚，」他吞吞吐吐地說：「過去六個月以來，西德州原油的價格已經每桶跌了六美元。我想告訴各位的是，那些油井還是一直不停地在大量抽取原油。但是我想在六個月內，情況應該能夠得到改善。」

「謝謝你，」伊斯頓說：「現在讓我們聽一聽目前歐洲市場發生了什麼事。」他叫起了一個外表整潔、個子矮小的法國人。這個傢伙很瘦而且形容枯槁，穿著手工訂製的藍色西裝、襯衫配上名牌領帶。「在未來的五年中，」皮耶・列佛利特（Pierre Le Filt）輕聲地哼著：「歐洲的石油供應將會遠高於需求。」

當皮耶說完後，威瑪突然出乎意料之外地叫我。「我們很幸運，馬丁・舒華茲先生也參加了今天的晚宴。」他說：「馬丁是新加入商品公司的操盤手，是我們操作績效最好的操盤手之一。馬丁，你對剛剛所聽到的有什麼看法？」

我輕輕地喘了一口氣。我並不時常從事原油期貨的交易，但我想這對我來說會是為會場製造一些高潮的好機會，我是新人，現在該是展現本領的時候了。「威瑪，」我說：「非常感謝你邀請我參加這個餐會，但我的看法可能和前面幾位不同。我一點也不清楚在未來五年內，歐洲地區的原油供給是不是真的高於需求，也不知道未來的六個月內，西德州原油的價格會跑到什麼價位，基本上，我對這些事根本不在乎。我是一個每天以市價評估損益的操盤手，只想知道明天市場的價格會到哪裡，而且我得告訴各位，今天當我離開辦公室前在補畫我的技術圖、檢查技術指標以及計算各項比率時，原油的價格在我的移動平均線之上。至少以我目前的觀察，原油的價格正處於一個向上的格局中。」

失火啦！失火啦！汪！

這場餐會直到晚上十一點才結束，我回到家已經累得沒法再檢查一遍技術圖了。第二天，我就為此付出了代價。

我一直站在和市場走勢不對盤的那一邊，這讓我感到非常疲倦。上午過了一半時，電話響起，是席爾森的丹尼打來的。「馬丁，」他說：「你看到石油的價格了嗎？簡直是太瘋狂了。」我把原油的價格叫到我的報價螢幕上。一九八八年十二月的原油期貨價格在十三美元一桶，而且正向上攀升。跳到十三．一〇，又跳到十三．一五。

「哼！真是令人難以置信。」我說：「我們昨天晚上在商品公司的晚宴餐會上才剛談到原油呢！我說原油價格會漲，但只不過是隨便說說而已。」

我完全忘掉了原油市場的事，繼續專心於自己的操作。當天我在S&P期指上面輸了一筆錢。第二天，丹尼又打電話給我。「馬丁，」他說：「你看到原油價格了嗎？一定是謝克．阿曼尼（Sheik Yamani，沙烏地阿拉伯的石油部長）命令石油輸出國組織關閉了一些油井，或是發生了其他什麼事。油價簡直是直線上升！」我把原油期貨的價格叫到報價螢幕上，原油價格跳到十四．三

○，又跳到十四．三五。

當油價在次日飆漲到每桶十五美元時，我才終於明白事情是怎麼一回事。真正把原油價格在三天內拉升二○％的人不是阿曼尼，而是一個來自紐海文的小子——馬丁．舒華茲！這件事情我早該想到，如果全國五○％的期貨基金操盤手在同一時刻齊聚一堂，其中大部分是原油期貨市場的老手，而他們大部分都持有空頭部位，當我在會場中提到技術圖形顯示原油價格正處於上升格局當中時，無異在一個擁擠的房間中向人群大喊「失火啦！」，現在這些傢伙正手忙腳亂地試著補回他們的部位。

我真想踢自己一腳。到底那個說話慢條斯理的鐘斯、長袖善舞的考夫納或是緊抱著礦泉水不放的馬可斯，在接到我傳達的訊息後做了什麼動作？我確信他們一定不花三天就把情況想通，他們很可能早就已經大展身手，作多原油期貨，加入原本就很強勢的價格走勢中，並賺取數以百萬計的利潤了。這就是我們這些訓練有素的獵犬的作風，而這也正是我應該採取的做法：汪！汪！汪！

第12堂課 每天用十分鐘讀《華爾街日報》

《華爾街日報》是一份自一八八九年開始由道瓊斯公司發行，並在日後成為金融刊物方面佼佼者的報紙。每個市場玩家都必須每天閱讀，以獲取最新的金融市場資訊。

我通常都只「瀏覽」，而非真的「閱讀」。小時候，我習慣在星期日一大早起床後和哥哥傑瑞爭著看《紐約時報》體育版。我會把報紙拿來看個二十分鐘再給他；他則會拿一些報紙上的內容來考我，像是球賽的比分、球員的平均打擊率、誰可能會是今天比賽的先發投手等，而他從來未曾難倒過我。

如果你想成為一個成功的操盤手，就得學著用這種方式來閱讀《華爾街日報》。那裡面有這麼多的資訊，你只能訓練自己用瀏覽的方式在短時間內加以吸收。

我通常會在每天早上查對完每個戶頭的餘額後，趕在八點二十分債券開盤前翻一翻《華爾街日報》。我會直接看第一頁的第二個專欄「市場要聞」（What's News），拿著筆和速記簿把每一件我認為有趣的東西記下來。

每一件我寫下來的東西都會存檔以備未來參考。在陸戰隊裡，一個有責任感的好軍官會隨時保持大量的紀錄備查。

然後我會瞄一眼最右下角那一欄的「頭條新聞」內容。我在高中和大學時都是學校刊物體育版的主編，所以我習慣性只瀏覽新聞標題，而且只閱讀極少的內容。我沒有那麼多時間。我從《華爾街日報》的首頁裡，只想培養一些對今天市場脈動的感覺而已。

接下來我會直接翻到「金錢與投資」，這是所有市場資料彙集的地方。我會看「與市場同步」專欄，這裡提供了前一天股票市場中發生的所有點點滴滴，以及來自不同經紀商、分析師、基金經理人以及其他華爾街專業人士的評論。我會仔細查看自己所注意的約七十檔股票是否在這個專欄中被提及，如果有的話，再看看別人用什麼觀點來評論我選的股票。然後再翻到「華爾街耳語」，這個單元通常會介紹某個產業、公司，或是個人，在其中可以發現一些有趣的內線報導。不過這些消息常常都是我在兩、三天前就已經從內線史基尼——我的「謠（言）指（揮）部」那裡聽過了。

在確認完內線史基尼在華爾街還算是消息靈通之後，我會查閱索引，然後翻到「上市股票選擇權收盤價」來感覺一下買權和賣權在市場的成交狀況。我想由此知道前一天選擇權市場中的動態，提供我今天進出場的指標。當賣權／買權比率連續二或三天高達一〇〇%時，對我而言就是一個買進訊號。當這項指標低於五〇%時，表示市場已經太過樂觀，而使我開始考慮作空。我會把這項指標記錄在我的速記簿中，全部白紙黑字地寫下來。

在「金錢與投資」這個單元中，還有另一項我很喜歡看的指標就是「紐約證交所新高／新低股票名單」，在這個表中列下了所有在前一個交易日裡，創下最近十二個月以來新高和新低的股票，這些股票總是依字母順序，排列在四個同樣大小的欄位中。一九七四年當我還在愛德華與韓利公司上班時，那裡有一位技術分析師約翰．布魯克斯（John Brooks）教我一個非常簡單但很有趣的指標，他告訴我：「馬丁，不管什麼時候，你拿一把尺放在新低或新高股票的欄位中，如果發現其中任何一個名單的長度超過十二英寸時，就準備採用逆勢操作的策略吧！」一九七四年創下新低的股票名單長度超過十二英寸的那幾天，幾乎都是本世紀最佳的買點。到了一九八七年的黑色星期一來臨前，市場中創下新高的股票名單長度也已經超過十二英寸好幾次了，那可真是放空的絕佳時機。這是一個我從來沒有在其他地方看到或聽到過的小技巧，而且這種狀況也實在很少發生，一旦真的出現時，把你的尺拿出來仔細量一量吧！

當我查看完「紐約證交所新高／新低股票名單」後，就把目光轉到「債券專欄」，看看有什麼人對債券市場做怎樣的評論。就這樣我算是把「金錢與投資」這個單元看完了，然後我會把這個部分放在左邊的地板上。再回頭仔細搜尋一遍，找找看有沒有什麼針對最近經濟情勢和個別企業經營狀況的特別報導，看完後再把這個部分放在右邊的地板上。

有時我會快速翻閱一下「市場動態」，那裡有一些我或許會感到興趣的較小型企業相關報導。不過對一個操盤手而言，這個單元很少有什麼值得研究的東西。

我通常花不到十分鐘的時間來閱讀《華爾街日報》，但是在一大早起床後馬上花幾分鐘來瀏覽，卻能使我立刻對當天市場的脈動產生最原始的感覺，而其中一些指標也可以迅速地進入我當天對市況的思維中。在加入其他各種資訊後，我不用花更多時間去閱讀《華爾街日報》就能建立當天的操作邏輯。任何一個認真的操盤手，都不會花更少的時間來閱讀《華爾街日報》。

第13章

一大筆錢湧進我的帳戶

我創立自己的基金了

艾爾德期貨公司（Elders Futures Inc.）是一家期貨經紀商，它在商品公司舉行半年度操盤手晚宴之前的幾個月就開始和我協商。艾爾德公司希望我為他們操作一個總額二十億美元的基金，並提出最低基金管理費六%外加總獲利二〇%的優厚條件。這等於每個月保障我有十萬美元的固定收入，再加上我為他們所賺金額的二〇%，而且我無須負擔任何風險。

這筆買賣，比起商品公司開給我的條件要好得多了。所以在一九八八年的第四季，我停止與商品公司合作，改為艾爾德公司操盤。不過，我還是覺得為別人操作資金是一件很不對勁的事。

就像我在替商品公司操盤時所面臨的問題一樣，管理金額龐大的部位改變了我持有部位的時間長短，我會傾向持有虧錢的部位更久，期待有更多的時間可以扳回來。

我和奧黛莉談起這個問題。「我就是不想替這些人操盤，他們每兩個小時就打電話問東問西的，嚴重干擾我的操作。這或許是一筆很不錯的收入，但我希望保持操作方面的自主性。」

沒有人能告訴我該怎麼辦，奧黛莉說我應該照自己的方式操作，我也仍然擁有操作的自主性。但到底問題出在哪呢？

「我不喜歡那些傢伙成天在背後監視我的操作狀況，艾爾德公司擁有一大堆每個月匯進、匯出的國外資金，當這些資金抽出去時，艾爾德公司就會把其他資金轉過來，但每次有這樣的情況出現時，我就會覺得自己被投資人否定了，覺得好像自己沒把工作做好似的。」

「他們一天到晚不停打電話給我，這應該是一年才發生一次的事才對，現在我得每天應付他們。我不喜歡任何人懷疑我，我希望擁有自己作主的自由，這也是為什麼我會出來創業啊。」

「那你為什麼要幫他們操作這筆錢？」奧黛莉問：「你光是操作自己的帳戶就賺了那麼多錢了，幹嘛還要幫別人操作？」

「我想多賺數以千萬計的錢啊！我要當市場上最大也最棒的操盤人，而要達到這個目標，就需要別人拿錢出來。」

「那……」奧黛莉說：「你乾脆成立自己的基金算了！訂自己的規矩、投入自己的資金，然後當自己的老闆。自己控制部位的持有期間，每個月只需要照主管機關的要求發行一次公報。你不會有任何內心衝突，沒有人會來打擾你，也不會再有那麼多問題了。」

於是，一九八九年初，我停止為艾爾德公司操盤，並告訴那個專精於設立避險基金相關事宜的修華與柯塞爾（Seward & Kissel）律師事務所的約翰．塔維斯（John Tavss），我要開始計畫自己的基金創設作業。

回想起從一九七九年開始在AMEX為自己的帳戶操作以來，我沒有一年產生虧損。我連續五十五個月保持無虧損的操作績效，在家裡設立了一個辦公室，得到我夢寐以求的一切——完全的自主性。那麼，為什麼我還需要操作其他人的錢？然後我想起前面提到的操盤手餐會中，在馬可斯和考夫納這些人面前昂首闊步的感覺，以及鐘斯在會場中打個照面後，就搭私人直升機前往度假別墅的情景。

我總是喜歡和那些市場上的能手比個高下，要達到這個目的，我就需要別人的資金。

花很多錢，哼，誰怕誰？

六月，孩子們開始放暑假後，我們到亞斯本度了一個假。

我從來沒有去過亞斯本，但亞斯本是威瑪和其他大人物們最常去充電的地方，所以我怎麼可以沒去過？在距離紐約市和金融市場兩千英里外的地方享受清新、乾淨的山間空氣，使我有機會重新思考一些問題。我曾花了九年半的時間當一個證券分析師，又花了九年的時間從事操作，並且創造了自己作夢也想不到的成就。現在，我必須決定自己是否要再向前邁進一大步。

每天早晨我會走出位於山腳的度假小屋，跳上我的吉普車，把帆布頂篷放下來，呼吸著新鮮的山間空氣，然後像一個牛仔似的開車到亞斯本市區買一份《華爾街日報》。經過機場時，我可以看見停機坪上停放著屬於電影明星、大企業家的豪華私人飛機。我希望加入他們的行列，而為了達到這個目標，我需要別人的資金。

回到紐約後，我所做的第一件事，就是去租一間我所能找到的最大、最豪華的辦公室。這個辦公室位於雷克辛頓街七五〇號一幢新建大廈的頂樓，能夠以完美的角度俯瞰中央公園。

租金可不便宜，但那又怎樣？我簽下了為期三年的租約，以每月一萬二千五百美元的價格租下了這個占地三千平方英尺的辦公室，等於一年十五萬美元的租金，那又怎樣？這和我將賺進的大把鈔票比起來，可說微不足道。我讓奧黛莉挑選辦公家具，她選了一些具有後印象派主題、強調立體派畫風，並且隱含後巴洛克時期風格的作品。而這些總共花了我七萬五千美元，那又算得了什麼？我們得要把辦公室弄得好看些，而我總是想像自己坐在豪華的辦公室裡把腳蹺在辦公桌上。

我的朋友，佛雷斯哥與柏雷特畫廊的兩位老闆，借給我一系列的現代藝術作品。走進我的新辦公室就像走進古根漢藝術館一樣。我另外又花了三萬美元買進最先進的電腦設備和電話系統，這又算得了什麼？所有的東西都得是最好的我才要。然後我又在外面雇用了兩個新員工，付每人每個月二萬美元的薪水，這可是一大筆錢，但是又怎樣？只要在我手底下做事，他們很快就會變成明日之星。到了那年夏天快結束時，我的感覺和外表也開始像個市場上的高手了。現在我需要去找一些願意付高價給我的有錢投資人了。

事實上，我需要兩組投資人，一組投資在我的國內基金，另外一組則投資在我的海外基金。市場上的高手都擁有兩種基金，而我也很想趕快變成大玩家。兩種基金代表多兩倍的資金。

回想一九六〇年代，當我還在商學院念書時，避險基金是一種有限的合夥關係（limited partnership），其中的基金經理人屬於一般的合夥人，而那些擁有一百萬美元以上資金、所謂多角化投資的富有投資人就屬於有限合夥人。按照美國的法令，基金不能接受超過九十九位、投資金額低於五十萬美元的投資合夥人，而且必須以美國股票為主要投資標的。

到了一九八〇年代末期，一切都改變了。像索羅斯、朱利安・羅伯森（Julian Robertson）以及麥可・史丹哈特（Michael Steinhardt）之類的避險基金經理人都募集了數十億的資金，如此龐大的金額使他們無法選出足夠的美國國內股票當投資標的，所以他們就把注意力轉移到廣大的國際市場，使他們得以有更大的舞臺發揮並運用更高的財務槓桿。他們設立了美國證管會無法管理的海外基金，並開始在全球的外匯和利率市場從事投機交易。他們會介入美元兌日幣的市場，或者是美國公債對德國公債的價差交易。

為了要和這些真正大型的投資機構競爭，我必須要設立兩個基金。其中的國內基金，名稱是沙伯林納合夥基金（Sabrina Partners L.P.），而海外基金則稱為沙伯林納海外基金（Sabrina Offshore Fund Ltd.）。我將這兩個基金的最小投資金額都設為一百萬美元，而且資金投入後一年內不得領回，這個做法可以讓我不必擔心有人會干涉我的操作，使我享有更多的自主性。

良機當前，我不去倫敦了……

由於我是冠軍操盤手，所以我收取四%的固定基金管理費，再加上總獲利的二〇%。而由於投資人其實是投資在我個人身上，所以有必要把我的操作風格和方法詳細介紹。在營運計畫書中，我強調我的做法和一般的資金操盤手不同，我同時操作股票、選擇權以及期貨，而且從過去的紀錄可以知道，我在這三種領域都能保持持續獲利的績效。在同一段時間中，我可能無法和個別市場中的特定操盤手賺同樣多的錢，但是以長遠表現來看，我在各方面都勝過他們。我是冠軍操盤手，專欄作家約翰·李休曾經在《巴倫週刊》這麼說過，而傑克·史瓦格也在《金融怪傑》一書中表示過同樣的意見。

為我的國內基金募集資金，還算是我能力所及的事。就像我在安默斯特寫畢業論文一樣，我拿起一疊紙卡做紀錄，但這回上面寫的可不是凱因斯或亞當·斯密的經濟學理論，而是我腦海中所能想到擁有一百萬美元資金的人名和他們的電話號碼。我一一打電話給他們、寫信給他們、和他們見面喝一杯、寄給他們營運計畫書，也寄給他們所有介紹我成為冠軍操盤手事蹟的媒體剪輯，其中包括李休那篇文章的副本及史瓦格的書。

我一再打電話、重複寫信，贊助他們的慈善捐款，寄給他們另一份營運計畫書以及那些剪報。我懇求他們到我那位於雷克辛頓街七五〇號新建大廈的頂樓、能以完善角度俯瞰中央公園的新辦公室參觀一下。當他們出現時，我就邀請他們到奧黛莉精心布置的會客室，裡面有後文藝復興風格的家具、巴洛克時期立體派畫風的古董作品，以及佛雷斯哥和柏雷特提供的現代藝術品。就這樣，到了十月時，我已經為沙伯林納合夥基金募集了二千二百萬美元（包括我自己投入的五百萬美元，並擔任常任合夥人）。

不過為沙伯林納海外基金募集資金，就不是憑我一己之力可以辦到的。我曾經到過歐洲幾次，但是對那些國際型的大投資客一個都不認識。一般而言，美國的資金經理人找尋國際投資者的方法，都是經由一些具有國際良好關係的掮客來進行，並經由他們將資金操盤手引介給那些國際投資人。

這個方式所面對的問題是：可能有些掮客會要求巨額佣金，但無論如何我還是決定一試。有一個來自添惠公司（Dean Witter）的傢伙是第一個和我接觸的人，他宣稱自己有一些「了不得」的國外聯繫管道。我可不打算把我獲利的二五%給他，或其他任何一個和他一樣的寄生蟲。所以我在外頭放話，說我最多只願意依客戶的多寡支付佣金。只要他們幫我介紹客戶，我就付他們定額佣金，這就是我的條件。

有兩家經紀公司接受了我的條件。奇德（Kidder）公司的保羅·桑德斯（Paul Sounders）和皮博迪（Peabody）公司的凱文·布蘭特（Kevin Brant）和我接上了頭，兩家都是經營資金募集業務的公司。他們有個印度籍同事名叫拉柯許·巴加瓦（Rakesh Bhargava），他和印度、巴基斯坦的許多富豪有很好的關係。

我一直認為印度人和巴基斯坦人是很難纏的敵人，但當我很顯然的可從中得到賺錢的機會時，那又有什麼關係？布蘭特和桑德斯請巴加瓦於十月中旬在倫敦安排幾個會議，也為我排定了倫敦這一系列會議的時程。

我很期待這趟旅程。我非常喜歡倫敦，記得一九六七年那次暑假在倫敦的日子，以及當年想像著能到倫敦經濟學院拿一個經濟學碩士的夢想。我曾經走進當地的賭場，期望有一天能夠在賭桌上大撈一票；曾經搭乘火車到愛普森去看那頭小馬；曾經搭乘雙層巴士到哈洛德百貨公司，並期待哪一天能有機會再回到那裡大肆採購。

我還曾經經過麗池飯店、康諾特飯店、伯克萊飯店以及克萊麗奇飯店，夢想著哪一天能夠住在這些全英國最金碧輝煌的旅館，並從一部勞斯萊斯轎車中走出來，由打著領結、穿著紅色短禮服外套及閃亮黑皮鞋的門僮為我開門。克萊麗奇飯店是我這次行程最想住的飯店，所以我透過關係幫我弄到了一個房間。

十月十三日星期五的早晨，我軋平了所有的部位，在司機來接我去機場前無聊地看著報價螢幕解悶，當時市場正在重挫中。那一陣子市場中的話題是聯合航空的融資收購案（Leverage-Buy-Out, LBO），在這個融資收購案中聯合航空的每股叫價是三百美元，但是突然間融資者縮手，使這筆交易頓時化為泡影。這個案子，正是垃圾債券（junk bond，信用評等較差的企業所發行的高收益率債券）風光年代的產物。市場的反應告訴我們，該是為一九八〇年代的過度擴張付出代價的時候了。我馬上覺得這筆融資收購案的失敗是一個重要的訊號，代表一個操盤手十年當中都難得碰上幾回的賺大錢良機，即將要來臨了。而我就坐在這裡，準備好隨時採取必要的行動。我所有的部位都已軋平，就像是坐在一堆現金上面似的。我打電話給布蘭特和桑德斯。「取消這次行程，」我說：「在這種市場狀況下，我哪兒都不想去。」

他們完全了解。對一個操盤手來說，那種個人的緊急狀況——諸如死亡、結婚或生病，都不是用來取消會議的理由，但是為了賺錢而取消和客戶的約會，是絕對可以被接受的。他們打電話給巴加瓦，把我的會議行程延到下個禮拜。巴加瓦說沒問題，為了一個對我有利的市場狀況而取消和客戶的會議，只會加強我的名聲。我就是那個擁有點石成金術的傢伙，我也是華爾街的優勝者，一名冠軍操盤手。

晚一點去歐洲，多賺了五十萬美元

我看到市場重挫了一整天，下午稍晚時，道瓊指數已經下跌了一九〇點。每一個人心裡想的都是：「又來了！」大家都相信，市場將會出現像一九八七年一樣的崩盤局面。

好極了！我知道該怎麼做。在一九八七年的股市崩盤當中，投資人因為認為股市已經泡沫化，所以搶進債券市場，把公債的價格拉高。換言之，投資人會把資金從股票市場拉出來，轉而投入固定收益資產的證券。債券期貨市場在下午三點收盤，所以，在兩點五十八分時我開始買進債券；股票市場到四點才收盤，而當股市繼續下挫的當口，債券價格一飛沖天。我很快地在債券期貨的第二交易時段（直到下午四點十五分）結束前，軋平所有的債券期貨部位，賺了七萬美元——成果算不錯，但我確定最好的狀況還沒出現。收盤後，我接到專欄作家李休打來的電話（他常打來問我對市場的看法），我告訴他，我強力看多，而且已經持有多頭部位了。到了十六日星期一，我在《巴倫週刊》上看到以下這篇短文：

我在上週五市場收盤後訪問傳奇操盤手馬丁．舒華茲時，他表示對於當天股市重挫一九〇點的原因一無所知。「真正開始令我感到煩心的，」他說：「是每一個人都在股市賺到了錢。從過去的事實來看，當市場在一年當中上漲超過三〇%的時候，情勢就變得相當危險了。」但舒華茲，這位我們所知市場上少數富有而又誠實的操盤手，告訴我他在當天稍早才剛剛軋平了所有部位。「但我真的不認為市場的狀況會糟到什麼樣的地步，」他表示：「目前的利率水準比起一九八七年時要來得低，而且本益比也比一九八七年要低得多。就期貨市場的表現來看，或許股市在星期一要開低六十或七十點都很難。我目前傾向於仔細研究我的技術圖，然後找進場點作多。」

李休簡直像我的發言人。不過，當你在市場上享有極高的知名度時，你說的話最好是對的。幸好，這一次我真的說對了。星期一早晨起床後，我第一件事就是搶進那些我已經計畫好要買的股票，像是菲利普．莫里斯（Philip Morris）、房利美（Fannie Mae）和房地美（Freddie Mac）等。這些都是在上週五的跌勢中抗跌性甚強的個股，當市場反彈時，它們就會是帶頭一飛沖天的超強股。

根據一九八七年崩盤的經驗，我預期市場會開低，但是當市場稍後出現反彈並收高八十八點後，我就開始軋平我的多頭部位。到星斯二下午我開始將部位轉向，放空S&P指數期貨。如果每個人都在買進，就是賣出的最好時機，而我又對了一次。我在星期三把所有部位軋平。就在我赴歐行程延後的一星期當中，我賺了五十萬美元。

有錢賺，把靈魂賣給魔鬼也不在乎的人

我終於要出發去歐洲，為我的海外基金籌集資金。舒適地坐在前往倫敦的頭等艙中，我開始專心思考要怎麼樣才能說服那些國際投資人，把資金投入我的基金裡。

在克萊麗奇飯店的早餐會議進行得順利極了。除了巴加瓦、桑德斯、布蘭特和我之外，還有一位大型不動產開發兼國際性企業家謝克（Sheik）參加，他的父親曾經是某個我從來沒聽說過的地方的市長；然後是一位至今我都不知道他是何許人的地毯大亨；此外，還有歐瑪·凱揚（Omar Khayyam），他是某個主要中東銀行的倫敦分行經理；以及施德霖·席克史潘斯（Stirling Six-pence），他是一家在美國以惡意購併著稱的英國控股公司前任總裁。我一點也不知道他們是怎麼被找來的，但我很清楚他們每個人都是那種只要有錢賺，把靈魂賣給魔鬼都不在乎的人——這是國際性商業行為的常態。

我第一眼就對席克史潘斯很有好感，因為我覺得他和我一樣，是那種白手起家、靠自己努力成功的人。而且他還買下過一支職業足球隊，一九六七年的暑假我曾經看過那支球隊的比賽，那時我

還只能坐在便宜的席位上，吃著洋芋片。而現在，在二十二年之後，我可是坐在克萊麗奇飯店裡，和這些大亨們一起享用著豐盛的早餐。

巴加瓦介紹完他的客戶後，桑德斯正式介紹我。「如果諸位曾經讀過《金融怪傑》這本書，」桑德斯手裡拿著那本書向他們說：「就一定聽過馬丁的大名。如果沒有看過，這裡有一份《巴倫週刊》的文章，可以從中看到一篇有意思的報導。」

說完，他就伸手從桌子底下拿出六份十月二十三日《巴倫週刊》的影本。那篇文章的標題是「向上挑戰高峰，或是小心下檔風險」，標題下方是以粗體字印刷的五位偉大操盤手姓名，這些人都是該週刊曾經訪問過的對象。鐘斯是第一人選，而我則是第五個。在場的每個人都開始讀起這篇報導。我的照片被放在第十五頁的一個標題旁邊，那個標題是「兩位賺錢一位賠：看三位超級操盤手在十三號星期五的表現」，文章接下來敘述我如何在那週賺了五十萬美元，而雖然我不想軋平部位，但由於必須飛到歐洲為我的海外基金募集資金而被迫平倉。文章最後以我的一句話作結尾：「我正要前往歐洲，可是市場在出發前給了我臨別一吻，我想在這種匆忙的狀況下，我這次的表現算是夠好的了。」

「好啦！現在他就在諸位的面前了，」桑德斯說：「請讓我向各位鄭重介紹，馬丁・舒華茲。」

這真是令人頭痛的事。現在我站在這裡，靠著販賣我最滿意的商品——我自己，華爾街的冠軍操盤手——來募集資金。《巴倫週刊》才剛剛為我打上品質保證的正字標記，我頓時覺得自己好像地產大亨唐納・川普（Donald Trump）。你聽川普講話，語氣總是那麼具有說服力，他賣的就是他最棒的產品——自己——即使他的心理醫生知道他真正的狀況，可是川普的言談總讓人覺得他是世界上最厲害的人。

這就是當我描述自己將如何打造金融王國時的感覺。我的基金將會成為最大和績效最好的，每個在場的人也都能感受到這份信心。真要感謝《巴倫週刊》那篇報導，使我成為像川普一樣響噹噹的名人。在地毯商人、凱揚和席克史潘斯那種凡事向「錢」看的人眼中，我就是那個能幫他們賺到錢的人。

會議結束，巴加瓦把我拉到一旁，「馬丁，你今天晚上要幹嘛？」他問。我沒什麼計畫，正打算到處逛逛，因為桑德斯和布蘭特要趕到歐陸去，我直到下週才會前往日內瓦和他們會合。「我被邀請去參加一個聚會，」巴加瓦說：「凱揚的女兒要和謝克的兒子結婚，根據我們的習俗，新娘的父親要在婚禮一週前辦宴會。我和謝克談過，他說如果你能來參加，他將感到非常榮幸。」

「當然沒問題啊！」我回答。那場宴會將是我進入另一個世界一窺究竟的大好機會，那個世界裡有著我前所未見的財富。

「很好，」巴加瓦說：「新娘的哥哥卡姆蘭・凱揚會在晚上七點打電話給你。你將會和一些很有意思的人見面，我想你會很喜歡那個場合。」

錢匯進來了……可是全都沒名字！

開車到謝克在鄉間的房子，就像開車到一個傳奇故事中才會出現的地方。

他的房子坐落在倫敦市區外二十英里的一片起伏丘陵上，在出城的路上，我聽說了卡姆蘭在他父親的銀行中擔任分行經理的職務。我們在一片大停車場中，把車停在席克史潘斯那部豪華的房車後面。那部名貴的賓利房車是那麼華麗，至少值個幾十萬美元，不過在謝克的停車場裡停放的車子，全都是那種車。謝克站在入口處歡迎客人，他真是一個親切的主人。他主動走向我，並把我介紹給家人和朋友。「馬丁，這是我的弟弟，他是世界橋牌冠軍呢！」「馬丁，這是酋長，他控制了奈及利亞境內大部分的油田。」……。

謝克帶我在屋內四處參觀。他告訴我，這幢房子至少有三百五十年歷史，是由查理一世國王建造、用來金屋藏嬌的祕密處所。他帶我來到一間餐廳，裡面有一張極大的桃木餐桌，周圍放置著喬治三世時代風格的雕花銀質椅子。「來吧，試坐一下這種椅子。」謝克說，我上前拉了一張椅子，但幾乎沒辦法拉動。「它們都是實心的，每把椅子重八十磅。」

我們接著走到起居室。「馬丁，」謝克挽著一位非常美麗的女人，「我希望你來認識一下班納姬·布托（Benazir Bhutto），她是我們家族的好朋友。」她看起來一點也不像我常在電視上看到的那位女政治家（布托曾任巴基斯坦總理，二〇〇七年返回巴基斯坦參選總統期間遇刺身亡），她裹著一塊黑褐色的布篷，像苦行僧一樣削瘦的臉龐脂粉未施，又直又黑的頭髮用一條黑色頭巾綁在後面，充滿光澤的身上穿著閃爍著金銀光芒的長袍，一條金鏈掛在線條分明的肩膀上，而鏈子上則懸著黑色的香奈兒小筆記本。香奈兒的珠子、鞋子和香水都是她的最愛。這個女人身上，散發著一股濃濃的暴發戶氣息。

「馬丁才剛剛上了《巴倫週刊》的頭版。」謝克驕傲地說，布托點頭稱許，我簡直不敢相信，我這個紐海文來的鄉下小子，竟然成了這一屋子大人物中的大人物。

我穿過花園走到草地上，那裡已經搭起了兩座帳篷。其中一個供應雞尾酒，另外一個則供應食物，有來自全世界各地的名產：鱘魚子醬、鵝肝餅、烤乳豬、龍蝦，數量多到遠超過實際所需，而且極盡奢華之能事。我等不及要好好嘗嘗這些人間美味，現場還有跳肚皮舞、吞劍以及噴火等表演，都是非常精采的餘興節目，再加上無與倫比的美食，我真的從沒有看過像這樣的場面。

凱揚送我回飯店時已經是凌晨兩點了，但是我根本無法入睡。我不需要睡眠，因為美夢已經成真了。我本來還在為海外基金擔心，但現在我已經成為市場的明星。整個晚上都不停地有人將名片遞給我，他們都相信我可以讓他們變得比現在更富有。

接下來的行程也進展得幾乎同樣順利，日內瓦、蘇黎士、巴黎，我每到任何一個地方，都是那個榮登《巴倫週刊》頭版的風雲人物。當我在甘迺迪機場落地時，我一刻不停地直奔我那間華麗的新辦公室，然後把這次行程中拿到的名片加以分類和排序。

幾週之後，銀行匯款開始源源湧入，但都只有數額而沒有匯款人名字。我沒有辦法從這些匯款人的背景、新整理好的名片，跟那些剛結交到的外國富豪朋友們找出關聯性。這些匯款都來自百慕達、根西島（Guernsey）、曼島（the Isle of Man）和開曼群島等地的銀行。我們一天當中會收到五十萬、一百萬或二百萬美元的匯款，但是卻一點也看不出到底是誰匯的。我們打電話給那些匯款銀行詢問，但是沒有人願意給我們任何一個名字。他們說他們只管數字，其他什麼都不知道。

就這樣，沙伯林納海外基金成為一個總額二千萬美元，卻沒有出資人名單的基金。就我所知，我的投資人有可能是巴拿馬強人諾瑞加、格達費、阿敏，或許也可能是某個更糟糕的邪惡之徒。他們告訴我，不必為此擔心，我並不需要知道投資人到底是誰，只要負責賺更多的錢，每個人就可以各取所需、皆大歡喜了。

第14章

你是冠軍操盤手，so？

為有錢人操盤，沒想像中容易

我躺在床上，把鬧鐘調到傍晚七點，然後閉上眼睛昏睡過去。那是一九九〇年十月二十九日星期一，下午六點半，我才剛從辦公室回到家裡。

真是忙亂得不得了的一個月，我正打算和客戶在全紐約最棒的魯提斯義大利餐廳共進晚餐前，先小睡片刻。我已經要求沙伯林納合夥基金和沙伯林納海外基金的投資人在十一月前讓我知道，他們是否在下個年度還會繼續投資。所以整個十月份當中，我除了要做例行工作外，還要不停地向客戶解說，過去一年中我為他們賺了多大的一筆財富。如果你正在操作一個基金，可無法承受損失任何一個客戶所帶來的後果。在某種程度上，他們就像是一群生命共同體，一旦有人跳船，其他人會馬上跟進。

不賺錢，誰管你是冠軍操盤手？

當時我在股票市場的績效是一八%，高出大盤許多，但在和客戶的會談當中我發現，自己面臨三個問題。第一是我收取的費用。我是史瓦格書中指名的「金融怪傑」之一，同時也是市場高手，但我發現如果我要承受為別人操作資金的重大壓力，就一定要收取更高的報酬。我想把基金管理費調高到和鐘斯、考夫納和貝肯那些人一樣的水準，問題是，這三個人操作的都是期貨基金，而我不是。

沙伯林納合夥基金和沙伯林納海外基金都設定只以資金的二五%從事期貨交易，另外七五%則從事股票交易，所以這兩個基金都不是期貨基金，只能算是股票基金，而大部分的股市基金經理人收取的是「一加二〇」型的報酬。所謂「一加二〇」，就是總資金一%的固定年管理費再加上獲利二〇%。只有市場上的頂尖高手，也就是那些操作純粹期貨基金的傢伙，才有這個條件要求「四加二〇」的報酬——而那正是我想要的價碼。這表示，若以一八%的報酬率來計算的話，我會得到六．八%的報酬，也就是一四%的管理費加上獲利的二．八%（剩餘報酬率一四%的二〇%），這比總獲利的三分之一還要多。所以有很多投資人發現，這對他們來說，不是很划算的買賣。

我的第二個問題，是當時的市場狀況。市場整年都呈現非常不規則的走勢，一九八九年十一月我開始為兩個基金操盤時，市場在我的移動平均線上下沖刷洗盤，所以我採取了比較保守的策略，並根據市場上一些企業接收的計畫或小道消息建立了幾個部位，希望藉此產生一些穩定的獲利來支援我在S＆P指數期貨交易上的困境。我買進了一些林傳播公司（Lin Broadcasting）和喬治亞海灣公司（Georgia gulf）的股票，但只要市場出現謠言，那些個股的買賣價差都會明顯拉大，而資金調度的考量會破壞我在短線上的獲利。由於我的基金有一部分算是期貨基金，依照期貨法規，每個月必須向投資人提出報告，而這也對我產生短期性的壓力。我原本認為，這些套利部位能夠在一個沒有明顯趨勢的市場中提供較好的收益率，但我的想法錯了，這些獲利沒有出現，五週後，我的虧損已經達我募集的四千萬美元資金的六%，高達二百四十萬美元。

我以前從來沒有虧損過這麼多錢，自信心也隨著我的錢而每下愈況。我開始縮減部位、保護資金，然後盡量在一有機會時就實現獲利。這些做法果然奏效，到了三月底，這兩個基金的淨值已經轉為獲利七．六%；反觀同一時段，我的比較基準——紐約證交所綜合指數（New York Composite Index）——則是下跌了四．二%。在短短三個月裡能夠有高於大盤指數一一．八%的表現，在任何投資人眼裡都應該是非比尋常的操作績效。許多投資人也的確這麼認為，因而衍生出我的第三個問題。

當我開始為基金操作時，最主要的考量之一，就是我能否像操作自己的一千萬美元規模的資金一樣，有效率地操作這兩個總額四千萬美元的資金。在前兩次經驗中，我發現操作較大金額的資金會改變我對部位的持有時間。我傾向於持有部位更長一段時間，而這改變了我在短時間內實現獲利的交易風格，但是我在一九九〇年第一季的表現，讓我相信我有能力管理金額更大的基金。所以在四月一日，我再度開放新資金投入基金裡，並成功募集到三千萬美元的資金。

大部分操作七千萬美元資金的操盤手都會打散資金，尋找適當的投資標的，以分散風險，然後讓手底下年輕的職員幫他們執行交易指令，那些操盤手則高高在上，縱觀全局並主導全盤策略的大方向。但這不是我的風格，我是個控制欲極強的人，我的手底下也沒有幫忙的小弟——我早就把之前的兩名員工辭掉了，完全由自己進行交易工作。

我一直採取防守性策略，並在四月份又增加了一．五%的獲利，但是在五月及六月當中，市場的走勢卻和我的部位背道而馳。我沒有搭上任何一波重要多頭走勢的列車，壓力立刻從四面八方蜂擁而至。在整個上漲趨勢當中，投資人不斷問：「我的錢運作得如何？」

當你全心投入操作的時間超過了結算年度的三分之一時，投資人只想聽到一個答案：「簡直棒呆了！」但是我沒辦法說出這句話。每個月初，我都會寄一封信給投資人，向他們說明基金的操作狀況，而在六月份的那封信裡只能這麼說：

身為基金裡最大的投資人，我個人覺得維持每個月獲利，要比試圖在市場上靠少數幾次交易大撈一票來得重要。我的投資績效是基於持續性的獲利能力，並使複利成長得以有機會發揮它神奇的力量。

這對任何人來說，都不會是什麼振奮人心的話。客戶繼續打電話、傳真、寫信或用其他方式來抱怨他們的報酬率，並且拿其他操盤手的績效和我比較。那些引介國外資金的掮客就更糟糕了，他們幾乎每天都在我正在交易的時段打三次電話給我：「馬丁，我的錢操作得怎麼樣了？」我簡直不能相信這些傢伙會幹出這些事。既然他們把資金以一年的固定期限投入，這麼在乎每天的損益幹什麼？難道他們不知道我在各式各樣的市場狀況下，已經連續維持了十年的二位數獲利嗎？他們不知道我是冠軍操盤手嗎？

七月份，我試著在報告六月份績效的信裡提醒投資人他們是以長線的眼光投入資金，並附上一份長達兩頁，從理查·羅素（Richard Russell）的《道氏理論通訊》上摘錄下來的文章。這篇摘錄顯示複利成長的效果是多麼強大，並且一直以來都是聰明投資人用來累積巨額財富的最佳方法。緩慢但持續地獲利，才是這個遊戲的真諦。我在七月份的那封信中再次以防衛性的方式寫道：

> 當我創立這個基金時，我知道總會有某段時期會超越其他操盤手的績效，而有些時候又會表現得比別人遜色。這就是我為什麼要求諸位以最低一年的期限來投資，而這也是我認為應該被諸位評估的方式。當這一年的期限結束時，諸位將可以決定是否繼續把資金投資於此，甚至提高投資金額。我只希望諸位能在適當的期限時再評估我們的操作績效，並以相對和絕對的觀點把我們的表現和其他操盤手及投資機會做比較。

在信中我沒有告訴投資人的是，我已經準備好要採取攻擊性的策略了。我馬上就要來個長打。

你很行還不夠，因為別人比你厲害

奧黛莉決定在暑假期間，再度裝潢我們在公園大道的公寓。我們把東西都打包好，然後搬到避暑小屋。有一天我和一個避險基金的經理人打網球時，他對我說：「嘿，馬丁，你有聽到什麼普強（Upjohn）的消息嗎？」

「普強？」我一副好像很了的樣子：「那你聽到了什麼呢？」

「聽說有一家瑞士公司打算購併他們，所以我已經買進普強了。」

我馬上打電話給內線史基尼。史基尼在華爾街到處都有眼線，如果有人對普強這個位於密西根的大型藥廠採取了什麼行動的話，他一定會知道。

「馬丁，」史基尼語氣輕鬆地在電話裡說：「我正想要打電話給你！我在瑞士的眼線剛剛告訴我這筆交易已經完成了，而且有很多歐洲方面來的買盤，看起來真的是有那麼一回事，大家都想藉著這個購併撈一票。」史基尼說話有一套他自己的方式，而他已經把我想知道的告訴我了。如果我想要來個全壘打的話，普強就是我該介入的標的。

我開始大量買進普強。

我一直很喜歡精巧的小電器用品，終於也買了一部行動電話，雖然它看起來就像是一個又大又笨重的汽車電瓶。我可以邊坐在球場旁邊看著奧黛莉打網球，邊對著電話大喊：「再幫我買進一萬股，買進一萬股！」整個七月，普強一直不斷小幅上漲，我也不停地買進。我有時會在週五下午坐在海灘上看著孩子們堆砌沙堡，一邊對著那個汽車電瓶手機大吼：「收盤前幫我買進三千股！買進！」我的多頭部位愈來愈大，整個資金都投到普強去了。到了八月初，我正在前往中國大陸途中，但還是持續作多。我買進了超過四千萬美元的普強，超過了基金總額的一半，總共買進了將近一百萬股。

八月二日，海珊派兵入侵科威特。市場開始下挫，而原油期貨的價格則一飛沖天。股市很快重挫了一〇%，普強的股價也不可避免地加入下跌走勢中。我開始賣出S＆P指數期貨來規避部分的現股風險，但這卻讓我陷入另一個星期的困境中，因為普強的Beta值（單一股票和大盤指數之間的連動關係係數）已經因市場的變動而成為S＆P指數的兩倍，但我卻在後來才察覺到這個變化。基本上，這表示大盤每變動一％，普強的價格就會變動二%。以目前市場下跌的狀況來說，普強會下跌二%，所以如果我賣出總值四千萬美元的S＆P指數期貨，還是不夠，我應該要賣出總值八千萬美元的S＆P期指契約才對。

在八月中旬某個星期一的早晨，我賣出了四百口S＆P期指契約，而市場從開盤就跳空下跌。我在五分鐘內就賺進了一百八十萬美元，但是普強的股價也下跌了1⅞，使得基金在當天的整體表現只是打平而已。問題是，拜海珊之賜，讓原油和其他大宗物資的價格瘋狂飆漲，結果鐘斯、考夫納和貝肯那些沒有買進普強的期貨市場玩家，都因為作多期貨而賺翻了。

由於《金融怪傑》這本書的介紹，我得到了期貨市場玩家的封號，但是我從來沒有純粹專做商品期貨交易。我真正的專業是在S＆P指數期貨，而它則代表了那個目前正在狂跌的股票市場。所以當那些市場高手們因為買進商品期貨，趁著通貨膨脹預期心理高漲之際大賺其錢的同時，我卻只能以賣出S＆P期指來鎖住那一百萬股普強所面臨的風險，勉強打平而已。

到了九月中旬，我和一位主要的投資人做了一次年度操作績效回顧。除了沙伯林納合夥基金和沙伯林納海外基金之外，我另外替豪斯曼海外基金（Hausmann Overseas N.V.）——一家註冊於荷蘭安特列斯（Antilles）的基金——操作五百萬美元。我將這筆錢分開操作，是因為豪斯曼不希望將這筆資金和其他投資人的混在一起。他們希望所有交易都經由路博邁（Neuberger & Berman）資產管理公司來進行。每個人都想和豪斯曼合作，看在五百萬美元的份上，我同意他們的交易都經由這家荷蘭籍的大公司來完成。

豪斯曼公司的十二位高級主管，在六十五街和公園大道西南角的麗晶飯店訂下了一個小會議室，然後邀請所有的基金經理人和他們仔細檢討操作績效。我的房子就在離那兒不遠的地方，所以我只要走一小段路就可以到達會場。

我挺著胸膛、昂首闊步走進會議室說：「我為各位操作得很棒。我在普強上面虧損了八％，但是以年度而論，我還是保有一二％的淨獲利。以我目前持有的部位，如果一切順利的話，今年將可以出現三〇％到四〇％的獲利率。目前唯一的狀況是，只有我的部位沒有立即達到預期的表現。」

那些豪斯曼的高級主管並不想聽到這些關於普強的話題，他們開始拿我的操作績效和鐘斯、考夫納、貝肯以及其他期貨市場的明星操盤手做比較。「聽著，」我對他們說：「我操作的不是期貨基金。當初你們把資金投入時我就告訴過你們，保護資金是我的第一要務。我只投入二五％的資金到期貨市場，如果我把所有的資金都投入的話，可以把財務槓桿放大十五倍，然後幫你們賺取一〇〇％的報酬率，也可能把你們的錢全部輸光，然後去坐牢。」他們根本不買我的帳，因為我收的基金管理費和期貨基金一樣高，他們繼續拿我和那些期貨基金的經理人比較。然後，同樣的戲碼一直重複上演到十月份。在市場收盤後，我躺在辦公室的沙發上，等著國外投資人到來。我們坐在由奧黛莉精心挑選、圍繞在大理石桌旁的名牌皮椅中。我告訴他們，我為他們操作得有多好，但他們卻告訴我，鐘斯、考夫納、貝肯和其他人的績效有多厲害。真令人沮喪。

不能反敗為勝，就只能吃麥當勞了

鬧鐘響，已經七點了。我起床，在臉上拍了拍水，清理了一下亞曼尼套裝、擦亮Bally牌鱷魚皮鞋、拉直領帶，然後動身前往魯提斯餐廳。奧黛莉陪我坐電梯下樓，然後走出門去攔了一部計程車。

「馬丁，你媽打電話來，想知道我們什麼時候回去過感恩節。」

「什麼？我們不可能在感恩節回去，我還有一堆事要辦呢！」

「這樣啊，那麼那幾天假期我們要幹什麼？如果不去滑雪，就只好回佛羅里達了。」

「滑雪？誰要去滑雪？」

「我們在假期一向都會出去度假的啊！」

「今年不行，聽著，奧黛莉，我沒法度假，我得想辦法改善操作績效，不然我的投資人都要跑光了。」

在魯提斯的這頓晚餐，是由威利．韋伯（Willie Web）作東。他是一位瑞士掮客，專門為歐洲的富有投資人找尋熱門的基金經理人。韋伯介紹了一些大客戶給我，代價是他想在沙伯林納海外基金的董事會中取得一個席位。我真的不知道董事會的成員除了收錢和報費用之外還做些什麼，但還是勉為其難地同意了他的要求，因為韋伯的確控制了不少國外投資人的資金。我和韋伯是經由我的老兄弟尼爾・魏斯曼（Neil Weisman）介紹認識的，但是魏斯曼今年並沒有受邀參加韋伯的晚餐聚會。魏斯曼的基金是純粹的股市基金，而他今年的表現顯然不像前三年平均年報酬率七五％那麼好。韋伯希望他來往的操盤手都是當紅炸子雞，而他顯然認為我夠紅，這也是我很希望能參加這個餐會的主要原因。經過和投資人長達一個月的艱苦溝通後，我很想找個機會到那種高手雲集的場合去和別的操盤手打打交道。

韋伯在魯提斯的樓上保留了一個隱密的房間。當我走進那裡時，可以看到在場有許多市場中的後起之秀。朱利安・羅勃森（Julian Robertson）正和史坦利・朱肯米勒（Stanley Druckenmiller）談話。羅勃森是安靜又謙遜的南方人，他在一九八一年離開奇德與皮博迪公司後，在四十七歲創立了一個只有八百萬美元規模的基金，而現在他操作的基金規模已經超過十億美元了。朱肯米勒是索羅斯的左右手，而奧德西合夥基金（Oddysey Partners）的里昂・李維（Leon Levy）正加入他們的談話。

韋伯上前來歡迎我。「馬丁真高興看到你。來，跟我去見見幾個客戶。」客戶的名字對我來說一點意義也沒有。在沙伯林納海外基金之中，我的客戶就是一堆位於百慕達、巴哈馬、瑞士、開曼群島和其他免稅天堂的銀行帳戶號碼。當我走到房間的另一頭時，韋伯向我解釋客戶們正在進行一種創新式的生意，並已經從中賺取巨額利潤。「馬丁，告訴他們，你的基金操作得很棒，真的很棒。」韋伯在我身旁輕聲說著。

等到真的可以坐下來的時候，我被安排坐在菲奧娜・畢格斯・朱肯米勒（Fiona Biggs Druckenmiller）的旁邊。由於我是這個交際圈的新人，對這些人並不是很熟悉，但是在用餐當中，我知道菲奧娜不但是朱肯米勒的太太，也是巴爾頓・畢格斯（Barton Biggs，摩根史坦利公司首席策略分析師）的姪女。她和史坦利是在他們任職於德瑞弗斯（Dreyfus）公司時認識的，在我們的談話中，我發現菲奧娜顯然很懂得怎麼和這些高手打交道。

這場餐會比起先前商品公司的操盤手餐會要有意思得多，甚至比在謝克那個位於查理一世別墅裡的聚會還要棒。在那兩個餐會中，會場中的大咖很多，但在這個餐會中，我卻是少數的菁英人士之一。整個晚餐當中，我不斷對自己說：「這裡是真正屬於我的地方，這裡是我真正想到的地方，這是我要為別人操作資金的原因。」但是，整個用餐期間，另一個細小的聲音卻也在耳邊沒間斷過：「馬丁，除非你今年能夠反敗為勝，否則明年你會在麥當勞和魏斯曼一起吃晚餐。」

想繼續待在領先群，就要改變策略！

午夜過後我才回到家，累得要命卻沒法入睡。我的思緒飛騰。

如果我想繼續待在市場高手的陣營裡，必須做些重大改變。羅勃森、朱肯米勒、李維、鐘斯、考夫納、貝肯、索羅斯都是市場高手，我能夠和他們任何一個人平起平坐，我的基金規模可以和他們的一樣大、甚至超越他們。我得多賺點錢，我需要改善操作績效。

第二天早上，我告訴我的交易助理愛麗森．布朗（Allison Brown）：「幫我每天賣出二萬五千股普強，直到存貨都出清為止，我要在今年底之前把這個部位完全出清。」只要這個高達四千萬美元的包袱還在我身上，我鐵定沒有辦法達成投資人期望的報酬率。如果我以每天二萬五千股的幅度來調節掉這個部位，我想不會把普強的股價打壓得太嚴重，此外，如果這家瑞士藥廠真的開始購併行動，我還是有機會享有部位的漲幅。內線史基尼不停告訴我：「這事馬上就要宣布了，馬丁，不要賣掉那些股票。我知道這的確是拖得久了一點，但這些事不是都會一直拖得比較久嗎？」

接著，我坐下來為十一月一日要寄給投資人的信打草稿。如果他們希望我操作的是期貨基金，我就幫他們把基金轉型為期貨基金，我在信中寫道：

展望一九九一年的發展計畫，我已經決定要為沙伯林納基金進行幾項改變。首先，同時也是最重要的，就是將基金在期貨市場及股票市場的投資分配比例，分別由一九九〇年的二五%比七五%改變為五〇%比五〇%。我們有幾個理由做這項改變：其一，我們今年的獲利絕大多數來自於期貨交易，我們以一六五〇萬美元的投入資金賺得了一〇二〇萬美元的獲利，相當於六一．八%的報酬率。其二，是來自許多基金投資人的要求，他們希望投資有更高的波動性，並且願意承受伴隨而來的風險，以追求更高的潛在獲利。

第二個重要的改變是由於經濟環境的快速變遷，投資人只要支付一%的帳務費用，就可以在年中抽回投入的資金。

第三個重要的改變是一個「到價出場」的運作模式，一旦基金的操作產生年初資金總額三五%的虧損時，基金將自動停止運作。

我有計畫地出清所持有的普強股票部位，並將投入期貨和股票市場的比例加以調整。我已經準備好，全心投入接下來兩個月的交易了。

第13堂課 投資就是投資，別談感情

尼爾．魏斯曼是我最好的朋友之一，我第一次和尼爾見面可以回溯到一九七二年我到金字塔工作的那個時候。魏斯曼是金字塔公司的股票經紀人，總喜歡到處蒐集一大堆資訊，也一直都試著和市場裡的好手打交道，我在公司是負責熱門產業的新進人員，所以他很自然地就和我成為朋友。

認識魏斯曼，是我在金字塔公司的工作經驗中唯一對我有幫助的事。當我在排隊領失業救濟金，而華爾街沒有一個人願意給我工作時，魏斯曼為我打電話給傑瑞．法柏（Gerry Farber）。法柏是金字塔公司的前任分析師，當時他正擔任愛德華與韓利公司的研究部主管。魏斯曼告訴

法柏我被人惡整的事，並向他極力推薦我。感謝魏斯曼，法柏真的雇用了我，我也因而認識了佐爾納。多虧了魏斯曼，把我從人生最嚴重的低潮中拉了出來，並且再度回到了市場。

一九八六年秋天，我終於有機會報答他。魏斯曼是一個很棒的操盤手，也一直都想成立自己操作的基金，但需要有人幫他一把，所以我就對他說：「我把我和奧黛莉的退休基金都交給你，你放手幫我操作這筆錢吧！」

這筆錢的總額大約有七十五萬美元。以這筆錢作為基礎，魏斯曼募集到了另外的一千二百萬美元，這已經足夠讓他開始操作他的基金了。他在基金募集完畢後，很高興地在一九八七年的第一個星期，動身前往加勒比海的一個遙遠小島度假，並在這一年的前五個交易中完全斷絕了和市場的聯繫。在這幾天當中，市場突然狂飆上漲，而魏斯曼卻完全沒有掌握到這次機會。當我們在二月中一起參加某個晚餐聚會時，市場已經上漲二〇%，魏斯曼的基金報酬率卻只有九%，所以我對他說：「魏斯曼，你在搞什麼東西？怎麼會在新年一開盤的時候跑去度假？你完全沒有把握到這次的漲勢。我真不敢相信我竟然把錢交給你操作。如果我現在能夠把錢抽回來，一定馬上這麼做！」這就是我對魏斯曼，這個把我從人生低潮中拉出來，而且剛剛才開始操作他第一個基金的好朋友所說的話。

魏斯曼或許可以對我說：「去你的！馬丁，我不需要你的錢，拿走你的臭錢然後滾蛋。」但是他沒有這麼做，因為他知道市場的規矩。身為一個成功的生意人，不論你是操盤手、投資人、企業家或是其他什麼身分，絕不能讓友誼或家族關係介入你和金錢相關的重要決策。魏斯曼當時給我的回答是：「馬丁，如果你想的話，可以狠狠揍我一頓，因為沒有人能比我給自己更大的壓力。」魏斯曼回去後努力操作，在那年創造了七五%的優秀績效。

在接下來的三年當中，他把我投入的資金增加為原來的三倍。到了一九九四年，他的基金已經成長為五億美元的規模。我現在仍有一些資金放在他的基金裡，但我們兩個人都很清楚，如果我在別的地方能夠找到更高的報酬率，我會毫不考慮地和魏斯曼說拜拜。這無關任何私人恩怨，只不過是這個市場的遊戲規則罷了！

第15章

原來，我想要自由，以及健康

鬼門關前走一遭的領悟

如果能在十一月份有良好的績效表現，或許可以保住大部分的投資人。

十一月二日星期五下午三點半，我再也撐不下去了。在那個星期中，我和貝克渥（Albert Backward）、巴福（Bernard Le Buffoon）、謝斯可夫（Helmut Scheisskopf）以及莫德（Pierre Tete du Merde）等幾位最重要，也是平常最支持我的客戶見面。現在我的時間被分割得零零散散的，我以前為自己的資金操作時，從來不在營業日晚間出門，而那場在週一於魯提斯餐廳舉行的餐會，以及十月份以來和客戶的密集會談，簡直把我累壞了。我整個白天都投入S&P期指的交易，並在那週之中賺了十萬美元，但以我所承受到的壓力來看，這種獲利根本算不了什麼。十一月二日的早上我收到一封由喬治・葛蘭諾里斯（Georges Grenouilles）從日內瓦發來的傳真，裡面只寫著：

請惠予協助將本人於沙伯林納海外基金中之持份贖回。萬分感謝。

其實有兩個投資人在十月份就已經通知我，準備贖回他們的基金持份，但是他們都有其他的理由。這封傳真代表的是第一個因為對我的投資績效不滿，而決定贖回基金持份的投資人。

我累得倒在沙發裡，連起身看市場收盤狀況的力氣都沒有，只想好好睡一覺，但是我的一位老友麥克．施密斯（Mike Schmeiss）正要來拜訪我。施密斯打算要經營自己的基金公司，想向我尋求一些建議。他在五點半到達，我告訴他自己之前如何募集資金，還讓他看一看我過去一年的操作績效，當他準備離開時，我說：「利用他人的資金是你想要賺大錢的不二法門，但其中也有一些難以避免的壞處。每個人都在身後監視著你的一舉一動，而永遠沒有一個人會對你的績效感到滿意。他們總是不斷打電話來問東問西：『我的資金操作得怎樣啦？』不管你對他們說什麼都沒有用。他們總是貪得無厭。」

到了週末，我一直睡到上午十一點才起床。奧黛莉已經帶孩子們去參觀書展了，而我打算中午和他們會合，但是我一點力氣都沒有，覺得自己好像快要因感冒而病倒了。我知道必須努力對抗病魔，因為我沒時間生病，有太多事情要做。我得補畫技術圖、計算各項技術指標，並且想好星期一要採取的操作策略。

我到達書展現場時，氣溫上升到暖和的華氏七十五度，但我出了一身汗。我走進會場時，覺得頭好暈，而且頭痛得不得了，幾乎沒有辦法繼續邁出腳步。書展上到處是老師和闔家光臨的人潮，裡面一點空調都沒有，一堆小孩在我四周奔跑、嬉戲、推擠、尖叫著。我不知道是否有力氣走上階梯，這些年來，我的體重已經增加到二〇八磅，比在陸戰隊時苗條而結實的體型重了二十三磅，我現在可是清清楚楚地感受到每一磅肉在我身上所造成的負擔。

那天晚上我們到六十八街的戲院去看電影，戲院裡的空氣令人窒息。戲院大廳有一個寫著因為歲修關掉空調而向觀眾道歉的告示牌。在等電影開演時，我已經汗流浹背，或許我應該在看到告示牌時，就推算出進戲院後會遇到的狀況，但我已經病得沒有辦法做任何聯想了。奧黛莉想帶我回家，但我不想。「算了吧！」我說：「我們已經付了電影票錢了，我能挺得住，我是陸戰隊員。」

星期日，我躺在沙發上研究技術圖，為星期一的操作做準備，但身體狀況糟糕透了。我該去度個假的，但如果我想保住投資人，就沒有時間去度假。星期一，我一起床就感到喉嚨沙啞、全身痠痛。「去他的陸戰隊！」我跟奧黛莉說：「我得去看醫生。」我和家庭醫生哈克曼約好十點鐘門診。他說我被病毒感染，開了一些含抗生素的處方，命令我躺在床上休息。

我吃了抗生素，卻沒有辦法休息。我得繼續為沙伯林納基金操盤，得在這個月賺到一筆大錢。可是我根本累得沒辦法交易，所以倒在沙發上收看「金融新聞網」（Financial News Network）。

病了？我們要把資金贖回，謝謝

到了星期二，我還是只能整天倒在沙發上看金融新聞網。我試著做了幾筆交易，但都不成功，總共賠了三萬美元。下午五點半，後背和前胸的疼痛已經到了難以忍受的狀況，這是我一生中頭一回覺得自己快要死了。奧黛莉打電話給哈克曼，但因為已經超過五點，他的同事安排我在六點半給急診醫生辛（Singh）看門診。我掙扎著從床上爬起來、穿上衣服，然後栽進一部計程車裡。

辛醫師直到七點十五分才出現。他看到我時，我的體溫已經高達華氏一〇五度，心電圖讀數也相當不正常，他勸我最好住院做深入檢查。諷刺的是，正如我和人面獅身在十八年前所預測的一樣，真要感謝健康保險和醫療給付制度，讓每個掛急診的人都得待在急診室外面等待，即使我付了數以百萬計的稅，而且只住在八條街的距離外，還是因為沒有病房而無法住進紐約市立醫院。我被推進急診室時，他們根本什麼都沒做，除非你遭到槍擊、被刀刺傷或是發了精神病，否則急診室裡的工作人員根本連正眼都不會瞧你一下。

辛醫師照理應該在我們到達後立刻趕到醫院的，但他再一次遲到了，直到九點十五分左右，他仍然沒出現。到了十點整，我已經氣得沒有心思去害怕了。「讓我們離開這個鬼地方。」我告訴奧黛莉：「我恨這個鳥城市！」那一夜，我就在廚房的桌子上抱著四個枕頭勉強入睡，姿勢看起來就像一個虔誠禱告的修士，但這卻是我在當時唯一能夠用來克服肺部壓力的方法。

到了星期三，我的病情一點也沒有好轉，在讀完兩封傳真後，覺得更糟了。其中一封傳真來自倫敦的亞伯特·貝克渥，另一封來自巴黎的皮耶·莫德。第一封的內容很唐突：

請將本傳真視為本人贖回所持有之沙伯林納海外基金持份之正式通知。生效日為一九九一年一月一日。

第二封的開頭客氣多了：

早安。我們想賣出一〇二九．八五五單位的沙伯林納海外基金。請以傳真或電報告知我們應採取哪些手續以配合貴處之作業，謝謝。

水手們已經開始棄船了。我真想回覆他：「早安，拿著你們的一〇二九．八五五單位的基金，塞到你們的臭嘴巴裡，這就是我要請你們配合的事。」但是我沒有力氣去回這封傳真。

你這個白癡，你不是住院了嗎？

當天早上，我們又到哈克曼的診所去看病。壞消息是我的感冒已經轉為肺炎了，而且兩個肺葉都有積水。好消息則是哈克曼動用了一些關係，幫我弄到一間私人病房。奧黛莉雇用了全天候的私人護士，要價每天七千五百美元，但在那種情況下，我才不在乎！我得要有人仔細地照顧我，需要專門幫我戰勝病魔的人。通常這個人會是奧黛莉，但她沒辦法整天寸步不離地守著我，她得在家裡陪著孩子們。

現在我終於住進了病房，一大堆的醫生和護士川流不息地進進出出，每個人手上都拿著注射針筒，開始不停地在我身上抽血、抽血、再抽血。他們在我身旁放了一個架子，以便我如果病情好轉想起床時可以支撐。我一直問醫生到底怎麼一回事，而他們根本不理我，他們不在乎我是不是冠軍操盤手，在這裡，我不過是另一個病人。感謝私人看護依莎，依莎從來不會讓那些醫生不看我一眼就走開，在她了解醫生要採行什麼樣的醫療程序前也不會讓他們碰我一下。她不停地看著我的心電圖、檢視醫療儀器、仔細地向醫生詢問、對付那些護士，並且持續問我感覺怎麼樣。

醫生和護士一直在我身邊來來去去，打針、打針、再打針。依莎告訴我，他們之所以要抽這麼多血，是因為要確定病因是細菌或病毒。紐約市立醫院傳染性疾病科的主任親自檢驗我的病例，依莎說這位主任之所以這麼關心，是因為在過去四個月中，他已經在醫院裡看過四個相同的病患，這四個病例都是病毒性感染。「舒華茲先生，」依莎向我解釋：「如果你的病因是細菌性感染，他們可以利用抗生素來治療。但如果是病毒感染的話，就只能任由病毒自由發展下去了。」

「那，他們準備怎麼做？」我說。

「他們會開始由靜脈注射紅黴素，那是一種用來治療呼吸道感染的抗生素，另外也會幫你注射頭孢菌黴素，那是一種用來治療支氣管和喉嚨感染的抗生素，還有……」好了，好了，事情已經很清楚了，在依莎向我說明完畢前，我的手臂上已經多了幾支針筒。

藥物終於發揮作用了。整個晚上直到次日早晨，它們開始擊退病魔。到了九日星期五下午，我已經覺得好些了。兩點四十五分，依莎還沒推我到樓下去照X光之前，我打電話給芝加哥的經紀商艾維・高費德（Avi Goldfedder）。因為當時的利率水準很低，所以我相當看多，而我也帶著Metiplex隨身型報價機，這個像呼叫器一樣的小東西，可以提供二十四小時不間斷的期貨報價，所以我知道目前的市場狀況如何。「高費德，」我試圖以平常的聲調說話：「幫我用市價買進四百口十二月的契約。」我剛剛買進了四百口三十年美國政府公債期貨契約。根據報價機上所顯示的價格，我的進場價可能會在九二二四，這表示價格是$92\frac{24}{32}$，或者可以說契約總值為九二七五〇美元。

「馬丁，你確定嗎？」高費德說。「你不是應該在休息中嗎？」

「是啊，我很確定。事實上，幫我改成買進六百口吧！」

「馬丁，你這個白癡！你不是已經住院了嗎？你在搞什麼鬼啊？嘿，你最不需要的東西就是額外的壓力。」通常，我會對高費德大吼一頓，然後叫他照我的話做，但是現在我已經虛弱到沒有力氣爭論了。

「好吧，那只要幫我買進四百口就好了。可是我要你馬上就給我買進。」

整個週末，我的身體狀況不斷改善，當體溫下降到華氏九九・八度時，公債期貨的價格也上漲到九三〇一了。當市場在十二日星期一開盤時，我賣出了那四百口期貨契約，並賺進十一萬二千五百美元的利潤。果然，賣出了那些債券期貨讓我臉上恢復了血色，我告訴哈克曼醫生自己希望回家。又有另外兩個沙伯林納海外基金的投資人通知我要贖回資金了，因為新的資金分配（五〇%投入期貨市場，五〇%投入股票市場），對他們來說風險太高。我得開始想辦法賺一些真正的大錢。

哈克曼同意讓我出院，所以奧黛莉在十三日星期二的早晨到醫院接我回家。那天我一直從下午工作到晚上，補畫技術圖形、計算技術指標，試著讓一切回復到我能控制的狀態下。我在大約十點上床就寢，並且馬上進入夢鄉，但是在星期三的凌晨一點半時，卻因胸口劇痛從睡夢中醒來。這種疼痛是我以前從來沒有經歷過的，一陣強烈的刺痛從我的心臟穿刺而過。我不認為是心臟病發作，但每呼吸一次，就會引起一陣陣深入脊髓的疼痛。奧黛莉開始為我按摩胸部，試著減輕我的痛苦，但似乎沒有什麼效果。我們打電話給哈克曼診所裡的服務人員。醫生總算在凌晨四點回電，奧黛莉向他詳細敘述我的情況。「先讓他吃兩顆止痛藥減輕疼痛，再吃兩顆鎮靜劑幫助入睡，拿一張電熱毯放在胸口保溫，我明天一早再打電話給你們。」我終於入睡，然後在早晨七點半醒來，全身都被汗水浸透。

他住哪家醫院？我想去問他績效如何……

到了九點，哈克曼打電話來。「馬丁，我不希望你四處走動。」他說：「我已經安排好在十點四十五分時，由克利斯多杜羅醫師為你做心電圖，這位醫師的辦公室就在你住的那幢大樓裡。我們那四個被病毒感染的病人，最後都驗出來有心包炎的反應。」

心臟超音波證實了我們最害怕的事，我得了心包炎。我的心包大量積水，在心臟四周包圍著膜狀囊組織，並壓迫到心臟，引起強烈的疼痛。所以我又住回醫院去了。

哈克曼再一次動用了關係幫我弄到一間私人病房，而奧黛莉也再度請依莎來當我的全天私人看護，而那些如潮水般進進出出的醫生和護士再度穿梭在我的房間中，每個人都拿著針頭在我身上抽血。上一次住院時，我很介意這些事，但是現在我嚇壞了。之前有毛病的是我的肺，現在有問題的是我的心臟。

我的體溫一直往上竄升，從華氏一〇〇．三、一〇〇．九到華氏一〇一．六度。我的身上插滿了各種注射針管，其中一條插在右手臂上注射著加入紅黴素的生理食鹽水，另一條插在左手臂上則注射著頭孢菌黴素。第三條插在身上的針管是一根導尿管，只是用來收集我膀胱中的尿液，卻是我最痛恨的一條針管。

高德醫師是胸腔外科醫師，向我解釋目前可以選擇的治療方式。「舒華茲先生，」他說：「我們準備要試用抗生素來控制你體內的感染狀況，但如果你的心臟四周還是繼續積水的話，就必須動外科手術加以治療。」這是我最不想選擇的方案。

當天晚間七點，奧黛莉來看我。在說完孩子們的事後，她提醒我尚．克勞德（Jean-Claude）今天打了一整天電話找我。克勞德是不折不扣的寄生蟲，他是另一個專門介紹歐洲有錢人和熱門基金經理人接觸的掮客。不同於威利（在蘇黎世幫我找客戶的另一個掮客）的是，克勞德的辦公地點就在紐約市的世貿中心。如此一來，他可以隨時留意與他合作的基金經理人的動態，而他那個在瑞士當銀行家的哥哥尚．皮耶（Jean-Pierre）則在歐洲幫他挖掘客戶。在過去的十個月當中，克勞德是一個令我討厭到極點的頭痛人物。他總是不斷打電話給我，在我做交易的時候打擾我，多嘴多舌地跟我說要怎麼樣才能讓基金操作得更好。「馬丁，你要好好操作，你的基金比起別的基金表現較差，你的績效得更好才行！」

克勞德告訴奧黛莉，他得立刻和我談一談，他希望知道我住的是哪家醫院，說要來看我。但他擔心的絕對不是我，他擔心的是自己的錢。奧黛莉不願告訴他我住在哪家醫院，他開始有點發火了。「如果馬丁在本週結束前沒和我聯絡，我就要把客戶的錢轉到另一個願意回我電話的人那裡去。」

我告訴奧黛莉不要理他。大約晚間九點，我突然覺得眼前一陣天旋地轉。「依莎，救命啊！」我尖聲叫著：「我快要死了！」接下來我只知道一部急救推車進了我的病房。

依莎按下了緊急求助鈴。那些藥對我都沒有效果，我心包裡的積水已經急速增加，直接壓迫到心臟。我的臉色發青，血壓降到只剩下四〇．五。幾分鐘之內，一整個急救小組已經圍繞在我床邊。我的頭旁邊有一位麻醉師、一位胸腔外科醫師伏在我的身體上，床腳則有一位心臟專家監看著心電圖，甚至有一位醫生連電擊器都準備好了。我身邊的人不停地大聲說話，喊叫著儀器上的讀數，並且下達指令。「血壓六〇—八〇，還在下降中。」「給我五ＣＣ。」「血壓五五—七〇。」「心跳一六〇，非常急促而微弱。」「血壓四〇—五〇，我們快要失去他了。」搞什麼！失去我？「救我，救我，請不要讓我死！」我氣若游絲地說著。腦海中浮起女兒和小兒子的臉孔。「求你，求你，不要讓我死。」醫生開始將我的血壓穩定下來，但我的雙腿卻因為醫生將一些冰冷的液體打入體內而開始劇烈顫抖。我再度昏厥。

我在一張推往加護病房途中的擔架床上醒來，身上滿是連接管子的注射筒。一根導管從我脖子上切開的一個口子中接出來，在外面搖晃著。很幸運的，高德醫師也是工作狂。他剛剛才動完心臟手術，一直忙到深夜，然後睡在醫院裡。當我看到他時，他只說了一句：「我們馬上動手吧！」

高德醫師通知奧黛莉，準備馬上為我動手術，但是她必須照顧孩子無法抽身，只好打電話給她姊姊琳達，把她從睡夢中挖起來，等著她到我們家來。在此同時，我可能已經開始動手術，並且可能再也看不到她了。就在我要被推進手術室之前，一個非常美麗的護士對我說：「舒華茲先生，很抱歉，但是我們必須把你的結婚戒指拿下來，你不能戴著戒指進開刀房。」

我是一個很傳統的人，平常總是隨身戴著結婚戒指。就算有某些特殊狀況不得不拿下來時，心裡還是覺得我戴著它。婚後我的體重一路上升，手指頭上已經留下明顯的戒痕，我試著把戒指拿下來，但是沒有辦法。我被注射了太多的液體，而且臂膀和手指都因為吃藥而有些浮腫。那位護士用一些肥皂和水，很溫柔地把戒指從我手指上拿下來。我強忍著淚水，對她說：「拜託你把戒指拿給我太太，並且告訴她，我希望她能夠有機會把戒指再戴回我的手上。」

那是報價機，還是我的心電圖？

凌晨四點半，他們把我推進手術室。我平躺著看著手術臺上的燈光逐漸放亮，心裡懷疑自己還能不能再看見陽光。他們把我從活動病床移到一個小小的手術臺上，我碩大的身軀幾乎沒有辦法配合它的大小。他們注射了另外一個針管到我左手背下面的靜脈裡。一位麻醉師開始用低沉、自信又平穩的語調在我耳邊說：「馬丁，我們現在要把你的手包起來。」我的右手臂被包裹起來並固定在床單上，左手臂被包裹後放在我的身邊。「現在我們要把一個支架放在你的背部下方，這樣可以讓高德醫生看清楚下刀的部位。」當他們把那個支架放在定位時，我可以清楚感覺到它的堅硬和冰冷。「現在我們要在你的頭上蓋上保護巾。麻醉開始時，你會昏迷幾秒鐘。現在我要你從一百開始倒數。好，開始吧！九九、九八、九七……」當我數到九六時，身體裡有一陣瘋狂的感覺直衝到每一條神經。我看到白色的磁磚從面前飛過，速度愈來愈快，好像坐在一列不斷加速的雲霄飛車上。一陣乾渴的感覺將我從睡夢中喚醒，我的嘴巴比沙漠還要乾，腦子裡唯一想的就是能馬上喝一口水。我根本不管身上插滿的針管，那些針管和我身上的疼痛告訴我自己還活著。一個護士靠上前來。「早安，舒華茲先生。很高興你平安動完手術了。覺得怎麼樣？」

「水。」我沙啞地說著。

「不行，不行，還不能喝水。醫生馬上會來看你，然後我們會把你轉到加護病房去。」

「痛！啊……好痛啊……」

「這樣就好。疼痛表示你已經好多了。等一下你被送到加護病房時，他們會馬上幫你注射一些嗎啡。」

我再度感到頭暈，在他們移動我的過程中，我只覺得四周叮噹聲響不絕於耳，就像身處於一個電動彈珠臺遊樂場裡，然後才發覺自己已經被送到加護病房，而那些嘈雜的聲音是來自病房中用來觀察每個生命垂危病人狀況的醫療儀器。掛在牆上的大型時鐘顯示十一點半。現在，我感覺好多了。一定是嗎啡發揮了藥效。

我開始觀察四周，檢查每一部放在我身旁的機器，試著看懂機器上所顯示的數字到底代表什麼意義。雖然我身上安裝了一根導尿管，不管目前我所能爭取回來的有多少，我還是不放棄重新建立一些對自己人生的控制權。我的注意力轉移到床邊的一個大型電視螢幕，上面顯示了五個子母畫面。一個心電圖持續在螢幕上跳動，下面是一個小格子，裡面用綠色的數位顯示著我的血壓（八二—一三四）、心跳速度（九八）、血液含氧量（九七），和心壓（八〇—一〇〇）。這些數字讓我想起了我的Quotron和Metriplex報價機。我開始做一些呼吸練習，來測試一下我是不是能控制自己的血壓。我不停吸氣、吐氣、憋氣，眼睛盯著機器上的讀數，七八—一三，八六—一三八。

「馬丁，停止這麼做！」我太專注於那些儀器的螢幕，以至於沒有看到奧黛莉已經走進病房。她轉頭對跟著她一起進來的護士說：「你們這些人在幹什麼？他平常就是盯著螢幕過日子的。你們如果想要讓他的血壓降下來的話，就快把這些該死的機器挪開。」那個護士照辦了。

當你只能躺在床上盯著時鐘看時，時間似乎過得更慢了，而這正是我接下來五天裡唯一能做的事。當我在做交易時，從來不覺得有足夠的時間，總是希望時鐘能夠停下來等等我。現在，我在心裡不停催促時鐘走快一點，因為我知道隨著時間逝去，我的情況就會逐漸恢復正常。我的目標是先把體溫降下來，然後回家過感恩節。

而我真的辦到了。二十二日星期四，感恩節當天奧黛莉來接我回家。我沒有力氣坐在餐桌旁用餐，藥物治療使我仍然不很穩定，但是至少已經出院和家人團聚。我已經很心滿意足了。

其實，他們並不在乎你的死活

整個週末，我都在整理上週不在時所堆積下來的郵件。一封蘇黎世來的信說道：「請貴公司照本人先前指示，將本人所持有之沙伯林納海外基金全數贖回……」巴格瓦、奇德與皮博迪公司的來信說：「本人在此請貴公司贖回本人持有之沙伯林納海外基金……」開曼群島來的信中提到：「請照本人於十一月十三日去電中之指示，確實贖回所有持份……」來自巴哈馬的郵件也寫道：「謹以此信通知您本人將要求贖回本人之持份……」「我們要求『立即』贖回所有持份，最晚期限為一九九〇年十二月三十一日……」「本人將於今年底取回所有投資於貴處之資金，本人對貴基金操作風險之提高深感不安……」最後，有一封來自芝加哥的信說：「請將本信視為豪斯曼國際公司之正式通知，本公司已決定將貴處之帳戶完全結清，並終止原先之協定……」又有另外七個投資人，包括豪斯曼和另外總額達五百萬美元的資金從我的基金中抽走。你想像不到其中竟然沒有一封信寫道：「附註：希望你早日康復。」他們真正在意的只是自己的錢罷了。

我希望他們是最後一批要贖回沙伯林納海外基金的投資人，可惜我又錯了。十一月二十六日星期一早上，又有一堆傳真、信件和快遞送到雷克辛頓街七五〇號，裡面全都是壞消息。巴基斯坦的客戶要求贖回。我在巴拿馬的投資人用西班牙文告訴我：「再見！」來自世界各地的投資人都用他們的母語告訴我同一句話：「再見！」我的基金在一個月之內從七千萬美元的規模一下子縮水成四千五百萬美元，而我還得繼續撐過十二月。

我真的必須好好賺一票才行。

但首先我得去看高德醫師，他要在星期一幫我拆線，想起又要再回到醫院就讓我感到痛苦。我確信一旦進了醫院，他們又會把我給留下來，然後那個痛苦的過程就會重來一遍。可是我猜錯了。「馬丁，你的手術部位恢復得相當好，」高德說：「但是還沒有完全復原。你可以回家，放鬆一下，可是不要讓自己承受太多的壓力。」

我整個星期都在做交易，但是在十一月三十日星期五那天市場開低時，我開始覺得胃部好像停滯不動般的鬱悶，身體感到疲憊不堪，心裡很想軋平手上所有的部位。我一直撐到市場開始上漲才把所有部位抛出，可是在我賣出後，債券市場才開始迅速向上猛漲。我的體力完全耗盡，幾乎沒有力氣把握這一波漲勢。然而，我怎麼能在多頭列車終於開動時，只是呆呆站在月臺上看著車子開走呢？管他高德醫師！我得要讓那些賣出我基金的渾球知道我仍是冠軍操盤手。我打電話給高費德，建立了六百口債券期貨的多頭部位。

十二月一日星期六，我幾乎沒有力氣從床上爬起來。當我在計算上個月的操作績效時，我的體溫上升到華氏一〇〇．五度。到了星期天下午，體溫已經高達一〇一．二度，我知道又有麻煩了。奧黛莉打電話給哈克曼，他要我馬上去醫院的急診室報到。到醫院時，我的體溫已經升到一〇二．八度。很幸運的，是高德醫師——那個和我一樣的工作狂——在那裡。我求他一定要讓我好起來。我問他需要什麼東西，只要開口，我就幫他弄到手。他覺得我在開玩笑，已經開始胡言亂語了。「告訴我，你想要什麼？」我對他大吼。或許我真的是在胡言亂語了。

「好吧！嗯，既然你這麼說，我就要個新的立體音響好了。」他以開玩笑的口吻說。

「奧黛莉！幫高德醫生買一組立體音響。」我大叫著：「免費送給他！現在，醫生，請你救救我的命吧！」

高德醫師馬上開始為我做心電圖，問題出在我的心包囊又開始積水了。他向我們報告了一下狀況：「我要再送你回加護病房去觀察冠狀動脈功能，我們不想再動一次手術，但是也不排除這個可能性。如果沒法用藥物來控制病情，就必須開刀摘除心包囊，你沒有它一樣可以正常過日子。」

芝加哥期貨交易所的債券期貨在星期日晚間也開盤。前往醫院途中，我打了一通電話給高費德，留話要他立刻回電話給我。或許在沒有心包囊的狀況下我還是可以過日子，但是我可不確定我的身體狀況能不能受得了再動一次大手術。我必須軋平那個債券期貨部位，當那些貪婪的投資人打電話來想知道他們的錢操作得怎樣時，奧黛莉可以告訴他們一切都很好，即使我死掉了也一樣。

我躺在床上，仔細聽著身旁儀器嘈雜的聲響，心裡想的卻是我的債券期貨部位到底怎麼樣了。有一位護士拿了一支電話走到我床邊。「舒華茲先生，這是你的『私人醫生』高費德醫師從芝加哥打來的電話。我們把你的狀況向他報告過了，但是他堅持要和你說話。」高費德醫師？

「馬丁，他們不肯把我的電話接進來。沒有人能打電話進加護病房，所以我告訴他們我是你的私人醫生，而你想從我這裡聽聽意見。」

「哦，你真是一個好醫師。」我輕聲地說：「那你的診斷如何？」

「你已經賺了十點，大約是二十萬美元。你想要怎麼做？賣出嗎？」

「這聽起來是個好主意。謝謝你啦，高費德醫師。」

第二天早上，我真正的醫生幫我注射類固醇，這個療法真的有效。我的高燒開始神奇地減退，心跳速度也從每分鐘一百四十下回到每分鐘九十下。我終於在十二月四日離開了醫院。從十一月七日開始，我總共進了醫院三次，總住院時間長達二十六天。在這段期間內我為我的投資人賺進了五十萬美元，但是代價又是什麼？我的醫院帳單超過了十萬美元，但這終究只是金錢上的花費。真正讓我感到心痛的是，雖然在過去的一年中我為投資人盡心盡力賺錢，但是生病住院的這段期間，竟然沒有一個客戶寄任何一張簡單的卡片給我，關心一下我的健康或是安慰一下我的家人。

我回想起這場惡夢開始前的那天晚上，我和施密斯會面的談話內容。如果時空換成是現在的話，我會對他想要募集基金的計畫有什麼評語？我會告訴他，為了操作別人的資金而付出太多心血並不是一件值得的事，我也會告訴他，不管得到金錢上多大的報酬，為那些對你一點也不關心，甚至不在乎你死活的人工作是毫無價值的。

我一直都想和市場中的高手們一較長短，而在某段時間內我也的確辦到了，但結果卻幾乎要了我的命。金額龐大的基金，對鐘斯、索羅斯、朱肯米勒、羅勃森、貝肯以及考夫納這些操盤手來說不成問題，但對我來說不是。我發現，我是一個非常純粹的操盤手，不喜歡任何人來干涉我在操作上的決策，也不想為那些我一點也不喜歡的人負責。我只想要享有自由自在的生活，並保有健康。

雖然如此，我還是決定繼續維持基金的運作，我還是相信我可以找到一些欣賞我和我操盤能力的投資人，並在這樣的狀況下操作一個金額具規模的基金。

在寄給投資人的十一月份績效報告中，我寫道：

一九九〇年十二月十四日（我最後一次住院的出院日）

親愛的夥伴們：

我對於十一月份的操作績效延到今日才送交給您感到萬分抱歉，但正如同部分投資人所知，我在上個月感染了一種神祕的病毒，起先像是肺炎，但最後卻蔓延到我的心包囊。為了挽救我的生命，我在十一月十六日的清晨進行了一項必要的外科手術……。

我預期一九九一年將是一個遠比今年來得更有生產力的年度。我們的基金規模將在一九九一年下降為四千五百萬到五千萬美元左右，如此一來，應該可以使諸位投資人的報酬率更為提高。將資金繼續留在本基金的夥伴們，現在就像是我的一家人，我將在一九九一年更加倍用心為您服務，特別是在我從死神手裡走過一遭之後。

第14堂課 管理壓力，保持健康

一、在壓力摧毀你之前，先把它化解

雷．古拉是一個古板、有著一頭白髮又固執的選擇權操盤手。他坐在一間擁擠吵鬧，充滿著不成氣候、一心只想混口飯吃的操盤手辦公室裡。我是在一九八〇年代初，剛離開AMEX到場外自行操盤時認識他的。貝爾．史騰公司給了我一間位於交易所附近的私人辦公室，而古拉的辦公室就在我辦公室門外。

有一天我正在S&P指數期貨上建立一個很大的部位，壓力正開始慢慢在我心中堆積起來。市場正在下跌，而我仍繼續在那個本來就不小的部位上加碼攤平，在一路下滑的走勢中加碼買進是我幾乎從來不做的事，但是我的技術指標一直告訴我市場已經超賣，應該會出現一個反彈走勢。此外，奧黛莉在那一天休假，所以並沒有在我身邊提醒我已經違反了自己最優先、也是最重要的守則：絕不讓自尊心控制你的交易行為。

當汗水從額頭上滴下來時，我開始找一些方法來解除壓力。我笨拙地在桌上摸索著，找到一個鉛筆盒，把它放在頭頂上，然後跑到古拉的辦公室，跳到他的桌子上，開始輪流踩每張桌子，拿著那個鉛筆盒跳舞並大叫：「我買進嘍！我買進嘍！我是他媽的死多頭哦！」

當你正處於輸錢的狀況，而且開始腦袋空空的時候，應該盡快採用任何一種可行的方法來幫你理清思緒。不管你是市場老手或初出茅廬的菜鳥，都不能失去客觀性。

我藉著跳到桌子上跳舞來紓解壓力，因為我害怕停止思考、呆若木雞。然後我回到座位上坐下來，重新思考策略。我依然得到同樣的結論——作多是正確的決定。但是這一回，我還是為我的部位設立了一個停損指令。不久市場果然開始回轉，到了那天收盤時我賺了十萬美元。

第二天早上，古拉走進我的辦公室，手裡拿著一個棒球，上面有一九六〇年美國聯盟冠軍紐約洋基隊全體球員的簽名。他把那顆球拿給我：「我希望你收下它，因為你是那樣迷洋基隊。」我看著那顆球，上面滿布著我心目中偶像球員的親筆簽名。我從小就是這些人的球迷。我說：「我不能收你的球！你為什麼要送我？」

「因為你讓我和家人賺了很多錢啊。」古拉回答我：「昨天當你拿著那個鉛筆盒在我們的桌子上跳舞，並大叫著你持有了很大的多頭部位時，我打電話給我在交易所場內工作的兒子和女婿，告訴他們如果你作多，我們最好也跟著作多。馬丁，昨天是我們在這麼長一段時間以來獲利最多的一天，我們希望把這顆球送給你做為我們最誠摯的禮物。」

我仍然不願意收古拉這個具有二十三年歷史的紀念球，但經過他一再堅持後，我還能說什麼？我不想無禮，而且也真的深深被這個禮物所感動。今天，這顆球裝在一個玻璃盒中，放在我兒子的房間裡，就擺在他的書桌上。

二、沒有人能死到臨頭，還拚命工作

一九九二年，有一個名叫肯·庫希（Ken Kush）從芝加哥來的債券操盤手打電話給我，問我是否想和他一起去看一匹賽馬。我當時正想讓自己和市場切斷往來，並且培養一些新的興趣，而且我一直夢想著能擁有一匹賽馬，所以我說：「好啊，我們去吧！」

庫希幫我們買了一匹四歲大，名叫普利班的小母馬。普利班一跑出起跑線就一路落後，她有各式各樣的毛病，而且大部分時間都跟在別的馬身後喘氣。庫希曾經飛到各地去看她參加各項比賽，然後總是打電話給我說：「馬丁，別擔心，她是一匹很棒的馬，只是她的訓練師沒把她照顧好。」或者是「馬丁，那個訓練師說他發現了一種新藥可以讓她變成贏家。」又或者是「馬丁，她剛剛才跑出第三名的成績。這真刺激。你一定要來看看她。」

我並不打算搭飛機跑去看普利班，然後把我的錢浪費掉。但是有一天庫希打電話來，說：「馬丁，好消息。下星期三我們幫普利班報名參加一項比賽，她可不是昔日的吳下阿蒙了！訓練師幫她找了一種剛剛由馬里蘭州賽馬協會核准使用的新藥，她現在訓練時的成績好得不得了，你一定要來看看她。」

我覺得如果從來沒去看自己的馬參加重要比賽的話，那養馬根本就失去意義，所以我決定趕去巴爾的摩看這場比賽。「好吧！」我告訴庫希：「我會專程撥一天的時間飛去看她。」

我得趕上早上十點半的火車，但是當市場開盤時，我建立了一些有趣的部位。當我發現到了該出發的時候了，頓時覺得何必花一整天到馬里蘭去看普利班？如果她輸了，我不但會相當失望，而且也浪費了一整天的時間。此外，我並不需要去馬里蘭，只需要走到最近的OTB去下注就好了。

所以我沒有去，結果普利班竟然贏了。更糟糕的是，我在OTB下了兩千美元的注，只贏回五千五百美元而已。在賽馬場裡，普利班的賭盤是十二比一，意思是我每下兩百美元可以拿回二萬五千二百美元。當我沒有出現在賽馬場時，庫希簡直不敢相信我竟然會不去。「馬丁，」他說：「你得好好把握你的權利啊！」

後來，普利班哮喘的毛病愈來愈嚴重，我們最後把她賣掉時只拿回一點點錢，比起她贏得那場比賽時的價碼要差得多了。我再也沒有買進任何一匹賽馬，但或許哪天我又會手癢也說不定。如果我真的又買了一匹賽馬，我一定會好好享受我的權利。有許多人因為失去了客觀的看法而在市場中施展不開，花更長的時間工作並不能讓你更聰敏地把工作做好。事實上，結果很可能適得其反。

在這麼多年的經驗中我學到了一點，那就是當你在市場中經過一段很順利的日子後，休息幾天慰勞自己一下是很重要的。一般人都會自然而然地傾向於繼續交易，直到再度遇到操作瓶頸為止。但是經驗告訴我們，在一連串的勝利中休息一下，通常都能讓你的表現延續下去。

保持均衡狀態。當你的馬起跑時，你一定要在場。坐在馬主專屬的包廂裡，盡情下注，享受一下快樂的時光，並完全忘掉市場的存在。

第16章

關鍵時刻，別猶豫不決

真正殺敵致勝的不是武器，是堅毅的心

「因為我很難纏，所以你們不會喜歡我。但是你愈恨我，學得就愈多。我很難纏，但是也很公平，我心裡沒有種族偏見，沒有黑人、猶太人、義大利人或是愛爾蘭人之分。在我看來，你們都是一樣毫無價值。我接到命令，要把那些沒有能力為我所愛的陸戰隊效力的雜碎趕出去。從現在起，我沒有叫你們說話就沒人可以說話。你們開始和結束每一句話時，都要給我加上『長官』這兩個字。你們這些笨蛋聽懂我說的話了嗎？」

「長官，是，長官。」

「狗屎，我聽不到你們在哼些什麼。給我大聲回答！」

「長官，是，長官！」

「我還是聽不到！」

「長官！是！長官！」

一九六八年二月五日，我來到維吉尼亞州匡提科

（Quantico）鎮的美國海軍陸戰隊基地，開始我在預備軍官學校的受訓生活。我在哥倫比亞大學企研所就讀的第二個學期，就和陸戰隊簽下了志願軍官役。當時校園裡盛傳美國國防部準備取消研究所學生的緩徵辦法，我可不想被徵召到越南去當大頭兵。

陸戰隊的訓練為期十週，在這段期間，他們嚴格控制你的一舉一動，目的是把你的思想完全摧毀，再把它塑造成他們要的那個樣子。他們讓你從清晨五點半開始就不斷忙碌，先用一個鋼質的垃圾桶在水泥地上滾動，把我們從睡夢中驚醒，開始馬不停蹄的一天，直到晚上十點鐘，在他們關掉燈，並且說：「晚安，小姐們。」之後我們才能休息。但是我們還是得隨時保持警戒、內心充滿恐懼，筋疲力竭地蜷曲在行軍床上。不過我還是在那種環境中生存下來了。「恭喜你，舒華茲少尉，你現在是正式的陸戰隊員了。」

一九九〇年十一月七日，我開始那長達四週和病毒性心包炎的纏鬥，一直住在醫院裡直到十二月十四日才康復出院。從那時開始，我一直都在家裡的辦公室工作，試著慢慢恢復健康。午餐時段，我的助理羅伯．列凡（Rob Le Vine）會從我位於雷克辛頓街七五〇號的辦公室過來，陪著我在附近街上走走。哈克曼醫師堅持我必須要每天出門走走，呼吸一下新鮮空氣，即使外面氣溫只有華氏二十五度也得照辦。我穿上在一九八七年到俄羅斯旅行時買的喀什米爾羊毛外衣，再圍上一條亞曼尼圍巾、拉高外衣的領子，最後穿上我在莫斯科買的貂皮大衣，慢慢地在冬季冰冷的紐約市街頭散步。

我們決定在新的一年來臨時開始照目前的路線散步，這是因為每當新年到來時，我總會精神振奮，充滿勇往直前的幹勁。即使我在這場大病中幾乎喪命，而且在住院期間有幾乎一半以上的投資人遺棄了我，但我依然是沙伯林納基金公司的龍頭老大，仍然有相當多的投資人信賴我，再加上我自己也投入了相當多的自有資金，所以回到工作崗位是一種責任，也是一項自我保護的行動。我必須開始為賺大錢而努力奮戰。

我熱愛為山姆大叔效命。
我熱愛為山姆大叔效命。
讓我們了解自己是什麼東西。
讓我們了解自己是什麼東西。
一、二、三、四、美國海軍陸戰隊。
一、二、三、四、美國海軍陸戰隊。
一、二、三、四、我愛海軍陸戰隊。
一、二、三、四、我愛海軍陸戰隊。
我的陸戰隊、你的陸戰隊，我們的陸戰隊、陸戰隊！
我的陸戰隊、你的陸戰隊，我們的陸戰隊、陸戰隊！

一月二日，我幾乎連在住家附近走走都沒有力氣。我無精打彩，體力盡失。從胸部開刀處一直到肋骨一帶實在疼痛難當，此外，我還得服用一種名叫強體松（腎上腺皮質類固醇）的藥。強體松對操盤手而言並不是好藥，因為它的副作用之一便是擾亂服用者的精神狀態。根據我的醫學百科全書所載，強體松會「造成耳鳴及情緒波動、改變性格，使服用者產生嚴重的沮喪感，還可能激化服用者的內在不穩定情緒」。哈克曼醫師試著讓我漸漸減少藥量，為了達到這個目的，我就必須慢慢加強體力。

我每回和列凡散步回來時都滿身大汗，累得跟狗一樣，但是體力也因此一天天有進展。從四條街、八條街，到十二條街，隨著我散步的距離逐漸加長，我服用強體松的劑量也慢慢降低，從三十毫克、二十五毫克，一直降到二十毫克。

自從一九九〇年八月二日海珊派兵入侵科威特起，市場就一直處於劇烈的波動中。股價大致上來說都呈現下跌走勢，而商品價格，特別是油品價格則呈現勁揚走勢。只要伊拉克向以色列發射飛彈，紐約那些程式操盤手就會按下他們的買進或賣出發動鈕，然後市場就會陷入一陣混亂當中。

一九九一年一月九日，美國國務卿貝克在日內瓦和伊拉克官員會面，試圖達成某種政治性的妥協方案。市場預期他們將會達成協議，但是當貝克走出會場，面對記者們的攝影機時，他所說的第一句話竟然是「很遺憾的……」。S&P指數在貝克說完那句話之前就已經重挫了十點，市場的賣壓在那一瞬間猛烈爆發出來。我開始努力建立空頭部位，在市場中拚命賣出S&P指數期貨，然後再以更低的價格把它們買回來，鈔票又開始流進來了。

在那個星期三，我問奧黛莉：「你知道，市場對於戰爭真正開打的預期只能反應幾次而已，我覺得現在市場的底部已經出現了。我所有的技術指標都顯示市場的超賣狀況很嚴重，一定有什麼狀況會發生，我應該在它發生前買進一些股票。」現在，聽取奧黛莉的意見比以往任何時候都重要。我沒有辦法確定現在的感覺是基於市場的現實狀況，還是因為強體松的藥性正在發作。

「馬丁，如果你喜歡，就買吧！」

我開始敲進。安進（Amgen）、必治妥施貴寶（Bristol-Myers Squibb）、康柏電腦、達美航空、房利美、GAP、吉列、家得寶（Home Depot）、嬌生、默克、微軟、耐吉、網威（Novell）、菲利普・莫里斯、德州儀器、聯合航空、沃爾瑪百貨等都是我買進的標的。我深信美國政府一定會採取必要的行動來解決波灣危機，一旦美國真的採取行動，市場將會做出正面的反應。由於在星期一和星期二，我就已經買進了一百六十口的S&P指數期貨契約，所以在三天之內就動用了一二〇〇萬美元的資金，讓我的基金能在漲勢發動前取得良好的攻擊位置。

一月十六日星期三的傍晚，我正躺在書房沙發，看著美國國家電視網的湯姆・布洛考（Tom Brokaw）所主持的夜線新聞。我那天累極了，距離我最後一次出院才不過五週而已，而且那天傍晚，我才剛進行了一趟近來最棒的散步，總共走了有一英里之遠，足足有二十條街的距離。我握著搖控器，看著電視螢幕上的布洛考。今天他的特寫鏡頭特別多，而這通常是有重要消息發生時電視臺愛用的播報手法。果然，就在幾分鐘之前，根據白宮橢圓形辦公室發布的新聞，布希總統宣布美軍已經對伊拉克發動全面攻擊。沙漠風暴行動展開了。

我要放空原油……你母親娘家姓什麼？

我並不希望戰爭真的發生，我可不是一個死亡部部長，更何況現在我正為了復原而努力和病魔奮戰。但是當一九九一年一月十六日戰爭爆發後，我彷彿回到身為陸戰隊員的時刻，隨時準備應戰。現在該是我好好打一場仗的時候了。我從沙發上站起來，走回辦公室，輕鬆地坐在椅子上，戴好電話耳機，看一下時鐘。時鐘顯示著東岸時區下午六點四十分。我還沒有完全做好進行操盤的準備，但是我很悍，我是陸戰隊員，就算有一半的投資人從我的基金撤資又如何？身為陸戰隊軍官，我還是決定要奮力一搏。

「後備軍官舒華茲。讓我看看你用什麼臉孔面對敵人。」

「長官，您的意思是……？」

「你有戰鬥臉嗎？這就是戰鬥臉。殺！」

「殺！」

「狗屎！你這鳥樣根本嚇不倒任何人！讓我看看真正的戰鬥臉！」

「殺！殺！殺！」

「你還是嚇不倒我！馬上給我好好練習，否則你會吃不完兜著走！」

「長官，是，長官！」

美國派出F-15戰鬥機擔任攻擊任務，它可以發射像外科手術一樣精準的精靈炸彈和雷射導向飛彈。毫無疑問的，我們將把海珊這個騎駱駝的人，和他那所謂的共和衛隊深深埋在沙漠裡。不但如此，我們將在很短的時間內獲勝，所以我得加快動作。

「九點整有一場魔術表演，查理．卓別林將告訴你們自由世界如何靠著上帝和幾名陸戰隊員就取得勝利。上帝會幫助陸戰隊，因為我們會消滅目光所及的敵人。上帝玩他的遊戲，我們玩我們的。為了感謝上帝賜予我們這麼多的力量，就讓無數清新的靈魂來捍衛天堂。上帝隨時保佑陸戰隊員，所以你們可以全心信賴上帝，但是你們的小命還是屬於陸戰隊的。你們這些小姐們聽懂了嗎？」

「長官，是，長官！」

現在美國已經加入這場戰爭，在過去四個月當中主導了油品和黃金市場的恐懼與不確定性，一夕之間消失得無影無蹤。我得找一個還在交易時段的市場，我想要放空原油和黃金契約，然後在價格下跌時馬上補回來。

你或許會問我，為什麼？當波灣戰爭爆發後，市場上每一個操盤手第一個想到的就是放空原油期貨，但是，為什麼要放空那個在危機發生時每個人都會拿來當作避險工具的黃金呢？

我的理由是，自從伊拉克入侵科威特以來，原油和黃金就已經呈現超買狀態，一旦市場了解到海珊對波斯灣及原油供應將不再造成威脅時，原油和黃金價格就會像一對過熟的椰子一樣雙雙墜落下來。我得馬上放空原油和黃金，我在椅子裡把身體前傾，拿起電話打到奇德與皮博迪公司的夜間接單部。

「我是馬丁．舒華茲。我在你們那裡有開戶，戶名是沙伯林納合夥基金。什麼？你說找不到是什麼意思？沙……伯……林……納……，沙伯林納，沙伯林納！我要放空原油和黃金！馬上幫我找一個有盤的市場，快點！」

一會兒之後。

「我母親婚前的名字？（譯註：用來辨別身分之用）史妮……德，狗屎！史……妮……德……，史妮德，史妮德！」

又過了一陣子。我看一下手錶，時間是下午六點四十二分。價格馬上就會飆漲上去了，我沒有時間再等，我改打電話到芝加哥期貨交易所（ＣＢＯＴ）去。ＣＢＯＴ的債券期貨在六點二十分到九點零五分之間，有一個額外的盤後交易時段。我和折扣公司、ＬＩＴ期貨公司這兩家結算公司之間有交易專線，庫許和高費德接起了電話。折扣公司的庫許和ＬＩＴ公司的高費德（現在我給他取了個外號叫「大夫」，以感謝當我在加護病房時他給我的建議），是我最主要的兩個債券期貨經紀商。在沙漠風暴行動展開的新聞傳到市場後，這兩個身經百戰的接單人馬上就跳上計程車，回到他們在ＣＢＯＴ的工作崗位上。好極了！現在我已經和我的兩個哨兵連上無線電，該是和敵人交戰的時候了！

最近三天內，我一直感覺到債券市場一副要上漲的樣子。在每日工作表裡，我對每一筆交易都有親手寫的操盤日誌，在每一筆交易紀錄旁，寫下我的感想做為日後的參考。我在這幾週以來的筆記中不斷寫道：「注意利率可能重挫，該建立大量的多頭部位」、「計畫買進債券」、「可能是美國公債市場的主要底部」這類的話。我一直保持良好的部位，而且我開的交易帳戶讓自己可以隨時買進想要的足量契約。在日間交易時段，我已經在我認為是絕佳買點的價位區派出了前哨偵察隊，在九三一五（意謂$93\frac{15}{32}$，或大約是九三．四七）買進了八十口三月到期的三十年公債期貨。如果原油和黃金價格會因為市場中的不確定性消除而下挫的話，表示其他的商品和利率也將出現下跌的走勢，反之，債券的價格將要勁揚。一般而言，利率下跌則債券價格上升，反之亦然。

血、血、血，殺！殺！殺！

「庫許！給我一個ＵＳＨ的報價！」ＵＳＨ是一九九一年三月到期的三十年期美國政府公債期貨契約的代號。一口ＣＢＯＴ的美國政府三十年期公債期貨契約到期的面值是十萬美元。

「九三一八，馬丁。」

「幫我在九三一八買進二十口！」我向他下達指令。

過了一會兒，「幫你在九三一八買到了，馬丁。」我剛剛買進了二十口契約，等於持有了面值二百萬美元、在一九九一年三月交割的三十年政府公債，買進成本在九三一八（等於九三．五六二五），總成本是一八七一二五〇美元。但是我並不需要現在就付出這麼多現金，因為我已經存入足額的保證金在結算公司那裡，以支應保證金的相關規定。

我查看了一下報價螢幕上的價位。「ＵＳＨ，九三二〇」，價格已經上漲到了$93^{20}/_{32}$。我的想法是正確的。債券價格已經朝我預期的方向移動，該是全力出擊的時候了。

「喂，舒華茲先生，這裡是奇德與皮博迪公司，很抱歉讓您等了這麼久。」時間是下午六點四十四分，他們讓我在電話上等了兩分鐘，這對操盤手來說簡直像一輩子那麼久。「我們剛才查過您的帳戶。不論是沙伯林納合夥基金或沙伯林納海外基金，都沒有設定在美國本土以外的市場交易原油和黃金的許可權。」

去他的！「那馬上幫我把它們都設定好。馬上！」

「很抱歉，舒華茲先生。現在唯一有黃金和原油期貨盤的市場在遠東地區，像香港、新加坡或日本，而他們的期貨契約都沒有辦法和美國本土交易的契約互相流通。」

大頭鬼！「那好！就幫我開一個海外帳戶讓我趕快進場吧！」

「讓我看看能為您做些什麼。」

「在你查看的同時，幫我看一看有什麼契約是可替換的，馬上幫我辦好。」我又轉回到和ＣＢＯＴ聯絡的專線上，確定債券價格沒有跑得太遠。「大夫！大夫！你在線上嗎？」這次我和ＬＩＴ連上了線。在你可以做得到的狀況下，至少要保持和兩個經紀商連線，並且把單子分散下出去。你不該只有一個交易的對手，不然那些經紀商就會把你的生意視為理所當然，要靠著和至少兩家經紀商來往，促成他們之間的競爭，才能爭取最好的交易條件和服務。

「是的，馬丁。」

我看了一下報價螢幕。「USH，九三二四。」「大夫，幫我在九三二四買進二十口三月長期公債期貨契約！」

略等片刻後，「成交，買進二十口在九三二四。」時間是下午六點四十八分。

鈴聲響起，是奇德與皮博迪的夜盤交易部打來的。

「好消息，舒華茲先生。我可以讓你在新加坡買賣歐洲美元期貨，它們是以美元計價，而且可以在明天開盤後轉到你的國內帳戶。」

狗屁！告訴我一些我沒聽過的契約吧，你們這些笨蛋！「我本來就可以在SIMEX（新加坡國際貨幣交易所）做歐洲美元期貨的交易了。繼續幫我設定帳戶，好讓我可以操作黃金和原油。」

「什麼東西讓草生長？」

「血，血，血。」

「什麼讓你們保住小命？小姐們！」

「殺！殺！殺！」

「狗屎，我聽不到你們在說什麼。」

「殺！殺！殺！殺！」

鈴聲響起，是庫許打來的。「怎麼樣？」

「市場看起來滿強的哦，馬丁。債券跑得很快，已經漲到九四．三了。」

「幫我在九四〇三再買進四十口！」

稍等之後，「我們買到了，馬丁。買進四十口在九四〇三。」時間是晚上七點五分。

我的債券期貨部位現在已經累計買進一百六十口契約了，其中八十口是白天盤在九三一五建立的，而另外八十口則是剛剛在二十分鐘內建立的。由於每口三十年公債期貨到期面值是十萬美元，所以我現在的部位總值等於有一千六百萬在三月份交割的公債，而我的獲利目前則是六萬七千五百美元，事情看來進行得很順利。我透過庫許「下士」在CBOT交易場內所發動的左翼攻擊行動顯然相當猛烈，該是我派高費德「下士」從右翼發動另一波攻勢的時候了。

「大夫！大夫！你聽得到我嗎？」

「聽到了，馬丁。」真有趣，高費德在他現實生活中真的有另一個職銜，他是以色列空軍的後備軍人。每年夏天他都要撥出兩個星期回以色列受訓，所以在這段期間之內我無法和他做交易。我不知道他對於沙漠風暴有什麼樣的觀感，但是我沒有時間和他討論這個，我現在手上有一千六百萬美元的債券部位需要傷腦筋。

「大夫！幫我買進一百口三月的歐洲美元期貨契約！幫我在新加坡的SIMEX買進。」我希望能夠透過所有方向發動攻擊。我買進歐洲美元，表示我在賭美國的短期利率將會下跌，就像在債券市場中賭長期利率會下滑的道理一樣。

一陣安靜後。

「幫你在九六二五買進了一百口歐洲美元期貨契約。」

現在時間是晚上七點十八分，我再度回到左翼。「庫許，幫我在九四〇七再買進二十口。」隨著債券價格扶搖直上，我的信心也因而大增，愈來愈相信我的作戰計畫已經奏效。我已經買進了二百口的債券期貨，這部位不小，但是在市場裡還算不得什麼了不起的部位。我得再加強攻勢。我開始流汗了，奧黛莉走進來為我的水壺注入好茶，用毛巾擦掉我額頭上的汗。「馬丁，你還好嗎？」

「我在痛宰他們，奧黛莉。我覺得好極了。」

「你確定這不是因為強體松的關係嗎？」

「我希望不是，我建立的多頭部位已經堆到我眼睛這麼高啦，而且還再加碼買進。」

奧黛莉查看著我的部位紀錄表。「馬丁，你的部位看起來好像不錯嘛！如果你喜歡的話，就放手去做吧！」

七點五十八分：「大夫，在九四二二買進二十口。」

八點零六分：「庫許，在九四二五再買進二十口。」

八點十九分：「庫許，去他的，是我們全力出擊的時候了。幫我在九四二八再買進七十口！」

我已經買進了三百五十口的三月份公債期貨，等於三千五百萬美元的部位，而且債券價格還在繼續上漲中。

「庫許，幫我在九五〇六買進五十口。」

一陣安靜後，「沒辦法，馬丁。市場價格已經跳到九五〇六以上了。」

「管他那麼多。改成市價買進，市價買進！」我決定不計價位買進。庫許幫我在九五〇九買進了二十口，在九五一〇買進了三十口。

「大夫，再買進三十口，市價買進！」

「馬丁，慢慢來。別忘了你還在生病哪！」

「別告訴我該怎麼做，你他媽的給我買進就對了，現在就買！」我這位以色列朋友幫我在九五一二買進了三十口。

到了晚上九點零五分，當CBOT公債期貨的盤後交易時段結束時，我已經做了整整兩個半小時的交易，並且買進了總共五百口的公債期貨契約。我查看報價機裡的即時新聞。我們的科技真是派上了大用場，我們的部隊把伊拉克殺得落花流水，就像我在債券期貨市場痛宰空頭一樣的戰果輝煌。這場戰爭在它開始之前，就已經勝負分明了。

贏得勝利之前，是沒有資格休息的

奧黛莉拿著三明治和茶走進房間。「馬丁，今天如何？」

「太棒了！我完全抓到今天的行情。我沒有可以在海外交易的帳戶，所以沒辦法作空原油和黃金，但是我在債券市場大有斬獲。」

「好吧，你盡力了，上床睡覺好好休息一下。你總不想再度發病吧！」

奧黛莉說得對。我剛剛才服用了腎上腺素和二十毫克的強體松，我忘了自己還在復原中。「好啦，我把部位先算清楚，並且把明天的策略想好就去睡。」

奧黛莉走了出去。我讓庫許和高費德兩個下士今晚暫且先行解散，然後打電話到奇德與皮博迪公司。他們還是沒有辦法幫我設定一個海外帳戶，但是他們向我保證會繼續努力以赴。我一邊看著CNN，一面整理我的部位紀錄表，並開始仔細計算。我買進了五百口三月到期的長期公債期貨契約，價位從九三一五到九五一二；也買進了一百口的歐洲美元期貨契約，成本價在九六二五；同時買進了一百六十口的S&P指數期貨契約，並持有總市值達一千二百萬美元的股票。股票和S&P指數期貨的價格，要到明天早上開盤時才會變動。我在債券上的未實現獲利已達四十萬美元，能在兩個半鐘頭裡有這樣的表現還算不錯，而且我確信最好的狀況還沒有出現。如果我能夠賣出一些原油和黃金的話……。

我還是得完成日常的紙上作業，計算移動平均線和賣權／買權比率，在一張五乘八英寸的紙卡上寫下對明天盤勢的想法，檢查一下我的熱線系統是否正常，閱讀二十幾頁今天收到的傳真，把我持有的股票技術圖補好，這些都是平常在晚飯後一定會做好的工作。當我把所有工作都完成時，時間已經是晚上十一點半了。

我掙扎著從椅子裡站起來，然後走進客房躺下。我在客房裡放了張病床獨睡，因為強體松搞得我滿身大汗，讓我每晚都得爬起來兩、三次換內衣。我沒有穿睡衣，而是弄了一堆醫院長袍，好讓自己可以方便穿脫，以減輕胸口開刀部位的疼痛。我的心跳很快，對於受夠了病毒性心包炎的我，這可不是我想要再次面對的狀況。我渾身大汗地躺在床上，滿腦子想的都是我的部位。

「舒華茲，你跑步的樣子像是老頭子做愛。你知道嗎？舒華茲。跑快點，你這個狗屎。跑快點，跑快點！不管你做什麼，都不准給我停下來！這會讓我對你很失望。舒華茲，跑快點，跑快點！你想要放棄了嗎？是不是？如果你敢，我就扒了你的皮。我會盯著你，舒華茲。你聽清楚我說的話了嗎？」

「長官，是，長官！」

我到底躺在床上幹什麼？像庫許和高費德這兩位士官或奧黛莉這樣的老百姓可以睡，但是對軍官而言，在贏得勝利之前是沒有資格休息的。我穿著睡袍，跑回辦公室裡打開CNN。CNN正在訪問剛剛轟炸完伊拉克後，返回沙烏地阿拉伯基地的空軍駕駛員。現在是美國時間凌晨兩點了，在沙漠那裡，太陽還高高掛在天上，雖然那些駕駛員試著強作鎮定，但還是沒有辦法掩飾心裡的興奮之情。沙漠風暴行動進行得比我們任何一個人想像得都要順利，我們轟炸了伊拉克的國會大廈，擊毀了一座煉油廠、癱瘓了巴格達國際機場，並且精確地把炸彈投射在海珊總統府前的階梯上，這是一個完美無缺的行動。真該死！我得放空原油和黃金才行。

我再次打電話到奇德與皮博迪的夜盤交易中心，他們還是沒有把我的海外帳戶設定好。黃金和油品期貨價格在遠東市場已經大幅下挫。倫敦快要開盤了，我問他們沙伯林納的帳戶可以在倫敦交易嗎？他們說不清楚。我打給奇德與皮博迪在倫敦的分公司，答案還是一樣，沒辦法做。我又打電話到奇德與皮博迪在雪梨的分公司，答案則是在雪梨沒有這些商品可供交易。再打電話到墨爾本，還是不行。狗屎！現在已經是凌晨三點四十五分了，黃金和原油價格開始穩定了來。我錯失了這次機會，我根本無法再入睡。

「開始禱告！」

「這是我的步槍。雖然這裡還有很多步槍，但只有這枝是我的。我的步槍是我最好的朋友，它是我的生命，我要像熟悉自己一樣地熟悉它。沒有我，我的步槍是沒有用的；沒有了這枝步槍，我也是沒用的。我必須正確地使用這枝槍。我一定要比那些想殺掉我的敵人更勇敢，一定要在他們擊中我之前先擊中他們。我在上帝面前鄭重發誓，我和我的步槍將成為我們國家的捍衛者。我和我的槍主宰了我們的敵人，我和我的槍是我生命中的保護者，直到這個世界上只有和平，不再有敵人為止。阿門。」

「解散，晚安，小姐們。」

「馬丁，起來。已經超過凌晨五點了，你穿著睡袍窩在椅子裡幹什麼？馬上回到床上去睡覺。」

我現在只想好好睡上一覺，但是今天可不行。我可以隨時找到時間睡覺，但是像這麼棒的操作機會二十年內只會出現那麼三、四次而已，而我可不想錯過這次的大好良機。我沖了個澡，換上乾淨的睡袍，吃了一點早餐，然後在早上六點三十分又回到了我的作戰指揮中心。傳真機整個晚上都有東西傳進來，把我的帳戶進出資料傳到我手上。我把前一天的交易和結算公司的資料仔細比對了一下，因為今天和以往完全不同，我得在市場開盤前把一切都安排妥當。市場的狀況將會波濤洶湧，所以任何一個輕微的小錯誤都可能讓我賠上天文數字的金額。我約略把《紐約時報》和《華爾街日報》以及其他市場行情報導刊物瞄了一遍，歷史悠久的《紐約時報》頭版上以顯著的標題寫著「開戰了！」。

到了七點半，聯軍指揮官施瓦茨科夫（Norman Schwarzkopf）將軍舉行了一場簡報。這是歷史上最密集的一次攻擊行動。巴格達簡直被炮火轟成人間煉獄，而所謂的共和衛隊也被消滅了，伊拉克的空軍戰鬥機還沒從基地起飛就被擊毀。海珊躲了起來。沒有任何一架美軍飛機遭到擊落，也沒有任何的傷亡發生。

這一切都告訴我該馬上軋平手上的債券期貨多頭部位，然後買進股票和S＆P指數期貨。我打電話到倫敦。黃金和原油期貨持續保持在穩定的狀態，這表示債券和歐洲美元也將隨之走穩。該是聽聽收銀機鈴聲的時候了。我決定一開盤就開始賣出我的債券和歐洲美元期貨。上午八點整，我跟庫許及高費德連上了線。芝加哥的債券期貨在二十分鐘後就要開盤了。

「舒華茲，你為什麼要加入我心愛的陸戰隊？」
「長官，我上場殺敵，長官！」
「所以你是一個殺手？」
「長官，是，長官！」
「那你就給我滾出來讓他們好看，你這個軟弱的米蟲！」

「大夫，讓我們賣掉那些歐洲美元期貨，現在價位在哪裡？」
「馬丁，歐洲美元現在價位在九二八九。」
「把它們全部賣掉。」
「成交，馬丁。」一轉眼之間就是六萬美元進帳。
「幹得好。那三月的債券期貨價位在哪裡？九六一二嗎？賣出五十口。大夫！」
「賣出五十口。庫許，再幫我賣出五十口。」乒、乓、砰！當我把最後一口債券期貨在九六一九出脫時，一線清晨的陽光正從我的觀景窗照了進來。

「全世界最致命的武器，就是一個陸戰隊員和他的步槍。如果你想要在一場戰鬥中生存下來，就得發揮你殺手的天性。你的步槍只是工具，真正能夠殺敵的是堅毅不拔的心。如果你的殺手天性不夠強烈，你將會在關鍵時刻有所猶豫。你將無法消滅敵人，你就會成為一個陣亡的陸戰隊員。然後你會一文不值，因為陸戰隊員沒有得到允許是不准陣亡的。你們這些米蟲聽懂了嗎？」

「長官，是，長官！」

我在關鍵時刻沒有猶豫不決，我的直覺相當清楚而強烈。我在股市和債市中痛宰了對手，並贏回了一百二十萬美元。我盡了身為優秀海軍陸戰隊軍官的職責。Semper fidelis！（譯註：這個拉丁文是美國海軍陸戰隊的座右銘，意思是「永遠忠誠」。）

第15堂課 保持開闊的心，尊重別人的經驗

一九七〇年代晚期，當我剛開始想辦法要累積財富的那段日子，奧黛莉和我會開車去西罕普敦海灘的房子，遠離城市塵囂。我們住在西罕普敦海灘時，我常會晃到洛博（Robb & Robb）去，洛博是當地一家小型經紀商，由西罕普敦當地的有錢人和一群交易所裡的作價者所擁有，做為他們度假時，吃完午餐、打完高爾夫球後可以看盤的地方。

洛博給人的感覺就像是一群剛愎自用的投機客的俱樂部，而不像是一個做生意的地方。它的

辦公室只不過是一個擺了六張辦公桌的小房間，在營業大廳的西面窗戶下則放著一條長板凳。大廳東面高處可以俯瞰整個大廳的地方，是一面顯示著最新市場報價的跑馬燈報價揭示板。任何人只要想看看市場行情，都可以自由地走進去，很輕鬆地坐在那條長板凳上看盤，而那裡也總是有一群過了氣的傢伙在看盤並交換市場裡的小道消息。不論何時只要他們之中有人要賣出一個賺錢的部位時，就會驕傲地走到一個無人的辦公桌前拿起電話大聲吆喝著賣出指令。相反的，如果他們之中有人輸了錢，那個人就會吹著口哨，偷偷地走到最遠的角落，在眾人耳力範圍之外悄悄砍倉。我很喜歡坐在那張長板凳上，看著揭示板上的報價，同時冷眼看著那些過氣的傢伙互相胡說八道，我心裡的優越感高得不得了。

我一直把自己控制得很好，但是有一天我和一個叫做約翰的傢伙聊了起來。約翰七十來歲，每隔好一陣子才會在號子裡出現。像我一樣，約翰也隨身帶了一疊技術圖。他會走進營業大廳，在長板凳上找個位子坐下，開始盯著行情揭示板，然後蒐集資料來計算他的技術指標。在他畫著圖時，約翰告訴我他已經退休，但是由於他在華爾街工作了許多年，所以現在靠著為紐約證券交易所裡的操盤手提供諮詢來增加一些額外的收入。然後他教了我一些我從未（之後也不曾）聽聞的東西。我後來發現，他說的那些都是事實。

那段日子，市場狀況和現在大不相同。市場中多頭和空頭出現的頻率，比現在要來得均衡，不會出現像我們從一九八二年開始所經歷的大多頭走勢。約翰告訴我，在空頭市場中，市場傾向於在每天早盤或是一週的頭幾天上漲，但是在尾盤或者是一週的後幾天，則會出現明顯的賣盤。為什麼會這樣？根據約翰的說法是：如果當沖的操盤手處於虧損狀態，而且市場仍然持續疲軟的話，那些當沖客會在每天收盤前軋平部位，然後在下個交易日再重新進場。而且，隨著日子接近一週的尾聲，那些稍微中線的交易者常會想在週末之前結清部位。如此一來，這些中線操盤手就不會在週末這兩天休市、價格也停止波動的時候，在保證金帳戶中掛兩天的赤字。但是在一個多頭市場中，約翰認為操盤手已經習慣於賺錢，這時主導交易行為的就是貪婪，而非恐懼。所以操盤手不會輕易出場，會傾向於持有隔夜或是跨週末的部位。

約翰說的話讓我頗為受用，明白了空頭市場中操盤手在每天早盤或是一週的頭幾天時買進，或是在每天尾盤及週末前賣出的習性，幫我在空頭市場中賺了好幾次錢。

你或許會問，我到底是怎麼看出約翰對於市場的觀察，要比其他那些在洛博裡整天鬼扯的老頭子高明？其實，我根本看不出來。號子裡到處充斥著耳語、小道消息和各式各樣的狗屎論點，你哪知道誰真的比較高明？但只需要保持一個開闊的心態、當一個好聽眾、尊重他人的經驗，然後不斷地嘗試、體驗，自然可以發現一些真正的珠璣之語。至少我就聽到了一個絕佳的小祕訣。約翰，謝謝你啦！

結語

人生中最棒的交易

擁抱你心裡真正想要的生活

一九九一年一月二十六日，也就是沙漠風暴行動展開的十天之後，我正躺在客房裡那張病床上，發著華氏一〇一度的高燒。病毒性心包炎正在我的體內進行第三次反撲。我再一次讓自己勞累過度，使得病毒有機可乘。我確信病毒這回來勢洶洶，鐵定會讓我再度住院。我的私人看護依莎幫我洗了個酒精浴，而醫生也將我的強體松服用劑量調高到每天四十毫克。我平常和列文都會做的紐約街頭散步，也在沙漠風暴行動開始後就中斷了。

醫生的治療這回果然奏效，我的高燒也慢慢減退，但我還是非常虛弱，我對強體松的依賴性愈來愈重，這使我感到非常害怕。每一次我想像以前一樣進場交易時，體溫就開始升高，讓我覺得好像隨時得向醫院報到似的。我的情況並沒有太大的改善，而更可怕的是我開始懷疑自己將永遠沒辦法好起來。

我的情緒一直不穩定，哈克曼醫師也不斷試著要降低我的藥量。我一直想要進場交易，但卻沒有辦法搞清楚自己的價位感是真實的，還是藥物的化學反應所造成的。我感到疲憊、氣憤，而且開始覺得自己可能不久於人世。

哈克曼建議我去找個心理諮詢師，所以我跑去看伯納．蘭迪斯（Bernard Landis）醫師。蘭迪斯把我的身體和一部儀器連上線，檢查我的呼吸模式，想知道我一分鐘呼吸多少次。他要我從六百開始以每次減十三的方式倒數回來：五八七、五七四、五六一、五四八、五三五、五二二……。

我以極快的速度倒數著，數到六七時蘭迪斯叫我停住。他說從來沒看過有人能在一分鐘內倒數得那麼快。

「你這是什麼意思？」我向他抗議：「我數到一半你就把我打斷了。你根本就沒有給足一分鐘的時間。我可以在一分鐘之內倒數完的，讓我再試一次。」

「馬丁，我不在乎你到底能數多快，我只是要趁你集中心思倒數時，測量你的呼吸模式。大部分的人在集中意志時，每分鐘的呼吸頻率是十二次，但你卻呼吸了二十次。」

「是啊，那又怎樣？我要贏得這個測驗。我還是覺得可以辦得到，來嘛，讓我再試一次。」

我就此和蘭迪斯醫師建立了長期的良好關係，那年整個冬季到次年春天，他持續教我一些能夠更放鬆，並且變得更健康的技巧。

療程一直持續到六月份，才真正讓我擺脫對強體松的依賴。蘭迪斯建議我去度個假，慰勞一下自己。奧黛莉和我決定再去亞斯本度個兩週的假，自從兩年前決定開始募集沙伯林納合夥公司後，我們就沒再造訪過那裡。

在我們的計畫中，這次的假期應該是在空氣清新、氣溫涼爽怡人的山中度過的，遠離紐約市區的喧囂和市場所帶來的精神壓力。再一次，我們租下山腳下的那幢度假小屋；但也再一次，我還是無法停止交易。我買了一部筆記型電腦和一部傳真機帶到度假地去，並且利用亞斯本的各處電話亭下單交易。我沒有辦法享受這個度假機會，我還是得讓基金保持運作。

但是我心裡很清楚，重拾健康是當前我必須全力以赴的第一要務。如果操作基金將使我的身心無法維持在正常的狀態下，我就必須放棄這些基金。

你告訴他，我在上廁所……

我對這個狀況早已心知肚明，不禁回想起當初在一九八九年夏天我第一次到亞斯本度假，決定創立沙伯林納合夥公司後，和從布朗克斯（Bronx）來的波奇（Porky）之間的會談內容。

我在波奇門外等了將近一個鐘頭，心中不是很痛快。我希望盡快回去繼續交易。但是當你開始經營一個基金時，就得乖乖去找其他在這個領域中有經驗的人，求他們幫你介紹一些有錢的大爺們來投資基金。

幾天之前，我才打了一通電話給艾萊澤（A. N. Alyzer），他是沙伯林納合夥基金及沙伯林納海外基金的結算公司研究部負責人。艾萊澤曾經答應要自掏腰包出錢投資我的基金，所以我認為他會是一個很好的介紹人。「當然可以啦，馬丁。」艾萊澤對我說：「我和波奇是好朋友，而波奇一直在找當紅的操盤手來幫他賺錢。我會給他個電話，然後幫你跟他安排一次會面。」而現在，我正在波奇的辦公室外面呆坐著等他。

每個在華爾街混過的人對波奇都知之甚詳。他是一個名副其實的市場高手，一個超級大人物，基金規模高達數十億美元。波奇最大的樂事，就是在別人面前趾高氣揚大顯威風。之前我從來沒和他見過面，但是我並不喜歡他。他在市場上以態度粗暴、常與人起衝突聞名。自以為是說笑話能手的他，總喜歡跟旁人吹噓自己如何折騰那些經紀商。因為經紀商總是打電話問波奇要生意，所以他就會在市場收盤前幾分鐘打電話給那些經紀商，然後說：「好吧，你們想跟我要生意是吧？幫我買進五萬股的※%&＊#。」然後馬上掛斷電話。

接到他電話的倒楣經紀商，根本聽不懂他說的股票名稱是什麼，於是馬上回電想問清楚，但是波奇會交待祕書告訴經紀商他正在洗手間，沒法接聽電話。經紀商就會急得發狂，大聲要祕書查看一下他到底要買什麼股票。他們會懇求波奇的祕書：「甜心，拜託幫個忙吧？只要請你探個頭問他一下股票的名字就好了！」

一般而言，和波奇做生意的經紀商佣金大約是每股六美分，以五萬股來計算就是三萬美元的佣金，而負責這個帳戶的營業員可以得到二〇%，或是六千美元的佣金。可是現在他根本搞不清楚股票的名稱（他也不可能搞清楚），眼見市場就要收盤了，營業員如果買不到股票就完蛋了，不但賺不到佣金，更可能會失去和波奇這個大人物做生意的機會。波奇就是喜歡玩這種遊戲，我可一點也不欣賞！

終於，接待員告訴我可以進去了。走進波奇的辦公室就像走進電器大賣場，裡面充滿了螢幕、美聯社單機、路透社單機、傳真機、電話、影印機，和一大堆各式各樣的電器用品。波奇的電子小玩意，足足比我的多出了三倍有餘。一名年輕助理因為犯錯而罰站著，波奇本人則坐在一張椅背極高、手工製造的真皮旋轉椅中責備著他。那張椅子的前面是一張像餐桌一樣大的辦公桌，桌面上也像餐桌似的擺滿了許多食物。

波奇的頭像顆保齡球似的掛在肩膀上——如果他有脖子的話，一定完全被那個誇張的下巴給遮住了。他那張紅光滿面、像月亮一樣圓的臉，因為口中塞滿了食物而看起來更臃腫。「呃，」他口齒不清地向我說話，肥胖多毛的手隨意地指向遠處的一張沙發。我在那裡坐了下來，而波奇則繼續責備那名助理。「我才不管你在外面聽到了什麼可靠來源給的小道消息，你得自己動動腦筋思考才行！」我很確定，在波奇的想法裡，他在給那年輕人上了偉大的一課，要他自己動腦筋思考。波奇看來顯然樂在其中，享受著罵人的快感。

這場演說足足又進行了二十分鐘，波奇在罵完了他的助理後轉頭跟我說話。「呃，舒華茲是吧，你找我有什麼事嗎？」

我告訴他，我在過去有十分輝煌的操作績效，而我剛剛才設立了自己的基金，我只是送一些跟基金有關的文件和投資計畫，想了解一下他是不是有可能投資一些資金由我來操作。

「你的基金管理費怎麼算？」

「四和二十（意味四％的固定管理費，加上獲利的二〇％）。」我說。

波奇的臉漲得更紅，瞪大的眼珠彷彿要從眼眶裡噴出來似的。

「四和二十！」他低聲咆哮著，從椅子裡站了起來。「比我收的還要高！你好大的膽子，竟敢收得比我高！我只收客戶一和二十，而且我還是市場上最棒的操盤手。你以為你是什麼東西？給我滾出去！」他從桌子上拿起食物塞進嘴裡，奶油從下巴滴了下來。

你一定要趕快買進※%&*#……

我沉默以對。他怎麼會這樣？這次的會談是由我們共同的朋友促成的，他先是讓我等了將近一個鐘頭，現在和我說不到一分鐘的話就要把我趕出去。如果他不接受我的管理費率，大可以說「對不起，太高了」或「讓我再考慮一下」就好了。我又不是他身邊那些搖尾乞憐的狗，他們是被波奇花錢雇來修理著玩的。我真想跳到他的桌上，把那顆傲慢的腦袋打進那個幾乎看不見的臭脖子裡，但是我控制住自己的情緒。如果我揍了波奇，他一定會告我，而我剛剛才開始經營自己的基金，不想和波奇之間惹出什麼麻煩。

我起身離開，但是當我走進電梯時，我的情緒愈來愈激動。回到辦公室後，我簡直氣炸了。我想做交易，但是思考沒辦法集中，因為我無法把波奇從腦海裡除去。我只能在心裡告訴自己：「怎麼給這粗魯傲慢的渾蛋胖子一點顏色瞧瞧？」

電話鈴響，是我在芝加哥商品交易所的接單員湯米・考林斯（Tommy Collins）打來的，他是我先前那位營業員黛比介紹的。一九八七年十月二十二日，也就是索羅斯在S＆P期貨交易場慘遭場內操盤手修理之後，黛比受夠這一行了，加上我在那天為了要在那個混亂的狀況中軋平我的空單，對黛比施加了太多壓力，她終於發覺她該找一個比較輕鬆的工作，再也不要聽我在電話裡整天對她大呼小叫。

她離開時，向我推薦考林斯做為我的新任場內營業員。「你會喜歡這傢伙的，他塊頭夠大、身材夠壯，很聰明，更重要的是夠悍，有足夠的能力在場內為你執行交易指令。」黛比說的一點也沒錯。我還是一天到晚為了被場內那些渾球惡搞而大呼小叫，但是我很清楚，考林斯絕對已經在交易場內使出混身解數，為了執行我的交易指令而努力。

「考林斯，」我說：「你有沒有和一個叫波奇的死胖子打過交道？」

「波奇？有啊。我和他講過幾次話，他總是對我說：『聽著，考林斯，你如果聽到什麼可以讓我賺錢的消息時，要打個電話給我。你知道什麼，馬上告訴我，我會給你一些好處的。』」

「考林斯，這就是我要你幫我做的，」我說：「我要你在市場快收盤前打電話給波奇，告訴他你剛剛聽到一些第一手的重要消息，然後當他問你是什麼消息時，你就跟他說：『馬丁．舒華茲說※％＆＊＃』，然後馬上掛掉電話。」

「說什麼？」

「※％＆＊＃。別擔心，波奇聽得懂。他會馬上回電給你，然後當場氣炸。」

所以在三點五十九分時，考林斯打電話到波奇的辦公室。他告訴祕書，波奇先生要他在市場有任何變化、能讓波奇先生賺錢時馬上打電話過去。波奇馬上就接了那通電話。

「是啊，考林斯，你聽到了什麼能賺錢的消息嗎？」

「是的，馬丁．舒華茲說你一定要趕快買進一些※％＆＊＃。」然後考林斯把電話掛斷。

如同我所預料的，波奇馬上就回電給考林斯。「考林斯，你這個渾球，你在用誰的電話？我要找你算帳！我要把你從那裡揪出來！你用的是誰的電話？我是重要人物，膽敢如此對我！我一定要找你算帳！」從電話裡的語氣，我們可以想像波奇的前額血脈賁張，話筒被他那汗濕的手掌給淹沒。波奇已經完全失去了他的幽默感。

能夠把波奇的情緒給搞壞，哪怕只有幾分鐘的時間，都讓我感到非常愉快。我設定了目標，未來所操作的基金一定要超過波奇這個傢伙，我一定會擊敗他，也一定會擊敗其他所有的人。我要成為市場中的頂尖高手，就算付出再大的代價也在所不惜。

這個目標果然讓我付出慘痛的代價，連老命都差點賠了進去。

謝謝你，書店裡的老太太

我終於承認，我真的不適合操作別人的資金。我不喜歡向任何人報告，也不喜歡有人在我的背後指揮我做這做那，更痛恨別人老是拿其他操盤手的績效和我做評比。我是一個靠掌握市場脈動而進場操作的人，我喜歡在市場裡短時間內進進出出，可是當你操作一大筆資金時，這一切都會變得相當困難。更別提我喪失了多少操作上的自主性，而自主性卻是我當初之所以決定要自立門戶，獨力操作自有資金的主要原因。

但是當我跳上吉普車，把帆布頂篷收起來，開車經過亞斯本機場時，內心的另一個部分又開始提醒自己，如果放棄操作別人的資金，我也會損失很多東西。

那些我到目前為止還不曾擁有過的——那些停放在亞斯本機場停機坪上的豪華私人飛機，如果我放棄操作別人的資金，就不可能享有像那些市場頂尖高手一樣的風光模樣。

我得去小尼爾飯店的那家書店買本《金融怪傑》，給那個在俱樂部裡的網球高手看。在我想要靠著打網球來重新恢復體力的當下，這個傢伙很有耐心地把幾百球往我身上打來。他對市場很感興趣，所以我想他一定會很喜歡讀這本《金融怪傑》，尤其是我的大名也在這本書裡被詳細地介紹。

我在書店裡拿了書，排隊等著付帳。排在我前面的，是一位頭髮裝飾得很考究的六十多歲老婦人，她轉過頭來，瞄見我手上拿的書，於是問我：「原來你也想成為『金融專家』呀？」

我不知道該說些什麼，只是看著這位婦人。她的衣著光鮮整潔，家族裡一定有某位祖先是乘坐五月花號到美洲來的早期移民。她大概六十開外，恐怕在我還沒出生以前就已經在收取股利或是剪集商店的折價券了。

她看起來非常自在、沉靜、健康，一副與世無爭的樣子，令人感到相當舒服。突然之間一切好像都變得很清楚了。我不想當金融專家，我想要當一個和她一樣的人。

「不，女士，」我說：「我已經是個金融專家了。而且，相信我，這可不像您所想像的那麼好。」就在那一刻之間，我完全地把自己從那些壓力中釋放出來，不再想如何在這個資金操作的遊戲中打敗波奇。當年我是在亞斯本下定決心要開始經營基金的，現在我也在亞斯本決定要把基金給收起來。在我的心中、腦海中，清楚地知道我剛剛做了一生中最棒的一筆交易。

沙伯林納合夥公司

雷克辛頓大道七五〇號

紐約州紐約市，一九九一年七月三十一日

親愛的合夥人：

我寫這封信是想要通知諸位，我決定在一九九一年七月底終止我們之間的合夥關係。我將把諸位在一九九一年度的起始資本退還給諸位，至於其他款項則將於會計師稽核完竣之後退還諸位。

我的醫生建議我，如果想要完全復原，擺脫從去年十一月起就一直威脅我生命的疾病，最好的方法就是讓自己處於一個壓力較小的環境中，況且我也需要時間放鬆心情並享受人生。以積極的方式全職操作一筆龐大的資金所帶來的壓力，對於目前剛從病中康復、極需平靜生活的我來說，是非常沉重的負擔。我的復原狀況遠較原先預期緩慢許多，而我不想因為缺乏調養而再度發病。我在上個月才剛剛結束服用強體松的療程，如果可以避免，我不想再被迫服用此種藥物。過去的八個月是我人生中最艱苦的一段日子，為了對自己和家人有更好的交待，我決定停止交易、暫時休息一下，享受一些人生中比較輕鬆簡單的事物，這是我長期以來為了追求名聲和財富而沒有辦法做到的事。我要深深地感謝諸位在過去對我的信任與支持，對此銘感於心。六月份我們虧損了一・三六%，使得本年度獲利績效降低為九・三九%。七月份也是小幅虧損。我們將盡速完成會計師的稽核報告，並將剩餘的金額歸還諸位。

誠心感謝

馬丁・舒華茲

噓……我把報價機藏在高爾夫球袋裡

一九九一年八月，我回到罕普敦的海邊別墅，披著海灘浴衣，操作著自己的資金。這種感覺真好。蘭迪斯說服我重拾很久沒打的高爾夫球，奧黛莉和我甚至加入當地的一個高爾夫俱樂部。高爾夫球並不是我自己挑選的活動，想要打好高爾夫，需要花很多時間去練習，而且打高爾夫本身也是一件很費時的事，幾乎要花上一天的時間。但這是蘭迪斯建議我做的運動，他要我試著在球場上打發時間。

我們加入高爾夫俱樂部沒有多久，奧黛莉就找到一位銀行家和他的老婆來當我們的球伴。我們約定在上午十點半開球，但就在我們出門前，我看到S&P指數突破了我預想的超勢軌道。我知道市場已經呈現超買狀態，所以打電話給考林斯並賣出了五十口S&P指數期貨。我把我的行動式報價機和行動電話放進球袋裡，然後出發前往球場。

我們四個人在球場上揮著桿，聊著一些無關緊要、言不及義的話題。照說，我們應該是要享受一些快樂時光的，但我心裡想的只有那五十口S&P期指，以及如果市場反轉時我該如何處置這個部位。每一洞開球時，我都假裝在球袋裡找新球，實際上卻是在查看報價機上的市場價位。到了第六洞，狀況果然來了，市場開始反轉。我得打電話給考林斯，叫他軋平我的部位，而且馬上就得打這通電話，我沒有辦法等到第九洞休息時才打。如果那時才打，一切就太晚了。但是我不能讓任何人看出我在幹什麼。人在球場上還在做生意是一件很不禮貌的事，更何況當時奧黛莉還不知道我偷偷地做了這筆交易。

奧黛莉和那位銀行家太太站在我們左手邊遠處的女士開球區，所以現在只有我和那個銀行家在一起。「該你了，馬丁。」他說。

我站上開球的位置，擺好了球。這將是我今天最重要的一擊，我得好好打這一球。我回想著教練在上課時對我說的話：「把球對準你的左肩放好，頭部保持瞄球姿勢，把球桿慢慢向後拉高，左手肘不要打彎，直揮向球。」我把球放在對齊我右肩的位置，抬起頭，把球桿胡亂向後舉，打彎左手，然後猛力地揮向小白球。

咻一聲，球飛進了樹林裡。好極了，打得好！「哇，真糟！」那個銀行家說：「你能找到球就算幸運了，馬丁。要我和你一起去找嗎？」

「不，不，不用麻煩了。我想我知道那顆球飛到哪裡去了，而且萬一我真的找不到的話，只要再拿一顆出來就好了，像我這種爛技術再多加兩桿也沒什麼差別。」

我鑽進樹林裡，躲在一棵樹後面，拿出行動電話，撥了考林斯的電話號碼。「軋平那五十口，現在就賣掉。」

我在那筆交易上賺了六萬美元。沒有人比我更聰明的了，至少蘭迪斯就看得出來。「馬丁，」他說：「你知道嗎？你真是一個不尋常的人。」

「尋常？」我說，「誰會想當一個尋常的人？」從五歲開始，我就一直想要與眾不同、出人頭地，心裡想的只有前進、前進、前進。我是一個操盤手，而沒有任何一個操盤手是平凡無奇的。如果我想當個平凡人，當初就會把錢放在指數基金裡，安安穩穩地當個證券分析師。

「馬丁，你就像個酗酒成性的酒鬼。操盤行為讓你情緒亢奮且精神狂亂，根本沒辦法拒絕這種感覺的誘惑，你也因此變得筋疲力盡、情緒低潮，就像是宿醉一樣。而當你感到沮喪、情緒低落，唯一能讓你從這種感覺中恢復過來的，就是再度進場交易，這種惡性循環就這樣一直下去，直到你病倒為止。但是，你得要找出你真正需要的是什麼才行。」

心理治療師就像矯正器一樣。這正是接下來六個月中，我和蘭迪斯努力的目標。我一直在嘗試錯誤，直到開始看出什麼是我真正想要的為止。當我躺在手術臺上為自己的生命和病魔奮戰時，我就和自己約定，只要能夠活著離開醫院，以後就會花較少的時間從事交易，花更多時間來陪陪奧黛莉和孩子。

在人生的高點，急流勇退

我現在已經擁有足夠的金錢，而且我相信，只要我需要更多，隨時可以從市場上賺到。這是上天給我的天賦。我知道如何在每天早上起床後，保持清楚的頭腦，然後從市場裡賺取二萬、四萬或八萬美元。就算我在操作基金方面沒有贏過波奇，那又怎樣？我可以在別的地方擊敗他。在我從鬼門關走過一回、失去一個孩子，和奧黛莉一同面對乳癌的威脅後，該是我停止和人一較長短，開始享受人生樂趣的時候了。我決定要在人生的最高點，急流勇退。

但是，下一步該怎麼走？我得離開紐約。

蘭迪斯是對的，我已經對操盤這檔事完全上癮到不可自拔了。如果我還留在紐約，保持原來的生活型態，繼續和那些老朋友來往的話，會不由自主地想走回頭路，繼續沉溺在和波奇那種人競爭的狀態裡。反正，我對紐約那寒冷而灰暗的天氣也感到厭倦，希望能夠到一個溫暖而風光明媚的地方去。我決定要把自己從谷底拯救出來，我要舉家搬到佛羅里達去。

要改變生活型態，並完全切斷和紐約之間的關聯，對我而言是一件非常需要勇氣的事情。奧黛莉和孩子們都不想搬家，他們這一輩子都住在紐約這個大都市，對佛羅里達能有什麼了解？佛羅里達是個適合退休人士居住的地方，而我才四十八歲而已。其實我心裡也有一大半是不想去的。對我來說，搬家是個大麻煩，我得把公寓賣掉、把公司和辦公室搬走、搬運塞滿了十二個房間的家具、買間新房、重新裝潢，在房子沒弄好前我沒有固定的地方可以交易，還得再買幾部新車、替孩子們找學校、辦保險、開新的銀行戶頭，還有其他幾百樣數不清的事要辦。況且我真的很想念紐約，那些美術館、博物館、我那幢海濱別墅、華爾街的市場脈動、內線史基尼，以及其他的老朋友們。

但從另一方面來看，在紐約，如果我出門想叫部計程車，除非老天幫忙且不下雨，否則就得等上一輩子的時間才叫得到。除此之外，紐約市也充滿了噪音、垃圾，隨時有人會擋住你的路向你借個火，每個街角隨處可見要飯的乞丐，警笛聲整天在街上呼嘯而過，而且除了磚塊和柏油路之外，你幾乎看不到別的東西。磚塊和柏油路，那就是紐約的代表性景觀。

一九九三年六月，我們賣掉了公寓，正式搬到佛羅里達。那裡安靜又乾淨，開車的人總是謙讓有禮（大概是因為他們大都已經八十多歲了吧）。那裡沒有攔路的搶匪，沒有滿街的乞丐，沒有水泥叢林，沒有垃圾，放眼望去都是一些穿著輕鬆服裝的老先生、老太太們，以及翠綠的棕櫚樹和湛藍的海水。

但是，我沒有辦法適應這樣的環境。奧黛莉有一幢新房子可以忙，孩子們有新的學校和新的朋友要適應，而我則搬進了一間明亮、乾淨，可以瞭望大海的新辦公室裡。我放下所有的窗簾、看著螢幕，繼續打電話給芝加哥交易所裡的考林斯。

這看起來好像不太對勁。我打電話給蘭迪斯：「醫生，我這麼大費周章，結果好像只是讓我自己從紐約那個黑漆漆的辦公室，搬到佛羅里達的另一個黑漆漆的新辦公室而已嘛！」

蘭迪斯給了我另一個心理治療師的電話，他想這或許能給我一些幫助。我和這位新的佛羅里達心理醫生約了時間見面。經過幾次門診後，他對我說：「馬丁，你活得太嚴肅了，你太太也是，孩子也被你們教成一個樣子。你們現在是在佛羅里達，去打打高爾夫，到海邊坐坐、讀本書，放鬆一下吧！」

「我們當然很嚴肅，」我說：「人生本來就是嚴肅的。你知道，你可能贏也可能輸，但是贏比輸可要好得多了。你得取得勝利，才付得起錢找個心理治療師來修理你。」

過去幾年，我一直都在付錢、付錢、再付錢給心理醫師來發掘我內心深處的問題。我從這當中發現到，一個人沒有辦法在一天中同時當一個好兒子、好兄弟、好丈夫、好父親，而且還同時當一個好操盤手。我是一個完美主義者，希望把每一件事情都做好，但是要照我的方法來從事交易的話，每天就得花十四個鐘頭在工作上。隨著我年紀愈來愈大，我開始試著用一些取巧的方法，例如找個助手來幫我畫技術圖、打專線電話，或是和結算公司查核我的部位，可惜這些取巧的方法都沒有用。我擬定計畫，建立了一個理想中的機制，並且調整它試圖使它臻於完美，可是到頭來，我反而受制於它。

我也曾經試著把目標訂得低一點，玩得更小一點，或者在身為操盤手之外也試著當一當投資人；我也參加了一支由一群靠養老金度日的律師所組成的軟式棒球隊。我每週至少花兩個下午在高爾夫球場上，有時也會跑去海灘，躺在椅子裡看著潮來潮往。常常，我會懷疑這到底是不是自己想要的生活，我是不是做了正確的決定，然後我會想起二月時曼哈頓寒冷的天氣，以及當年為了和那些傢伙一較長短而付出的代價。我知道，離開紐約的決定是正確的。

哎，我可是天生的操盤手啊！

內線史基尼參加了丹・朵夫曼的婚禮回來後，打了個電話給我，告訴我他在那場婚禮中遇到了波奇。「這傢伙的體重一定超過三百五十磅，」史基尼說：「他把那肥胖的身軀『放』在一張自助餐檯旁，根本連動都沒辦法動一下，其他客人得勉強從他身旁擠過去夾取食物。而他所能談論的只有一堆接收、購併、融資購併，和股票首次公開發行（IPO）的案子，以及他如何從這些案子裡賺到大錢，簡直囂張到了極點。朵夫曼真怕波奇會被人在背後用槍轟出個大洞，然後慘叫著倒臥在現場。」史基尼說的是一個聽來熟悉的老故事。

就在同一天，我早上剛和兒子打了一場高爾夫，中午和母親享用了一頓午餐，下午和女兒一起去游泳，然後和老婆共進燭光晚餐。我壓根兒沒想過操盤這回事。從這個觀點來說，或許我已經擊敗波奇了。如果我還繼續操作我的基金且留在紐約的話，我就會在那場婚禮中坐在他身旁，因為每一個市場上的高手都會參加朵夫曼的婚禮。想想和波奇一起吃飯，還得聽他胡說八道，會是多麼令人不愉快的一件事。

不過，雖然我盡了一切努力，還是沉迷在操盤交易中。我打電話給考林斯，買進了四十口S&P指數期貨契約，並告訴他在市場反轉時馬上通知我。我把那支平常打高爾夫時隨身攜帶的震動型行動電話拿出來，放在外衣的胸前口袋裡，然後前往診所門診。

當我正和醫師談話時，電話振動了。一定是考林斯打來的。「對不起，」我對佛羅里達的那位心理治療師說：「我得上個洗手間。」

我快步衝進洗手間，鎖上門，然後回電給考林斯。正如我所預期的，S&P期指已經上漲，而漲勢正接近尾聲。「賣掉！」我輕聲對著話筒說。我剛剛賺進了三萬美元，我覺得自己好像是美國總統。

「看吧，」當我一臉笑容回到心理醫師的辦公室時，他對我說：「你看起來好多啦！你所需要的就是好好休息一個禮拜。」

我能說什麼？我是一個天生操盤手啊！

致謝

我要感謝我的家人，謝謝他們在我一生中對我一致的支持和鼓勵。感謝我的父母親，他們總是犧牲自己，讓我能夠受最好的教育，並且能在一個充滿了愛和誠實的家庭中成長。感謝我的哥哥傑瑞，他花了很多時間教我如何成為一名更好的運動員和一個更好的人。感謝我的祖父，他教我如何保持樂天知命的人生觀，並且把他的家譜留給我，讓我能延續家族的「故事」。感謝我的太太奧黛莉，她是我們家庭的基石，也展現了高尚的人格與智慧。感謝我的孩子史黛西和鮑伊，他們讓我們知道當一對好父母是多麼具有挑戰性，卻又充滿了喜悅的一件事。

感謝大衛．莫林，運用了他的洞察力和技巧帶領我完成這本書，同時也感謝魯絲．莫林不斷為我打氣和鼓勵。感謝保羅．佛林特提供令人激賞的智慧和幽默感——一日陸戰隊，終生陸戰隊。感謝我的經紀人吉姆．列文，他也是我在安默斯特學院的同班同學及好友，他耐心的指導和專業的技巧使我這本書得以順利完成。感謝摩根・麥肯尼，我最優秀的助理，她在幫助我完成最後一章「人生中最棒的交易」時，展現了無比的精力和幹勁。感謝哈潑商業出版社所有的人對於本書所提供的協助，你們都是第一流的工作者。感謝亞德利安・查肯漢願意對一個首次寫書的人下賭注，並且監督和指導整個出版流程。感謝大衛・康提所表現的優秀編輯功力，他的建議使得這本書變得更好。感謝莉莎・伯考維咨的行銷策畫和促銷動作。感謝珍娜・德瑞、莫琳・凱利，以及艾美・蘭柏使這本書的出版更為順利。最後更要感謝那些不知名的人，他們在我的人生旅途之中教了我那麼多好與不好的事物，使我能夠繼續不斷地成長。

| 附錄 1 |

冠軍操盤手入門守則

見到敵人，才發覺原來敵人就是自己

許多人之所以無法看出好機會在哪裡，
多半是因為在好機會的周圍總是包圍著一大堆的苦差事吧！
——湯瑪斯・愛迪生（Thomas A. Edison）

努力工作是我所以能夠成功的主要原因，但這只是部分原因而已。我天生就是一個對數字非常敏感的賭徒，此外，如同前面所說的，我在安默斯特學院學會如何思考（How to think），在哥倫比亞大學的商學研究所學會該思考什麼樣的事物（What to think about），在海軍陸戰隊學會了如何在危急狀況下做出正確反應（How to perform under fire），而奧黛莉則教導了我資金控管的重要性。這五項要素是構成我操作方法最重要的基礎。

方法論

在擔任了九年的證券分析師後，我決定將我的決策依據從基本分析（一種運用經濟資料來預測股價的方法），完全轉換為技術分析（一種不研究經濟資料，而只重視價位與成交量的股價預測方法）。你的交易方法必須完全配合自己的個性，你必須了解自己個性上的長處與短處。我花了九年的時間才真正發掘出自己個性上的特質。

我的長處是能夠一心一意地辛勤工作、能夠持續遵守自己的原則、能夠長時間集中心力，以及痛恨失敗的天性。我的弱點則是具不安全感的個性、害怕虧損的心理，以及需要別人持續的支持、希望經常獲勝的強烈需求。一個操盤手，就像一條鍊子，是由一個個脆弱的環節串連起來的，而最常左右操作風格的，就是你自己個性上的弱點。

我是一個帽客，這表示我進場和出場的速度總是、總是、總是非常快！我經常在五分鐘或更短的時間內進出場，從來不持有部位超過幾個鐘頭。基本上，我採用的是一種短線的作業系統，因為我只有相當有限的資源，所以必須利用一連串小額的獲利來累積資本。但是當愈來愈成功之後，我發現短線的操作方式能夠給我最多心理上的支持以及經常性的滿足感。我就是喜愛聽到收銀機的鈴聲（獲利了結），彷佛聽到市場告訴我「你是一個贏家」，一次、一次、又一次。

大部分談到有關交易方面的書都會說，如果你能夠快速停損，然後長抱獲利部位的話，只需要在十次交易中做對了三或四次決策就可以了。但這對我來說，一點都不管用。我砍掉虧損部位的動作非常快，但是我獲利了結的動作也差不多一樣快。

我就像是一個還擊型的拳手一樣，看出對手的破綻後立刻跳上前，出拳、得分，然後馬上跳回出拳前的位置。就這樣跳前、跳後，跳前、跳後，這裡得一分，那裡得一分。我並不打算要擊倒對手，但是在不停得分的同時，我很確定愈來愈不可能被對手給擊倒。這就是我的操作風格，而我將所學到的技術分析和操作策略加以量身改造，以符合自己的風格。

當你踏上拳擊擂臺上時，一定要很清楚自己打算怎麼打這場拳。就拿我的老朋友「內線史基尼」來說吧，當我在辦公桌上計算著各種資料，他就在外頭靠著和別人喝喝馬丁尼、釣釣魚或打打屁來獲取市場中的小道消息。努力工作並不是史基尼的一項長處，而他也不是一個還擊型的拳手，他的目標就是想要擊倒對手，他總是這樣，每次都是這樣。他會進行十筆交易，也許其中八筆都輸錢，但是他一點也不在乎，因為他在另外那兩筆中能夠賺足了錢，結果到頭來還是獲利。或者拿波奇來說好了，他的資金相當龐大，所以對任何機會都能夠把握。他的長處就是資金規模、組織團隊力量，以及對所有賺錢機會無止盡的胃口。我曾經試圖和他一較長短，結果差點送掉自己的小命。

操作工具

我是帽客，也是一個掌握市場時點的操盤手，所以我就根據這些特性，設計了屬於自己的工具。它們是：

1 道瓊工業指數（Dow Jones Industrial Average, DJIA），這是最廣泛使用，作為美國股市價格波動指標的指數。其變動狀況，讓我對股市的方向和波動性有一個快速的觀察依據。

2 紐約證券交易所股價淨變動指標（New York Stock Exchange Net Ticks, TICK），告訴我的是在紐約

證交所掛牌的股票裡最後成交價上漲或下跌檔數的差異值。我的朋友庫克發展出幾種用這個股價淨變動指標為依據的操作策略，這些策略應用在現代化的程式交易中相當有幫助。例如，一個非常極端的負面指標，像負一千出現時，常常就會是空頭走勢中反手作多的最好時機。因為過於極端的負值代表市場中出現了過於迅速的賣盤（可能是由突發的新聞或是程式交易所引發），在這種狀況下，市場很可能出現強勁的反彈走勢。情況反過來時也適用，當這個指數值為正一千時，通常是由於電腦程式執行大筆買單所導致。等這個程式買盤結束時，市場很可能出現一個短線上的回檔。另外一個交易上的小技巧是當ＤＪＩＡ開高，而ＴＩＣＫ值為負二百時，這通常代表股市整體的賣壓較重，ＤＪＩＡ只是受到少數幾檔股票的支撐而暫時走強，所以你通常可以在這個時點作空。

3短線操作指標（Short-Term Trading Index, TRIN），主要是一種能夠告訴我成交量和股價漲勢與跌勢配合狀況的短線操作工具。它的計算方法是取以下公式的比值而來：

TRIN＝（上漲檔數／下跌檔數）÷（上漲成交量／下跌成交量）

如果上漲股票的成交量比下跌股票的成交量大的話，ＴＲＩＮ指數值將會小於一，如果下跌股票的成交量比較大的話，則ＴＲＩＮ指數值將會大於一。當ＴＲＩＮ指數值低於〇．八時，就顯示市場的買盤力量比較大；反之，如果ＴＲＩＮ指數值大於一．二時，顯示市場空方的力量比較大。這個指標可以幫你了解市場是不是處於強勁的多頭或空頭當中。

4道瓊股價淨變動指標（Dow Jones Net Ticks，TIKI），這是道瓊指數三十檔成分股上漲與下跌檔數的差額。當它的值是正二六到正三〇或是負二六到負三〇時，通常暗示市場中剛有大筆的程式交易買盤或賣盤出現過。因為除非程式交易指令同時買賣所有的成分股，否則道瓊這三十檔成分股要同時上漲或下跌並不是一件尋常的事。

5標準普爾五百（S&P 500）股價指數（SPX），相當重要的指標，因為它是S&P指數期貨的標的物。這個指數涵蓋了四百檔產業股、四十檔公共設備股、二十檔運輸類股，以及四十檔金融股，總計達五百檔股票的投資組合。SPX是一種加權股價指數，它提供了更廣泛的股價波動指標作用。

6紐約綜合股價指數（New York Composite Index，NYA），這是以紐約證交所所有掛牌股票為基礎計算出來的股價指數，也是以每檔股票市值加權計算而得。

7QCHA指數（發音為gotcha），是以非加權方式計算所有交易所掛牌股票價格變動百分比所得出的指標，涵蓋整個市場的這個指標幫我辨別背離（divergences）走勢。舉例來說，如果道瓊指數下跌二十點，但是QCHA指數是正〇．一二%時，這顯示市場整體來說走勢很堅穩，而這就是一個稍縱即逝的進場機會。你通常可以作多並在道瓊指數開始向上反彈時，在很短的時間內獲利。

請各位隨意使用我的這些工具，但是可別以為只要用了它們，你就能開始賺錢。想要讓自己成為熟練的操盤手，必須找到順手的工具，並且一再使用它們，直到你清楚知道它們的作用何在、如何發揮它們的功用，以及如何完全發揮它們的效率為止。

市場分析

想要聆聽市場在說什麼，你必須擁有非常高的專注力。就像醫生用醫療儀器診斷病人的健康狀況一樣，我都是自己動手繪製技術圖及計算技術指標，並在盤中每十分鐘就重新檢查一次，用這種方式來監測市場脈動。

每半個鐘頭，我就在指標周圍畫上框線來記錄市場的動態。然後我會在每個框框之間加上金色或綠色的箭頭來反映過去三十分鐘內，紐約證交所綜合指數到底是上漲或下跌，並且記錄它的漲跌幅度（見左頁圖）。

這個做法強迫我把注意力放在市場試圖往哪個方向移動，以及如何移動。當市場出現大幅波動時，這個工作尤其重要。我很可能持有一個錯誤的部位，如果沒有這項資訊，就會喪失機動性，而無法在第一時間採取必要的措施停止虧損。

我是一個喜歡參考各方意見的人，喜歡拿從各種消息來源所得到的訊息來質問自己。我會重複閱讀在一週中所收到的傳真，然後試著以自己獨特的看法來詮釋別人提出的意見，將別人的意見摻

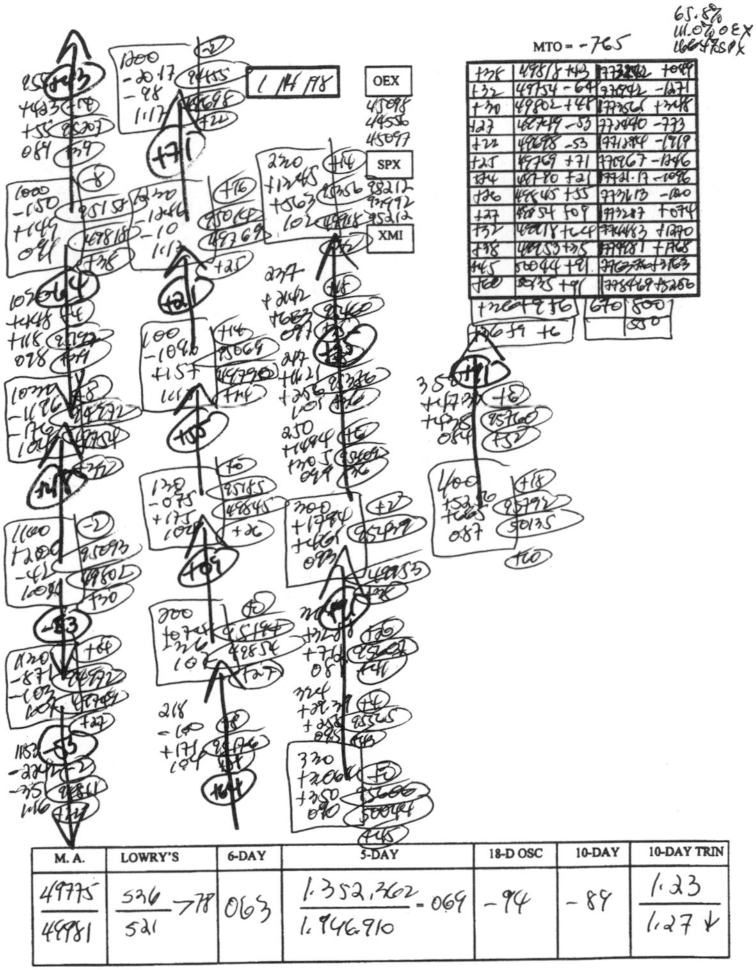
OEX
SPX
XMI
MTO =
M. A.
LOWRY'S
6-DAY
5-DAY
18-D OSC
10-DAY
10-DAY TRIN

雜到我對每一檔特定股票、某個產業，或市場整體未來走向的研判上。我使用了幾種資訊服務。事實上，市場上充滿了各式各樣、多不勝數的資訊服務業者，每個人都得從其中找出最適合本身持有部位的期限、操作哲學、操作目標，或個人價值觀的資訊來源。以下是我經常參考的資訊：

《安夏管理報告》（*Amshar Management Report*）：由泰瑞・隆德利（Terry Laundry）出版，電子郵件信箱為amshar@worldner.att.net，網址為http：//www.amsha.com。隆德利從事的是長期的總體研究（以月或年計），他的研究基礎是他自創的「神奇T理論」，這個指標是我用來研究許多不同市場的重要基礎。

《勞瑞紐約證交所市場趨勢分析》（*Lowry's NYSE Market Trend Analysis*）：勞瑞每天會更新當天市場中各檔股票的波動狀況，並且公布長線和短線的買進、賣出訊號。他的報告中會刊出買盤的力道、賣盤的壓力以及短線買盤力道等多項資料。每週，這份刊物會寫出他們就一週走勢所推論的中線市場展望，以及其短線可能出現的變數，其分析依據便是前述的三種指標。

《史丹・溫斯坦的全球趨勢警報月刊》（*Stan Weinstein's Global Trend Alert Detecting Opportunities for the Institutional Investor*）：這本刊物中具有市場的整體分析，以及對標準普爾五百指數和二線股票的分析報告。其中也表列最值得買進的標準普爾五百成分股、走勢最弱的S＆P成分股、各類股走勢分析、最強類股分析、全球股市分析、海外基金以及美國存託憑證（ADR）分析等。他所採用的階段分析（stage analysis）方式，試圖決定股票走勢正處於何種階段：築底、漲勢、作頭或跌勢，並將這四個主要階段各分為三個副階段，做更詳細的分析。

《圖學家》雜誌（*The Chartist*）：編輯是丹・蘇利文（Dan Sullivan），每三週發行一次。其中利用一個實際的交易帳戶，以及操盤手的投資組合，來發表對於目前市場的進出場建議。

《克勞佛觀點》（*Crawford Perspective*）：每週一、三、五更新一次的電話語音服務。如果道瓊指數出現超過一百點的波動時，該公司也會在次日做特別更新。該公司還發行一份市場行情報導，以黃金、標準普爾五百指數以及債券期貨市場為主。

《迪克・大衛斯文摘》（*Dick Davis Digest—Investment Ideas from the Best Minds on Wall Street*）：雙週刊，這份刊物中發表許多投資界大人物對市場趨勢、個股展望以及共同基金的看法和投資建議。

每日傳真資訊：包括《史考夫論壇》（*Schaffer on Sentiment*）、《投資研究報告》（*Investment Research Institute*），網址http://www.options-iri.com；《高文起床號》（*Cowen Morning Call*）；《貝爾・史騰晨論》（*Bear Stearns Morning Comment*）；《馬克・庫克》（*Mark Cook*），地址8333 Maplehurst, East Sparta, OH 44626‥《迪克・魏斯特晨論》（*Dick West's Morning Comment*）

紅燈、綠燈：讓趨勢成為你的朋友

十日指數移動平均線（EMA）是我最喜歡用來判斷主要趨勢的技術指標。我第一次學得這個有價值的工具是從隆德利那裡聽來的（有興趣者可到www.amshar.com一探究竟）。我偏好指數移動平均線，甚於簡單移動平均線或其他各種算術平均指數，這是因為它強調了最近期的價格波動所帶來的影響，讓我在決定進出場點時有一個更快速的指標。在簡單移動平均指數的計算過程中，每一天都具有相同的權值〇・一。你可以取最近十天的價格加總後再除以十，就得到了第一個平均值。到了第十一天，你加上這一天的資料，再減掉第一天的資料，然後除以十。日復一日，重複這個過程，就會得到一系列的簡單移動平均指數。

我所使用的指數移動平均數中，會賦予最近一天的資料〇・一八的權值，然後賦予前一天的指數平均值〇・八二的權值。如此一來，它對於最近期的資料變動狀況將較為敏感，這對短線操作者來說非常重要。我稱這個指標為「紅燈、綠燈」，因為在交易時讓自己站在正確的一方是非常重要的，而指數移動平均線可以讓你站對邊的機率大幅提升。

在我辦公室的地板上有兩幅巨大的技術圖，大約寬四呎、長十呎，內容還在增加中。第一張圖是道瓊工業指數的小時圖；另外一張則是紐約綜合指數的收盤價和它的十日指數移動平均數值，在它們的下方是神奇T振動指標，其中的十日指數移動平均數值是以黑點來標示。

不論何時，只要紐約綜合指數在十日指數移動平均線以上時，我就用綠色的實線畫上去。當它低於十日指數移動平均線時，我就以紅色實線來畫它。當市場在十日指數移動平均線以上時，你看到的是綠燈，代表市場正處於上漲狀態，而你應該考慮買進。相反的，市場在指數移動平均線以下時是紅燈，代表市場正處於下跌狀態，你應該考慮賣出。這並不是說當市場出現紅燈時你絕對不應該作多，只是在這種狀況下作多，一定要有一個非常合理的原因來支持你持有這個部位。

從事交易時最困難的，就是當你的標的物價格在它的移動平均線上下徘徊時。這是提供你最大潛在獲利機會的時候，但其中也存在著極大的風險。就算你可能面臨上沖下洗的行情，在趨勢發動時所產生的獲利潛力仍然相當可觀。舉例而言，市場可能在指數移動平均線底下停留幾天，然後開始向上漲升，愈來愈接近指數移動平均線。如果市場收盤能夠站到指數移動平均線之上，這通常是一個趨勢改變的開端，而你可能就是第一個能夠發現這個年輕、全新且威力十足的上漲走勢的人。但是通常指數移動平均線就像一面彈力板，價格由低檔接近或觸及移動平均線後通常會反轉回跌，移動平均線就等於市場到達短期均衡狀態的那一點。

我在操作股票和期貨時會使用這個方法。每天收盤後我會記下當天標準普爾五百指數、紐約綜合指數、OEX指數、XMI指數、債券、歐洲美元以及S&P指數期貨的十日指數移動平均值。這些資料都是從我的未來資訊單機（Future Source Machine）獲得，這部單機有能力替我計算並繪出指數移動平均線。

所以我的移動平均線系統，是我能夠在從事交易時站在正確一方的重要關鍵：在市場處於上漲走勢時作多。下一個步驟就是選定一個進場點，並明確定義你所願意承擔的風險。我通常尋找的進場點是市場轉捩點，因為你將是首先辨識出趨勢變化的操盤手，這也通常是讓你賺到最多錢的進場點。我也使用軌道線和振動指標來幫我選擇價位並辨別市場的狀況。未來資訊單機幫我做好了這些運算工作，而我的工作就是設定參數。我會觀察一二〇、六十及三十分鐘的技術圖。我可以看到價格的條狀圖，在條狀圖上下各有一條軌道線，而這兩條軌道線是利用十個時點的移動平均線上下各加減一％所計算而來。我把這兩條軌道線比擬為兩條被崩得很緊的橡皮圍籬，它們終究會彈回原點。舉例來說，如果市場正處於偏多的格局，而價格開始向軌道的下緣接近時，我就會找機會在那附近作多。這可不是一種機械式的操作策略，但軌道線確實提供了很好的進場點。

十日指數移動平均指標賦予最近一期的價格〇．一八的權值，而在簡單移動平均指標中其權值只有〇．一。要計算移動平均數值時，一開始必須先將最近十個收盤價加總，用這種方法我們可以計算出算術（簡單）移動平均值。然後，我們將這個算術平均值乘以〇．八二的權值，再把第十一天的收盤價乘以〇．一八的權值，最後再將這兩個數字加起來，就可得到第一個指數移動平均指標。若要計算下一個移動平均數值時，就把剛剛算出來的指數移動平均值乘以〇．八二的權值，再將第十二日的收盤價乘以〇．一八後，將這兩個數值加起來，就得到最新的指數移動平均指標值，以此類推。以下表為例：

日期	紐約證交所綜合指數收盤價
9/2/97	482.90
9/3/97	483.71
9/4/97	485.11
9/5/97	484.64
9/8/97	485.78
9/9/97	486.69
9/10/97	480.63
9/11/97	477.06
9/12/97	483.30
9/15/97	482.60
9/16/97	493.69
9/17/97	493.21
9/18/97	495.41
9/19/97	496.56

步驟1 計算十日算術移動平均數值

將九月二日到十五日的收盤價加總之後除以十，即：

4832.42÷10＝483.242

步驟2 將步驟1所得之值乘以〇・八二的權值

483.242×0.82＝396.25844

步驟3 取第十一天的收盤價，乘以〇・一八的權值

493.69×0.18＝88.8642

步驟4 將步驟2及步驟3所得之值相加

396.25844＋88.8642＝485.12264，大約是485.12

這就是九月十六日當天的十日指數移動平均數值。欲求得九月十七日當天的指數移動平均數值，計算方法如下：

步驟5 將前一天的指數移動平均值乘以〇・八二的權值

485.12×0.82＝397.7984

步驟6 將最新的（九月十七日）收盤價乘以〇・一八的權值

493.21×0.18＝88.7778

步驟7 將步驟5與步驟6所得之值相加

397.7984＋88.7778＝486.5762，大約是486.58

這就是九月十七日當天的十日指數移動平均數值。這同樣的步驟可以每天重複使用，所以九月十八日當天的十日指數移動平均數值為：

（486.58×0.82）＋（495.41×0.18）＝488.17

一般大概需要花上十天的時間，才能使我們所計算出來的指數移動平均值更為平滑。為了要讓這個指標更實用，我建議在資料長度許可的狀況下往回倒推至少二十天，以使得計算出來的數值更為平滑可用。如此一來，它將在很短的時間內成為你從事交易時最可靠的工具。

我如何操作股票

這些年來，我發展出一些例行性的工作方式。我在做事方面一向是屬於捲起袖子、苦幹實幹的那種人。我堅持每天親手繪製七十檔股票的技術圖，並在計算過各項資料後，親手更新及繪製大量技術指標，來實際看到和感覺到價格的變動狀況。這樣的工作方式要花掉我相當多的時間。

每個週末，我會經由快遞收到兩本技術圖表。第一本是《S＆P股票趨勢線及每日動態圖集》（*Standard and Poor's Trendline Daily Action Stock Charts*），裡面有超過七百檔股票的日線圖，每張圖包含長達一年半的歷史資料。我會在其中超過一百五十檔比較強勢的股票走勢圖中，自行標出趨勢線和支撐價位區。我這麼做是想要去感覺一下哪一家公司或者哪一個產業目前表現比較好。在這本圖集的第一頁中我會寫下一些評語，比如「石油類股很強」、「大型高科技公司偏弱」等等。即使目前許多操盤手都利用電腦來從事產業分析，我還是要親手做這些工作，以便真正感受到企業金錢流向的變動狀況。我也會寫下長約一頁的評論來描述我動手畫過線的公司，在它們的股票代碼旁寫下它們的支撐價位區。

接下來我會繼續看第二本圖集，這本圖集是由證券市場研究公司（Security Market Research, SMR）為我做的，包含了我平常觀察的七十檔大型公司股價的日線圖和專有的振動指標，另外再加上道瓊工業股價指數、道瓊運輸類股指數（Dow Jones Transportation Average, DJIT）、標準普爾五百指數、紐約綜合股價指數，以及那斯達克股價指數的技術圖形。每三個月，我會把其中某些股票換成我目前最感興趣的個股，但基本上我的股票名單包括了足以代表所有產業特性的個股，主要都是大資本額且流通性極佳的個股，例如康柏克、可口可樂、默克及大通銀行等。

在圖集的每一頁，我會為每檔股票畫上幾條支撐線和阻力線，並且查看線圖下方的振動指標。支撐線是由圖形上的幾個重要低點連接而成，它標明了一些特定的價位區，在股價下跌到那些價位區時可能會減緩跌勢或者出現反彈。壓力線則是由圖形上的幾個重要高點連接而成，當股價上漲至它所標明出的價位區時很可能會止升回跌。由於我是短線操盤手，所以也會使用前一週或兩週的高點和低點來當作較具攻擊性的趨勢線。我會將圖形中近期主要支撐區的價位圈起來，然後把這些價位區記錄在一個長約一頁的紙上，就寫在該股的股票代碼旁，同時在那裡我也記錄著該股短線振動指標的方向。我會將這張紙傳真給我的助理，然後她會將那些支撐價位資料輸入電腦。當盤中這些支撐價位區被觸及時，我就可以決定是否要建立這個部位。這項準備工作讓我在市場波動快速時，能在最短時間內做出反應。

當我想採取較長線的操作策略時，就會操作標準普爾一百及標準普爾五百股價指數的選擇權。對我來說，所謂的較長線可能是幾天到一個星期。選擇權的流通性比較低，波動也比期貨來得緩和。我會買進三個月後到期、深度價外的賣權，例如當S&P指數現貨在九一〇點時，買進一個三個月後到期、履約價在九〇〇的S&P指數賣權。通常我會在期貨市場的波動狀況太劇烈時轉戰選擇權。如果我有一個較長線的想法時，買進選擇權讓我可以比較安心地等待較長的一段時間。因為當我買進一個買權或賣權時，至少我的風險（選擇權的買進成本）是確定的，相對而言，期貨的風險可能會因為高度的財務槓桿而變得非常大。

當我在買賣股票時，我也是操盤手而不是投資人。我的SMR技術圖集中的七十檔大型股，反映了我目前正在注意的公司。我需要這種股票所具有的流通性和波動性，使我可以很方便地在市場中進出。由於我的操作方式是如此短線，可能會在市場中反覆買進或賣出一萬股到二萬股的股票，只為了賺取其中幾檔的價差。如果我的操作計畫沒有在一或二天中產生效果，我就會清掉這個部位。因為我操作的部位很大，我可不願意承受抱著股票、看著它們下跌三美元的風險。而且由於我操作的都是較大型、流通性和波動性都比較高的股票，它們一天中的價格波動超過三美元是家常便飯的事，因此風險控管對我而言更形重要。我也不會選擇弱勢股或被蹂躪過的股票。我會在強勢股出現暫時性弱勢時挑選進場點，這個做法和我利用股價跌至軌道線附近時進場的做法不謀而合，這也是為什麼對我來說，我平常所畫的趨勢線和所記錄的支撐價位區資料會那麼重要了。

我的助理會依照我交給她的資料在電腦中設定警示，如果股價跌到這些支撐價位區，她就會提醒我，如果我看到的是綠燈，也覺得那檔股票的圖形看起來不錯，就會準備買進。如果一檔股票已經跌到主要的支撐線以下時，我就會退場觀望。

由於股市在過去幾年當中表現相當強勁，所以我想作空時都是去放空期貨，而不是放空個股。

我如何操作期貨

自從S&P指數期貨首度出現在市場之後，它就成為了我吃飯的傢伙。我每天都在期貨市場中進進出出。為了監視期貨市場的風吹草動，我每天都必須仔細研究從未來資訊報價單機上印下來的兩組技術圖。我所有與期貨有關的資料，都是從未來資訊單機上取得的。在我桌上的單機接出四個螢幕，兩兩相疊，所以我總共可以同時看到二十種我所預先選定的技術圖。我的助理在週末時會將含有不同技術指標的圖，依不同的期貨契約（標準普爾五百、歐洲美元、貨幣、債券、美元指數、CRB物價指數以及油品），及不同的時間點（三十、六十、一二〇分鐘線，以及日線、週線和月線）列印出來。我在這些技術圖上畫出趨勢線，來幫我感覺每一個期貨市場目前的狀況；同時也藉著檢查它們的指數移動平均線來決定每個期貨市場是在多頭或是空頭的走勢中。在期貨價格高於指數移動平均線時作多，或在期貨價格低於指數移動平均線作空，是最符合那個古老的定律——「讓趨勢成為你的朋友」這句話的做法。

第二組圖表則包括每一個我正在注意的期貨市場的週線圖，這種圖表使我得以站在一個更廣的角度，以較長線的觀點來研判市場的趨勢。

在研究過這些期貨的技術圖之後，我會拿一張紙卡，將標準普爾五百和債券期貨的軌道線（十天期指數移動平均線上下各加一％之值繪製而成）記錄下來（見下圖）。

根據我所記錄的這些價位，我會設定下一個交易日的買點和賣點。所有這些在事前所做的筆記，讓我在第二天戰況激烈的市場中能勇氣十足採取因應措施。就是這些準備動作，讓我在情緒恐慌時保持堅強的決斷力。

我如何應付程式交易

對一般的操盤手而言，程式交易（program trading）實在是一場災難。我暫稱程式交易為「任天堂維加斯」（Nintendo Vegas），因為目前它平均每週都占紐約證券交易所一五％到二

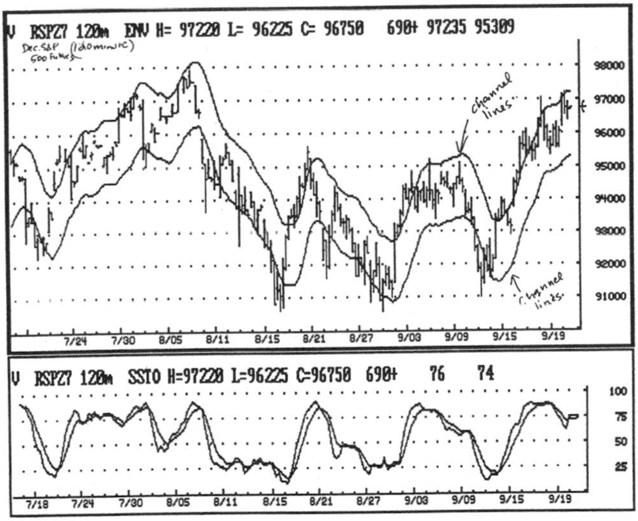

Courtesy of FutureSource

〇%的成交量。在一九八七年十月美國股市戲劇性重挫之後，由於程式交易毫無理性的賣盤，對原本就已經疲軟的市場造成極大傷害，所以市場掀起一陣廢止程式交易的聲浪。但是最後，有關當局引進了一種單點控制（point collars）制度來限制程式交易在單一交易日中對股市可能造成的破壞。所有在一九八七年崩盤那天參與程式交易賣盤的大型經紀商，都誓言不再從事這種可憎的行為。但隨著時間流逝以及貪婪之心作祟，大部分的玩家又再度回到這種賭戰中。大盤當中每天有一五%到二〇%的成交量是這些大單子做出來的，金錢和權力在華爾街永遠能夠大行其道。

不過呢，雖然情勢這麼惡劣，還是有辦法可以生存，甚至維持獲利。你必須知道市場的趨勢，然後耐心等待這些科技主義者把市場壓低到你的軌道線上。除了可以用馬克・庫克的紐約證券交易所股價淨變動指標（TICK）和道瓊股價淨變動指標（TIKI）操作法之外，也可以在程式交易接近尾聲時反向操作，以便在它所造成的極端走勢結束後獲利。就像任何一名優秀的戰士一樣，你要耐心等待，直到這些機械性的惡毒賣盤告一段落後，再用反向部位加以反擊，但是在採取這種策略時，一定要很有紀律地設定停損點。

這就是我一向採用且有效的策略。雖然我不是很喜歡使用這種游擊隊式的操作法，但是這種做法可以幫我調整自己在面對不斷改變的市場時所需要的技巧。我在對付程式交易所帶來的亂象這方面相當成功，我一直在我的作業系統中加進新的工具，並持續地用我的軌道線和移動平均線來嚴格執行停損。

操作中的小把戲

在我就讀小學一年級時，老師問班上的同學長大後想要做什麼。我說：「我想當偵探。」這種喜好探究的天性伴隨著我一起長大。我喜歡尋找事情的線索，綜合大量看似無關的資料，然後從中歸納出一個合理的結論。雖然這些觀察結果不見得完全科學，但許多年下來，它們仍然讓我在重複出現的現象中受惠。我通常不會將這些觀察結果當作另外一種工具或分析模式，但是絕對會在這些現象出現時，把它們列為我操作決策的重要影響因素之一。

那些能夠幫我發現低風險、高獲利機率的技術指標，是我操作方法的核心。但是我一直很用心在找尋市場中的各種型態、結構，以及重複發生的狀況，不論它們是多麼細微，都能讓我在某些交易中掌握到市場的異常狀況，並且因而獲利。

圖形中的跳空缺口：跳空缺口是我在操作股票和期貨，特別是股票時的一項重要工具。所謂的跳空缺口，就是當標的物的開盤價明顯高過或低於前一天收盤價，並在當天盤中維持此項差異所形成的技術型態（見下頁圖）。

這種情況通常出現在某則新聞公布後，或是有出乎投資人意料之外的事情發生時。在技術圖形中，它的樣子就像是一個缺口。如果這個缺口沒有在二或三個交易日中被填補起來，那我們就得到一個強烈的訊號，顯示應該建立一個和該缺口跳空方向相同的部位。這種變化常常可以持續一段很

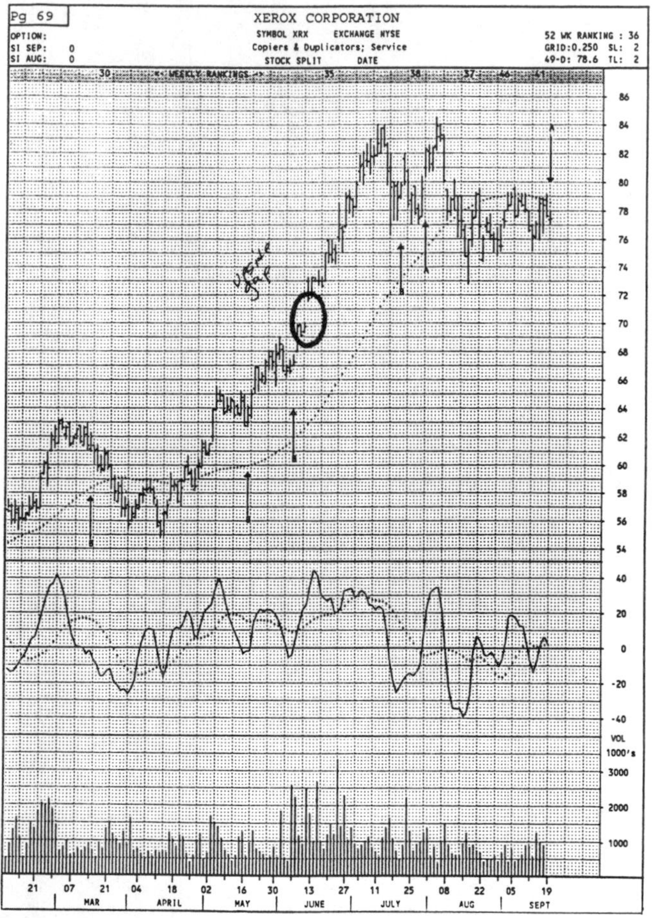

Courtesy of FutureSource Security Market Research

長的時間，並且成為一種非常好的操作決策輔助工具。

一般而言，跳空缺口可以分為三種型態。第一種是突破缺口（breakaway gap），這種缺口發生在股票或期貨跳空脫離一個盤整區間時，代表一個很強的趨勢正開始發動。第二種是持續缺口（continuation gap），它發生在股票或期貨已經漲升或下跌一段時間之後。第三種是竭盡缺口（exhaustion gap），它發生在一個上升或下跌趨勢將要結束時，而且通常價格會在這種缺口出現後，由原來的主趨勢反轉。

共同基金投入資金時：另一個有趣的型態是由共同基金投資股市的自動交易所造成的。市場通常會在前一個月份的最後一個交易日，和新月份第一個交易日的前幾個小時中有較強勁的表現，這是因為有新的資金投入共同基金，使得共同基金自動進場所致。這種型態也會在每月中旬出現，因為那時也會有新資金投入指數基金當中。我會在我的記事本中寫著「月中買盤」，來提醒自己注意這個現象。在空頭市場中，觀察這些資金流出對股市大盤的影響，也是我覺得很有趣的一件事。

三日定律：不論何時，只要像微軟或英特爾這種股票出現連續三天同一個方向的價格變動時，你就不應該在多頭走勢的第三天作多，或是在空頭走勢的第三天放空。因為這通常是一種短暫性的盤勢。通常股票若出現連續三天的相同走勢，第一天會是由市場裡先知先覺的玩家發動的，而後知後覺的操盤手則在第二天跟進，然而到了第三天，連那些原本不知不覺的操盤手都開始進場時，這個走勢就已經接近尾聲了。這是一條重要的定律。如果一檔股票遇到利空消息而下跌時，在跌勢進入第三天就應該開始尋找買點，因為那些壞消息可能已經在過去三天中被市場消化掉了。

賣權／買權比率：我的朋友崔格是第一個發現可以利用芝加哥選擇權交易所的動態，作為測量市場氣氛反向指標的人。他的理論是：如果連一些比較不專業的投資人都開始利用買進選擇權交易來達到賺大賠小的目的，通常這就表示市場的頭部和底部已經快要出現了。

賣權／買權比率，顯示出市場中比較不專業的投資人對後市的空頭或多頭的預期心理。當市場中出現一個極端的賣權／買權比率時，市場經常都會往相反方向修正。理論上，一個非常高的比值通常代表市場中的恐慌心理已經到達極點，而空方的賣盤即將結束，市場出現反彈的時機也不遠了。例如，一個高於一的賣權／買權比率，顯示市場中空頭氣焰十分高漲（代表買進訊號）；而當賣權／買權比率低於〇．四五時則顯示很高的買權成交量，也意味著市場中多頭氣氛濃烈（代表賣出訊號）。就像其他所有指標一樣，這個指標也必須和其他指標或資料搭配來看，才能幫你找到最佳的進場點。

市場對新聞的反應：佐爾納曾經教我一個非常重要的指標，用來分析市場對新聞的反應。如果出現利空消息，但市場並未做出任何反應，反而持續上揚時，這就是一個強烈的多頭訊號，這代表市場已經吸納了這個利空消息。從另一方面來說，市場如果對利多新聞無動於衷的話，也代表市場已經完全吸納了這個利多消息。以股票市場而言，不少投資人會因為利多不漲，甚至利多反跌而感到困惑，此時這個所謂的「利多消息」，可能已經被市場完全反應了。

我從鮑伯．佐爾納那裡學到最重要的一課是，當市場糟到讓你覺得開始反胃時，或許就是你該再度加碼攤平的時候了。但是這種做法只該在你已經設下嚴格的停損指令，並且有決心執行停損時才可使用。

新高／新低：專門報導金融市場的報紙都有股票新高／新低清單。根據牛頓第一定律，一個活動中的物體會持續它原來的運動方向，直到有外力介入為止。同理，一檔下跌中的股票會持續下跌，直到有顯著的買盤介入為止。一檔上漲中的股票也會持續走高，直到賣盤使它停住為止。所以新高／新低的個股清單，是你可以用來找尋新的操作想法的良好參考。

週一效應：我在過去幾年來發現到一個現象，那就是隨著投入指數型基金的資金愈形龐大，使得星期一再也不是以前那個無聊的交易日了。共同基金經理人會在星期一將他們在週末收到的新資金投入市場，因為他們有義務要完全運用那些資金。由於星期一的成交量通常會低於一週中其他的交易日，所以共同基金的動作會加大週末股市上揚的效應。

市場的機率日曆：每天我都會去了解歷史上的今天發生了什麼事，並把這些事實牢記在心裡。雖然這些歷史並不會讓我去建立部位，但是它們會使我更小心應付歷史型態重現的可能性。

我會隨時放一本「股票操盤手市場機率日曆」（Stock Trader's Almanac's Market Probability Calendar）在桌上，這本日曆提供了市場在一年中每個交易日內上漲的機率，而我則將其中最高和最低的數值做上記號。如果現在的市場處於多頭當中，而當天市場上漲的機率又高達七五%時，就應該考慮作多了。

選擇權到期效應：我一向會在衍生性金融商品（如選擇權和期貨）的到期日當天小心因應，此外我也注意到市場通常會在到期前一週的週四開始持續下跌到週五，然後反轉走高並上漲到到期日當天為止。如果我看見這種型態正在形成時，會很注意不要讓自己的空頭部位被軋到。通常在選擇權到期日裡，買進和賣出的程式交易會讓市場上沖下洗，把你的部位震出場去，甚至引誘你建立錯誤的部位。

此外，我也發現那些程式交易者常常會在到期日當天，讓市場在最後半小時內以強勁漲勢作收，並在下一個交易日的最後一個鐘頭建立相反的部位。我將這個現象稱為「舒華茲交錯法則」（Schwartz Rule of Alternation）。在選擇權和期貨的到期日操作是一件很困難的事，由於市場在那天會因為衍生性商品到期而出現假突破，所以建議投資人還是在那天退場觀望為妙。

利用半小時效應：我最近發現不知道為了什麼原因，程式交易通常是以半小時為單位時點而發動。

這或許是因為某個頭腦簡單、四肢發達的傢伙把鬧鐘定在十一點整，時間一到，他就按鈕啟動買進程式，而另一個程式操盤手的錶則設在一點三十分。我也發現在接近中午時分，會出現一種我稱之為「午間漲勢」的買盤，這也可能是因為這些程式操盤手趕著在午餐前把部位買齊所造成的。每個交易日的最後半個小時，市場波動總是特別劇烈，因為所有的機構操盤手都急著在收盤前採取動作。

掃蕩高點，掃蕩低點：在平靜無波的交易日裡，市場只是緩慢地在一個狹窄的區間內上下波動，而期貨交易所的場內操盤手們，則算計著要如何利用掃掉別人停損單的機會來大賺其錢。通常停損單都會放在前日的高點以上或前日的低點以下，所以在市場沒有特別趨勢的交易日中，這些知道別人停損單放在哪裡的場內操盤手，就會商量好一起把高點附近的停損單給掃光。一旦他們得逞後，就會反向急殺，把低點附近的停損單也一併解決。

想要應付他們這種做法，就要在前日的低點以上放買單、在前日的高點以下放賣單，跟隨著這些場內操盤手來賺些錢。

休假後的第一筆交易：在你休息一段時間後，第一次重回市場時，請務必放慢下單動作，並且調整身心狀況和眼睛，好讓自己重新熟悉市場的韻律。每當我迫不及待地衝上戰場廝殺時，都難免在反應前就惹上麻煩。必須在你回復理性思考並排除所有情緒性因素後，才進行休息後的第一筆交易。

噩夢成真時：我先前曾經說過，不論何時當你最害怕的噩夢沒有成真，而且市場回到一個比你預期更好的情況時，這可不是因為你運氣好所造成的。你很可能會想要在市場一回來時馬上軋平部位，逃出生天。但是我卻認為當事情不如原先所想的那麼糟時，你真正該做的或許是加碼，而非砍倉。

自尊心：漫畫主角普高（Pogo）說過：「我們見到了敵人，才發覺原來敵人就是自己。」我在前面已經說過，現在再跟各位強調一次，因為這實在是操盤手最重要的認知。那就是：我在這些年的交易生涯中，最重要的改變是在學會把自尊心與操作隔離之後發生的。交易是一種心理遊戲。大部分的人認為他們是在和市場抗衡，但是市場才不在乎他們呢！你真正對抗的是你自己。你一定要停止期待事情照你所想的樣子發生，以便證明你的想法是正確的這種思考模式。你只應該傾聽市場現在告訴你的是什麼。忘掉五分鐘前的想法，面對現在的市場狀況吧！畢竟金融操作的唯一目的，不是為了要證明你的想法是正確的，而是為了要多聽聽收銀機的鈴聲才對啊！

附錄 2

操盤手的一天

你想過這樣的生活嗎？

打棒球有九〇％靠心理戰，其他則屬物理現象。
——尤奇‧貝拉（Yogi Berra）

6:45 AM

鬧鐘響起，我不情不願地起床。小時候，我一天能夠睡上十二個鐘頭。現在，能睡八個鐘頭就要偷笑了。若睡不滿八個鐘頭，我會覺得根本還沒準備好開始工作，就像被自己給「放空」了似的。

6:45-7:20 AM

我洗個澡、刮鬍子。我曾經擁有一個像呼叫器般大小的二十四小時隨身型報價機，通常會把它放在鏡子旁，以便我刮鬍子時能看到市場報價。但搬到佛羅里達三年之後，我的心理醫師要我把這些東西都丟到屋子外，所以我就把那個小型報價機給廢了。我得承認，當手上拿著一把刮鬍刀，眼睜睜看著報價機中顯示部位沉到抽水馬桶底，的確不是一件好事。

7:20-7:30 AM

把我的肚子清乾淨。我的祖父總是說一個人一天一定要把腸子清兩遍，才能真正準備好開始一天的工作。「當我像你一樣還是個孩子時，」有一次我們在紐海文冬天寒冷的街頭散步時，他對我說：「我們就住在基輔市的郊區，我們得到氣溫低到華氏三度以下的公廁去。想想看，在那麼冷的冬天蜷曲在公廁裡的滋味可真不好受，你會想如果能在溫暖的屋子裡上廁所該有多好。」所以啦，我就聽他的話，每天絕對清倉兩次。

7:30-7:40 AM

吃早餐。通常是一碗燕麥粥、一杯新鮮的現榨葡萄汁，和兩片全麥土司。我吃東西是為了放鬆，不是為了填飽肚皮。我在用餐時會閱讀《紐約時報》，特別是體育版。我還是喜歡看看我最愛的洋基隊戰績如何。

7:40 AM

我坐在辦公桌後整理著晚間傳真進來的各種檔案。我每天從結算公司貝爾．史騰那裡收到一份長達三十頁的報告，其中詳列著我所有帳戶的損益狀況，以及前一天所有的成交明細。我也從幾個不同的期貨經紀商那裡收到一些成交明細，如果那些明細的內容有問題，我會馬上打電話到那家經紀商開罵，因為所有前一天的交易明細都得在市場開盤前核對清楚才行。當市場波動特別劇烈時，只要我的帳戶狀況沒有和那些經紀商核對清楚，很可能一開盤就因而損失數十萬美元。這就是為什麼我總是把每筆交易都記錄得一清二楚。如果你的情緒不穩，就無法交易，所以我一定要在上午八點以前把帳戶裡的部位弄清楚。我每天都是以損益歸零的狀況重新開始。

我不想把前一天所遺留下來的情緒包袱帶到今天，每天的成績都各自獨立、互不干擾。我每天傍晚收盤後耗費心力工作的習慣幫我把昨天的一切拋到腦後，如此才能夠真正把心思集中在今天的盤勢。對我來說，不這麼做會是件危險的事。我最慘重的虧損總是發生在大賺一票之後，這是因為過度自信總是讓我做出自以為是、漫不經心的操作行為。操作S＆P指數期貨時也可以套用這種心理層面的法則，因為期貨交易每天都會由結算公司加以市場評估，所有未平倉部位都會依它們市值的增減，而使你的帳戶淨值在每天收盤後增加或減少。所以，每個期貨市場的操盤手每天早上都是損益歸零的狀況。我試著每天都能賺錢，也會保留我在每週、每月及每年中的操作績效紀錄。

8:10-8:15 AM

我跑下樓去拿《華爾街日報》。上第二次廁所，把腸子清乾淨。要是我的祖父沒說錯的話，現在我應該已經準備好面對一天的工作了。

8:15 AM

我打電話給我的債券經紀商，向他們詢問今天債券價格的支撐和阻力價位區，並把這些價位記錄在我的工作表裡。把所有的指標都計算完畢，其中包括隆德利的神奇T振動指標、前一天資料所算出的十八天期振動指標、幾種股價指數（OEX、標準普爾五百和XMI指數）的高／低收盤價。

8:20-8:30 AM

第一回合開始，債券市場開盤。我觀察一下決定是否要進場。我通常會操作債券，因為我覺得這是放鬆心情的好方法。除非政府正要公布一些經濟資料，否則債券價格的波動通常比股票、選擇權或其他各種期貨契約慢得多，而且對我來說債券也比較容易操作。操作債券讓我有機會感覺市場狀況，揣摩進場時機。但不幸的，政府破壞了債券市場。為了某些奇怪的理由，政府總是喜歡在星期五的上午八點半公布重要經濟資料。當年過五十後，你要在星期五起個大早來看這些資料，是一件愈來愈不容易辦到的事。你會希望政府能大發慈悲，之前就公布重要資料，好讓我們這些老頭子還有力氣爬起床來看這些資料。

8:30-8:45 AM

除非有什麼重要資料剛剛公布，不然在這個時段中我會操作債券。當一個新聞事件公布後，期貨交易所內通常會出現他們所謂「快市」（Fast market）的情況，報價螢幕上也會在商品代碼旁加上「F」，代表這個商品正處於快市中。快市表示所有原來的市場交易規則都暫時無效，而交易場內的那些傢伙成了主宰你命運的人。我絕不在快市中進場操作債券，因為你永遠無法預期將發生什麼事，而且在快市中你很容易被場內操盤手惡搞。

8:45-9:27 AM

我收到一大堆來自四面八方的傳真：高文公司（Cowen & Co.）、貝爾・史騰、幾個大師級人物的市場分析、我在俄亥俄州的朋友庫克的報告，以及《迪克・魏斯特晨論》。我把這些資訊和前一天晚上的報價比對了一下，然後調查根據我前一天在S&P指數期貨線圖上畫的軌道線所找出來的買進和賣出價位區之後，就算是已經完成開盤前的準備工作了。

完善的準備靠的就是扎實的工作。如果你在事前就已經有了一份作戰計畫，它就能夠在猛烈炮火下賦予你足夠的勇氣。

9:28 AM

我回顧了一下檢查表。那是一張手稿，用塑膠護貝起來，貼在辦公桌右手邊的角落，一個我一定看得到的位置上。其中記錄著準備建立部位前需要注意的事項，和一般操作策略準則的備忘錄。

在交易前檢查技術圖和移動平均線，是我所有的技術指標之中最有效的一種。千萬不能和移動平均線逆向操作。現在市場在移動平均線之上或之下？換言之，市場是處於多頭或空頭？現在市場處於主要趨勢線之上或之下？最近的市場價格是否會突破新高或是新低？目前的神奇T指標是處於多頭或空頭狀態？

在建立部位前，總要問自己一個問題：我真的很想要這個部位嗎？

永遠要在建立部位前知道你準備承受多少虧損。清楚地知道你的認輸點，並且切實執行它。

在一連串獲利頗豐的操作過程後，降低你的操作部位規模。

經過一段很順利的時期後，可以休息個一天，犒賞自己一下。

9:29 AM

我正在和S&P期貨交易場內連線的電話上。S&P指數期貨交易場內最狂亂的時刻就是開盤後的第一分鐘和收盤前的最後一分鐘，我得在這些時候保持完全的注意力。

9:30-12:30 PM

第二回合到第七回合。股票市場開盤了，芝加哥商品交易所（CME）的S&P指數期貨也開盤了。我把所有的交易指令都記錄在我的表格上，當它們成交後我就在上面打個圈。如果它們並沒有成交，我可能會繼續留單，或者乾脆把它們取消。如果我取消掉一個交易指令，我會在表格上那筆紀錄旁邊寫個大大的「取消」。我利用這種方式，來紀錄我在一天當中已經成交以及想要進行的交易。每隔半個小時，我會用新的開盤價來結算表格上所有部位的損益。我隨時想知道我的部位確實賺或賠了多少，如果我的帳戶今天表現不佳，我的情緒也會因而大受打擊。我有一個畫著十三個方塊的表單，其中每一塊都記錄著CME每半個小時的變動狀況。我也記錄紐約證交所綜合指數每半小時的變動率，我隨時都在尋找市場中的型態。辨識市場的型態是我宿命的工作。

12:30 PM

吃午餐。「海岸超市嗎？我是馬丁・舒華茲，我要四號餐外帶。」市場曾經是一群老傢伙的地盤，營業時間從十點到十二點半，然後這些老傢伙會出去吃個午餐，喝兩杯馬丁尼，再回來從兩點工作到三點。這看起來真是文雅。不過由於我不喝酒，所以我只會買個三明治，然後找個地方畫我的技術圖。而現在，我都在辦公桌上邊吃邊畫圖。

1:00-4:00 PM

第八到第十四回合。沒什麼不同，我還是忙著發動攻擊。

4:00-4:45 PM

第十五回合。股市收盤後，市場仍然存留著激情，但是S＆P期貨在這十五分鐘之內仍然繼續交易。這是你真的可能被市場狠狠修理的時候。經紀商所收到的大筆收盤市價單，和市場對於明天走勢所形成的預期心理，將使期貨和現貨之間的價差呈現戲劇性的變化。

4:45-6:00 PM

我讓自己的情緒平復下來，接著做一些廝殺終日後的分析工作。計算今天的損益狀況，把交易表格中的買賣紀錄加以比對查核，然後去健身房或出門跑步。

6:00-6:30 PM

吃晚餐。

6:30-7:00 PM

畫技術圖。我有一份由證券市場研究公司ＳＭＲ（一家位於科羅拉多州的股票技術圖編製公司）為我特製的圖集。我會補畫七十檔股票的線圖，並在ＳＭＲ把資料傳真給我後也把振動指標畫上去。

7:00-8:30 PM

資料的蒐集和研究。我會打電話到所有我訂的市場分析電話熱線去，把他們的說法記錄下來，研究移動平均線等等……。

8:30-10:30 PM

準備明天的工作。補畫我的大幅技術圖、在我的紙卡上做筆記、擬定明天的交易策略。我會畫上價位的轉捩點、軌道線，研究進出場價位和趨勢線。

4:15-10:30 PM

這是盤後交易的時段。時至今日，市場上的爭戰已永不停歇。市場像太陽一樣繞著地球走。美國的主要市場在上午九點半開盤直到下午四點，但是還有各種商品交易仍然在盤後時段中繼續進行，像債券、股票、期貨等。S&P指數期貨（我吃飯的傢伙），則幾乎沒有收盤的時候。CME的S&P期貨交易場在下午四點十五分收盤，但是它隨後又以一個名為GLOBEX的電子交易盤的型態於四點四十五分再度開盤。GLOBEX交易的時段，橫跨整夜到第二天早上的九點十五分，緊接著CME又在九點三十分開盤。這表示每天只有四十五分鐘的時間不能交易S&P指數期貨。為了製造更多的成交量，GLOBEX現在在星期天下午六點半就開盤了。今天的交易所就像是一個超級賭場，他們希望你全天候交易。這些延長交易時段，可以讓你在很短的時間內迅速老化。

10:30 PM

忙了一天，該是睡覺的時候了。

奧黛莉：你今天過得怎麼樣？

我：應該可以做得更好。

奧黛莉：每個操盤手都一樣。你們總是希望買低賣高，好好大賺幾票，然後在人生的高點收山不幹。

我：是啊，一點兒也沒錯。

國家圖書館出版品預行編目（CIP）資料

賺夠了就跑：專業操盤手必修的 15 堂課 / 馬丁・舒華茲 (Martin Buzzy Schwartz), 大衛・莫林 (Dave Morine), 保羅・佛林特 (Paul Flint) 著；鄧詩珩譯. -- 二版 . -- 臺北市：早安財經文化 , 2014.01
面； 公分 . -- (酷理財 ; 35)
譯自 ： Pit Bull : lessons from Wall Street's champion day trader
ISBN 978-986-6613-61-6 (平裝)

1. 投資

563.5 102027344

酷理財 35

賺夠了就跑

專業操盤手必修的 15 堂課

PIT BULL

Lessons from Wall Street's Champion Day Trader

作　　者：馬丁・舒華茲（Martin "Buzzy" Schwartz）、大衛・莫林（Dave Morine）
保羅・佛林特（Paul Flint）
譯　　者：鄧詩珩
特 約 編 輯：莊雪珠
封 面 設 計：Bert.design
責 任 編 輯：沈博思
行 銷 企 畫：楊佩珍、游荏涵

發　行　人：沈雲驄
發行人特助：戴志靜、黃靜怡
出 版 發 行：早安財經文化有限公司
電話：(02) 2368-6840　傳真：(02) 2368-7115
早安財經網站：goodmorningpress.com
早安財經粉絲專頁：www.facebook.com/gmpress
沈雲驄說財經 podcast：linktr.ee/goodmoneytalk

郵撥帳號：19708033　戶名：早安財經文化有限公司
讀者服務專線：(02)2368-6840　服務時間：週一至週五 10:00~18:00
24 小時傳真服務：(02)2368-7115
讀者服務信箱：service@morningnet.com.tw

總　經　銷：大和書報圖書股份有限公司
電話：(02)8990-2588
製 版 印 刷：中原造像股份有限公司
二 版 1 刷：2014 年 1 月
二 版 17 刷：2024 年 9 月

定　　價：380 元
I S B N：978-986-6613-61-6（平裝）